高等院校应用型规划教材——经济管理系列

会计综合实训

夏利华 主编

邱红磊 潘小燕 副主编
李露 郭亚琴

清华大学出版社
北京

内 容 简 介

本教材满足应用型人才培养的需要，以就业为导向，突出岗位职业能力培养，采用“项目+任务”的体例，开展“会计工作流程设计+会计岗位设置+会计岗位任务+操作角色”有机结合的实训过程，实现融职业认知、职业判断、实务操作、教学评价于一体的实训教学功能。

本教材由手工操作、电算操作、财务分析与评价三个模块组成，具体包括七个项目，涵盖了期初建账、日常业务处理、成本核算、期末会计处理、报表的编制、电算化操作等完整的操作步骤。每个项目由典型的工作任务构成，以工作任务为主线，进行岗位分工，包含了岗位之间的业务传递及内部控制流程的训练。手工实训与会计电算化实训有机结合，使学生在仿真情境下，通过单证的编制和业务的处理来掌握会计工作的基本操作技能和流程，加强了对学生实践能力的培养，实现了课堂教学与实际业务岗位的过渡和对接，实现了学生就业素质与企业需求的零距离对接。

本教材可用作高等院校、高职院校会计专业及经济管理类其他相关专业的教材，也可用作从事会计、审计及相关经济管理工作人员的参考及培训教材，适用于欲掌握会计综合操作技能应用的人员阅读。

图书在版编目(CIP)数据

会计综合实训/夏利华主编. —北京：清华大学出版社，2018
(高等院校应用型规划教材. 经济管理系列)
ISBN 978-7-302-48869-9

Ⅰ. ①会… Ⅱ. ①夏… Ⅲ. ①会计学—高等学校—教材 Ⅳ. ①F230

中国版本图书馆 CIP 数据核字(2018)第 287730 号

责任编辑：陈冬梅　陈立静
装帧设计：刘孝琼
责任校对：张彦彬
责任印制：沈　露
出版发行：清华大学出版社
　　网　　址：http://www.tup.com.cn, http://www.wqbook.com
　　地　　址：北京清华大学学研大厦 A 座　　**邮　　编**：100084
　　社 总 机：010-62770175　　**邮　　购**：010-62786544
　　投稿与读者服务：010-62776969, c-service@tup.tsinghua.edu.cn
　　质量反馈：010-62772015, zhiliang@tup.tsinghua.edu.cn
　　课件下载：http://www.tup.com.cn, 010-62791865
印 装 者：北京鑫海金澳胶印有限公司
经　　销：全国新华书店
开　　本：185mm×260mm　　**印　张**：20　　**字　数**：480 千字
版　　次：2018 年 7 月第 1 版　　**印　次**：2018 年 7 月第 1 次印刷
定　　价：56.00 元

产品编号：070480-01

序　言

“会计综合实训”是高等教育会计专业的一门综合性实践课程，该课程以培养会计综合职业能力和品德素养为宗旨，综合运用会计专项技能和信息技术方法，在企业会计环境中按照会计职业岗位分工，进行一个过程完整的、综合性的会计业务处理训练。

该课程是高等教育会计专业人才培养过程中必要的教学环节。它建立了会计专业理论课程和专项技能训练与企业顶岗实习的桥梁，该课程在会计专业理论课程和专项技能训练之后开设，可以为企业顶岗实习和从事实际会计工作奠定基础。

一、会计综合实训的目的

本实训的目的在于通过对企业(以工业企业主要经济业务为主)会计综合实训的操作，使学生不仅能够掌握实际会计工作岗位中需要的会计核算和管理技能，同时还了解了会计工作岗位之间的业务衔接关系和内部控制要求，以及会计人员的职业道德规范等内容，从而完成了从理论向实践、从单项技能向综合技能的过渡，学会中小企业会计工作的全部操作过程。同时使学生能够正确认识会计职业；熟练运用会计职业岗位所要求的会计核算技能；系统地掌握会计核算的基本程序和具体方法，加深对所学专业理论知识的理解，提高实际动手能力，掌握会计工作各岗位及全过程最基本的核算技能，培养专业应用能力和会计职业岗位能力。

二、会计综合实训的内容

本教材的内容涵盖了会计操作的全部基本技能——从建账、填制和审核原始凭证、填制和审核记账凭证到登记账簿；从日常会计核算、成本计算、期末对账、结账到编制会计报表。本实训是对所学会计专业技能的一次综合检验，可以为学生学习会计专业后续课程打下坚实的基础，也可以为学生进入社会后从事会计工作起到先导作用。

本教材采用项目教学法，以工作任务为主线，进行岗位分工，强调分岗轮训和岗位之间的业务传递及内部控制流程，手工实训与电算化实训的有机结合，按照行动导向教学要求，构造了一个反映制造业会计业务处理过程的教学项目，包括认知企业及会计工作、建账、日常经济业务处理、成本核算、期末会计事项处理、会计报表的编制和分析、电算化操作七个学习项目及附录(企业原始凭证)。

项目一　认知企业及会计工作：熟悉企业概况、熟悉岗位与工作流程、熟悉会计核算原则。

项目二　建账：建立手工账项、建立计算机账项。

项目三　日常经济业务处理：筹资过程的日常经济业务核算、供应过程的日常经济业务核算、生产过程的日常经济业务核算、销售过程的日常经济业务核算、财务成果的形成与分配过程的日常经济业务核算、其他业务的日常经济业务核算和日常经济业务的电算化处理。

项目四　成本计算：水电、维修等费用核算；分配辅助生产成本和制造费用核算；结转完工产品成本核算。

项目五　期末会计事项处理：期末账项调整、期末对账与结账。

项目六　会计报表的编制：会计报表的编制、财务分析。

项目七　电算化操作。

三、会计综合实训的准备

为了使会计综合实训的场地与企业的真实工作环境相似，我们在实训的过程中必须将各种资料、设备准备齐全。

(1) 会计综合实训教材。该教材应包括具体的任务描述、经济业务、岗位流程、操作指南、实训指导和任务评价。同时在教材的最后还附有外来的原始凭证及需要会计部门填制的空白原始凭证，如银行的各种支票、汇票、本票、银行进账单、增值税专用发票、商业发票、收据、成本费用计算表等。

(2) 会计记账凭证，如收款凭证、付款凭证、转账凭证等专用记账凭证、凭证的封面、包角、科目汇总表等。

(3) 会计账簿，如银行存款日记账、现金日记账、三栏式明细账、数量金额式明细账、多栏式明细账、总账、备查账、登记簿、账簿封面、启用表、账夹等。

(4) 会计报表，包括资产负债表、利润表、现金流量表、所有者权益变动表以及报表封面等。

(5) 会计办公用品，准备蓝色或黑色记账专用笔、红色记账专用笔、直尺、计算器或算盘、胶水、锥子、线绳、剪刀、印泥海绵缸、大头针、曲别针、凭证专用装订机、验钞机、各种财务印章等。

(6) 多媒体教学设备，包括计算机、投影仪。

(7) 财务软件，可以进行会计电算化操作的财务软件。

(8) 其他准备，岗位工牌、会计档案保管柜等。

四、会计综合实训的要求

会计综合实训以行动导向教学为理念、以项目教学为方法、以典型工作任务为主线，根据会计工作的要求，进行岗位分工操作，特别强调了会计主管、出纳、制单会计和记账会计等不同岗位之间业务的核算、传递以及内部控制的关系，同时完成了手工实训与电算化实训的有机结合。为了达到实训的目的，要求学生承担相应会计岗位的工作任务，合作完成综合业务，同时进行轮岗训练，体验不同的岗位角色，经历完整的会计工作流程，掌握每个会计岗位的技术能力，从而提高处理会计业务的综合能力。

五、会计综合实训的考评

本课程教学效果评价采取会计手工实训与会计电算实训相结合的形式进行考核，其中会计手工综合技能实训考核占70%，会计电算化综合技能实训考核占30%。

会计手工综合实训考评采取过程考核与结果考核相结合、教师评价和小组成员互评相结合的方式，其中过程考核占60%，结果考核占40%。

过程考核主要从工作质量、职业态度、团队合作、考勤纪律等几个方面来考核，考核时对每一个任务分别进行考评，其中工作质量主要考核实训过程的正确性、规范性、是否能按照要求出色完成实训的工作任务，是否掌握完整的操作技能，占过程考核总值的50%；职业态度，主要考核实训过程中态度的端正性和工作的主动性，以及是否可以作出正确的职业判断，占过程考核总值的 20%；团队合作，主要考核不同小组、不同岗位之间良好的沟通交流能力和互动合作的关系，占过程考核总值的 15%；考勤纪律，主要考核实训过程中的出勤情况以及实际操作过程中是否遵守课堂的要求，占过程考核总值的 15%。

结果考核主要检验学生完成实训的成果，如实训的纸质材料成果和实训报告等。其中，实训成果包括在实训过程中所作的账、证、表等，占结果考核总值的 50%；实训报告包括实训项目、主要任务、工作内容、业务流程、心得体会等，占结果考核总值的 30%；实训汇报，主要是各个小组派出成员进行小组工作过程和工作结果的汇报和展示，占结果考核总值的 20%。会计手工综合实训的每一部分都有考核评价记录表。

前　言

为适应高等教育应用型专门人才的培养需要，各类课程的教学改革也在不断地进行和完善中，改革传统教学模式，加大实践环节的教学力度，使人才培养符合教育部提出的“宽口径、厚基础、重实践”的要求，已成为高等院校教学改革的重大课题。本教材正是对高等教育改革的一项探索，其目的是让学生在仿真情境下，通过单证的编制和业务的处理来掌握会计工作的基本操作技能和流程。

本教材的特色与创新之处如下。

(1) 采用“项目+任务”的体例，以工作任务为主线，进行岗位分工，符合行动导向教学要求，强调分岗轮训和岗位之间的业务传递及内部控制流程。

(2) 手工实训与会计电算化实训有机结合，实例典型实用，流程步骤清晰明了。

(3) 在对企业财务工作充分调研的基础上，深入结合企业工作内容，分析岗位技能要求，做到知识与岗位技能良好对接，体现“工学结合，教学做一体化”导向，激发学生参与实训的热情，促进综合素养养成，突出学生学习能力、实践能力和就业能力的培养。

通过使用本教材，可以提高学生的会计核算能力、会计检查能力和会计分析能力，培养学生工作适应能力和持续发展能力，树立分工协作意识和爱岗敬业的精神，实现课堂教学与实际业务岗位的过渡和对接，实现学生就业素质与企业需求的零距离对接，为学生毕业后从事会计岗位工作奠定扎实的基础。

本教材可用作高等院校、高职院校会计专业及经济管理类其他相关专业的教材，也可用作从事会计、审计及相关经济管理工作人员的参考书及培训教材，适用于欲掌握会计综合操作技能应用的人员阅读。

本教材由泰州学院夏利华教授担任主编，主持编写了项目二、项目三、项目五三部分内容，并负责对全书总纂定稿，邱红磊等老师担任副主编，编写了项目一、项目四及原始凭证内容，李露老师编写了项目六，潘小燕老师编写了项目七。

在编写过程中，得到了有关专家和学者的支持和帮助，另外书中借鉴了一些教材和文献，在此一并致谢。由于作者学识有限，书中难免存在疏漏和不妥之处，恳请专家和广大读者批评指正。邮箱：xlhoo@sohu.com。

编　者

目　录

项目一

认知企业及会计工作

工作任务一　熟悉企业概况

　　企业的含义与特征

　　企业的利益相关者

　　企业的组织结构

　　企业的生产组织流程

　　企业的主要经济业务

工作任务二　熟悉会计岗位与工作流程

　　会计机构

　　会计人员

　　会计工作

　　会计岗位设置的依据

　　会计岗位职责

工作任务三　熟悉会计核算原则

　　会计核算的前提条件

　　会计核算的基本原则

　　会计核算的计量属性

工作任务一　熟悉企业概况

一、企业的含义与特征

1. 企业的本质

(1) 企业是一个历史概念。企业是商品经济发展到一定阶段的产物。

(2) 企业是一个经济细胞。企业在国民经济体系中，始终是最基本、最活跃、最有创新意识的经济组织。

(3) 企业是一个社会单位。企业在实现自身目标的同时，也要承担社会责任。

(4) 企业本质的经济学分析。传统经济学认为，企业是基于技术关系的生产函数。但是多数经济学家仅仅是从生产协作、技术分工、规模经济的角度分析企业的存在；交易费用经济学则从一个崭新的角度对企业的本质、企业为什么存在等问题进行了深入而全面的解释。1937 年，科斯在美国《经济学》杂志上发表了《企业的本质》一文，正式提出了“企业为什么要存在”的经济学命题。科斯指出，交易费用是决定企业存在、企业和市场分界的唯一因素。

2. 企业的产生与发展过程

企业发展过程可以分为三个阶段：早期企业、近代企业、现代企业。

(1) 早期企业的形态。在中世纪的欧洲、地中海沿岸国家商业发达，出现了一些家族企业，海运的发展也促成了企业的形成。

(2) 近代企业的兴起。随着荷兰和英国的航海贸易和经济的迅速发展，在荷兰和英国产生了特许贸易公司的组织形式。合资贸易组织逐渐向特许公司过渡。近代企业的兴起主要分为两个时期：一个是从 15 世纪后期的合资贸易组织到 17 世纪的特许公司；另一个就是从 18 世纪的合股公司到 19 世纪中期公司制的确立。荷兰东印度公司是世界上第一个永久性公司，已经具备了近代公司制度的基本特征。

(3) 现代企业的成长。现代企业的成长，一是企业规模的扩张过程；二是资本所有者与管理权的分离过程。现代企业是通过两种途径完成大量生产和大量分配的结合：一是纵向结合，即企业直接建立自己的销售网络和采购渠道；二是横向结合，即通过收购或兼并小企业来实现生产延伸。现代企业的成长源于铁路企业的兴起。通过资本集中聚敛了修建铁路所需的大量资金。

3. 企业的概念

企业，一般是指根据社会需要来组织和安排某种商品生产、流通或者服务等活动，进行自主经营、自负盈亏、承担风险、实行独立核算、具有法人资格的基本经济单位。

企业，一般是指在社会化大生产的条件下，从事生产、流通与服务等经济活动的营利性组织。

对企业概念的基本理解有以下几点。

(1) 企业是在社会化大生产条件下存在的，是商品生产与商品交换的产物。

(2) 企业是从事生产、流通与服务等基本经济活动的经济组织。

(3) 就企业的本质而言，它属于追求盈利的营利性组织。

4. 企业的基本特征

(1) 商品性。首先，企业具有价值；其次，企业生产具有实用价值的产品，为社会创造财富；再次，企业是国民经济的细胞。

(2) 营利性。企业是以盈利为目的的经济组织，其追求的是利润最大化。

(3) 法人性。法人，是指依法成立并能独立行使法定权利和承担法律义务的社会组织，作为社会组织中的经济组织必须在工商行政管理部门登记、注册，经审定后领取营业执照，才具有经济法人的资格和地位。

(4) 竞争性。市场经济就是一种竞争经济。市场如战场，市场竞争的结果是优胜劣汰。

(5) 独立性。独立核算、自负盈亏、自主经营。政企分开是前提。

5. 企业的种类

企业法定分类的基本形态主要是独资企业、合伙企业和公司。法律对这三种企业划分的内涵作了基本概括，即企业的资本构成、企业的责任形式和企业在法律上的地位。从我国的立法实践来看，我们基本上按所有制形式安排企业立法，划分企业类型。随着社会主义市场经济体制的逐步建立、企业改革的进一步深化，我国也将把独资企业、合伙企业和公司作为我国企业的基本法定分类。我国已颁布《公司法》《中华人民共和国合伙企业法》和《中华人民共和国独资企业法》。我国法定分类主要有：独资企业、合伙企业、公司。

此外，在我国还可以按照经济类型对企业进行分类。这是我国对企业的基本法定分类方法。根据宪法和有关法律的规定，我国目前有国有经济、集体所有制经济、私营经济、联营经济、股份制经济、涉外经济(包括外商投资、中外合资及港、澳、台投资经济)等经济类型，相应的，我国企业立法的模式也是按经济类型来安排，从而形成了按经济类型来确定企业法定种类的特殊情况。它们是：企业种类国有企业，企业种类集体所有制，企业种类私营企业，企业种类股份制企业，企业种类联营企业，企业种类外商投资企业，企业种类港、澳、台，企业种类股份合作企业、企业种类其他标准分类，如按规模分，企业分为大型企业、中型企业、小型企业、微型企业，按组织机构分，企业分为工厂、公司初创等。

二、企业的利益相关者

利益相关者，是指与组织有一定利益关系的个人或其他群体，他们能够被其他一个群体组织影响，同时也能对群体组织产生影响。可能是组织内部的(如雇员)，也可能是组织外部的(如供应商或压力群体)。

1. 投资者(股东)

投资者是企业中最重要的利益主体，投资者的利益与企业的利益相关程度最高，他们是企业的创始者，企业的盈利性质直接来源于投资者追求利润的意图。投资者的出资形成了企业的财产；同时，企业财产又与投资者个人财产相分离。企业的财产来自股东的投资，投资者一旦将财产交给企业，就丧失了对该财产的所有权或者所有权受到限制。财产属于公司所有，股东无权抽回这部分财产，公司的注册资本属于公司的自有资本，这些资本是企业进行市场活动和对外承担责任的物质基础。

2. 经营者

企业的目标实现直接依赖于经营者的实践活动。经营者的内在需求是追求个人效用的最大化，包括物质方面的货币收入和职务消费、精神方面的自我实现的成就感和社会地位。如何使经营者的个人动机符合企业和投资者的利益要求，必须依赖外部因素，如投资者和企业内部结构的监督、经理市场和其他市场的竞争力量的制约。

3. 职工

职工关心的利益主要包括：工作保障；合理待遇；安全的工作环境；日益改善的福利；工作上的升迁与成长。

实际享有的权利包括：参与工会取得协商权；行使罢工权；消极怠工；公开披露；离开公司。

4. 政府

作为社会的管理者，政府承担着调整社会成员之间的相互关系，维护社会持续稳定发展秩序的重任。

国外某重要相关课题研究表明，政府在企业社会责任履行中主要起到以下四个方面的作用：一是命令，即通过立法、财政等形式，进行监控、核查、惩处与嘉奖；二是推进，如设立基金、提高认识和觉悟、设计激励措施等；三是协调，主要是指整合资源，与利益相关者进行沟通；四是支持，包括政治支持、宣传与赞美等。

根据我国的具体情况，我国政府在企业社会责任履行中应努力扮演好引导者、推动者、规制者、催化者和监督者的角色。

(1) 引导者：政府应该成为企业履行社会责任的引导者，构筑一个系统而完善的平台，促使企业提高社会责任感。政府应主要从观念上引导企业，走可持续发展的道路，把一些短视行为纠正过来，树立正确的企业发展观念。

(2) 推动者：政府倡导行为对市场干预程度尽可能小，一方面通过把符合社会公益的道德理念诉诸规范引导企业的具体行为，激励企业实施社会责任并对其行为进行软约束；另一方面政府可以通过运用社会资源，通过新闻媒体、行业协会等 NGO 组织来宣传、倡导和推动，提高公众和企业对企业社会责任活动的认识。

(3) 规制者：政府作为社会管理者的职能之一就是制定相关的法规，使企业社会责任纳入法制化、规范化的管理体系中。政府可以综合运用经济手段、社会手段和反垄断手段等多种方式对企业进行社会责任承担的监管。一方面，政府应通过法律法规的制定与执行，以强制性规范的方式，使企业承担基本的社会责任；另一方面，对不承担法定社会责任的企业，政府应加大惩处力度。

(4) 催化者：政府应灵活运用多种方式，通过“拉”，激励企业主动承担社会责任。

政府也可通过融资优惠政策、税收杠杆、公共采购政策及资信评级及公共采购等激励企业承担社会责任，使那些主动承担社会责任的企业获得经济上的补偿和回报。

(5) 监督者：政府通过法律制度和政策引导企业在获取利润的同时，主动承担对利益相关者的责任，使企业承担社会责任与纳税处于同等地位。政府的监管行为以国家强制力为后盾，主要存在于涉及公共利益与公共安全的领域，如环境、食品卫生、建筑安全、劳工权益等，形成对企业的硬约束。

国家对企业实施管理的目的主要有三种：一是为了维护社会秩序，包括经济秩序、治安及其他社会秩序，这称为国家对企业的社会性管理； 二是国家以税收等形式对企业进行财政性分配和再分配，实行财政性管理；三是国家为了促进社会经济结构和运行的协调稳定和发展，运用“国家之手”调节经济，而对企业实行的经济调节性管理。

各级政府关心的利益有：税收来源、财政平衡、共同建设进度、预算效率、良好的经营环境。各级政府对企业的影响力有：公权力、国际地位、立法权、国家资源分配、经济实力。

5. 债权人

企业的债权人关心企业的债息收入、公司运营情况，同时还关心通货膨胀和对其的法律保障。债权人对企业的实际影响力主要包括：优先求偿权、信托契约、联合收回授信等。

6. 顾客

针对企业，顾客关心的利益主要是物超所值、价格合理；安全可靠的产品与服务；诚实的商品信息以及周到的售后服务。而顾客对企业也具有很大的直接影响力，顾客对企业的产品或其他行为不满时，会通过抵制企业产品、检举企业不当的做法、购买竞争对手的产品以及通过反宣传和法律途径来维护自己的权益，从而影响企业的运转。

7. 社会主体

社会主体主要包括社区、媒体、工商支持团体、社会大众和社会利益团体等企业利益相关者。这些利益相关者关注企业公共设施的安全、公害污染、社区安全、就业机会、与企业文化融合、社会正义等其他一系列问题。同时，他们可以通过申诉或诉讼、发起舆论、抗议抵价、媒体揭发、结盟对抗、向民意代表申诉、抗争、检举、诉讼、揭发、挖掘真相、以言论(报道)影响舆论、专业的发言权、形成舆论、对政府施压、支持特定的族群等方法和手段来对企业的不法行为及不正义行为进行控诉。

8. 竞争者

竞争者关心企业的市场占有率、竞争强度、产业情报、产品创新、营销手法等，但它同时也可以通过策略联盟、市场竞争、垂直整合、掌握关键技术、占领有利市场等手段来影响企业的生产经营活动。

三、企业的组织结构

企业组织架构是企业的流程运转、部门设置及职能规划等最基本的结构依据，常见的组织架构形式包括中央集权制、分权制、直线式以及矩阵式等。结构表现的是组织的权力构成和可依赖程度，公司整体的架构如图 1-1 所示。

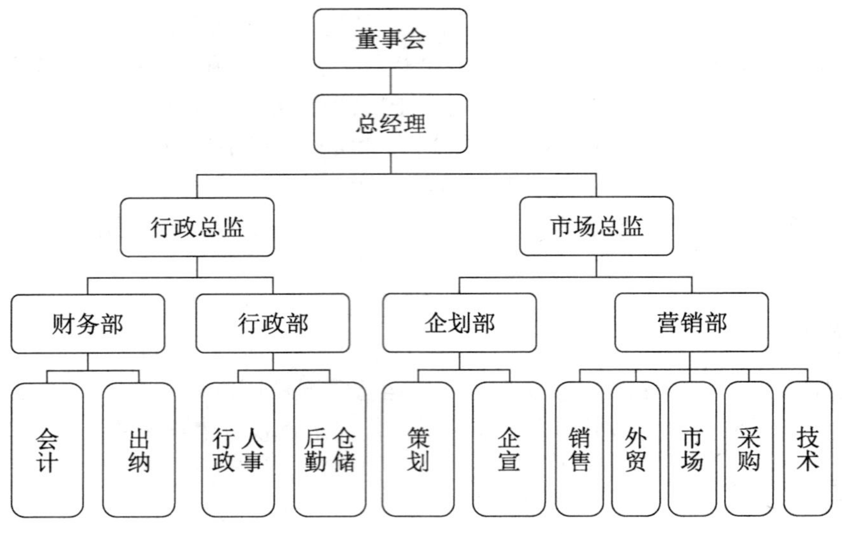

图 1-1　公司整体架构图

企业的各种关系通常以企业的组织结构图的表现形式来解释。大多数公司用这些结构的某种综合图来实现其目标。

1. 功能型组织结构

功能型组织结构是按照企业各个单位所执行的工作性质来构造的，该组织结构一般是根据人们共同的专门知识、经验或使用相同的资源而将其组合在一起(见图 1-2)。功能型组织结构主要是以专业功能约束下级层次部门和同级层次的业务活动，有时对上级层次也有约束作用。这种组织结构一般出现在社会团体和组织内部，如国家各行业部门，各种协会、企业、学校内部的人事、财务等功能部门。功能型组织结构的中间层(也可称作执行层)是若干不同功能的机构，它们向下级层次中的各部门(也可向同一层和上层部门)提供不同功能的服务，而不以行政命令指挥和控制。下级单位接受来自多个不同功能部门的命令，这是命令的多源性。这种组织结构不能单独构成，如企业、项目组织、学校等实体组织。

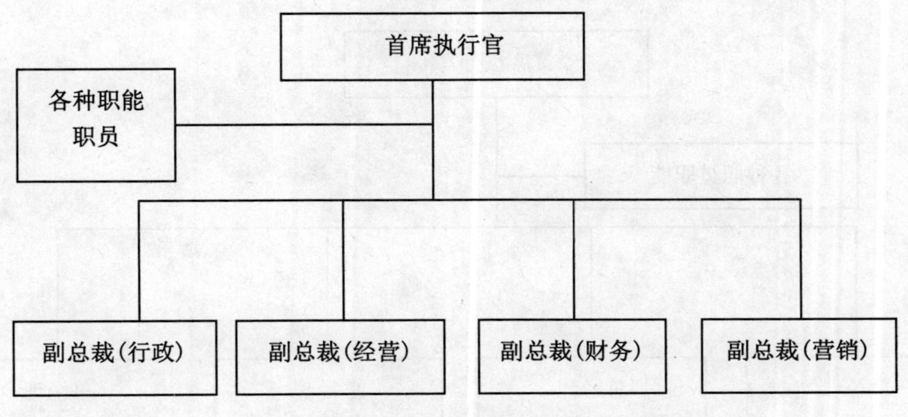

图 1-2　功能型组织结构图

2. 产品型组织结构

产品型组织结构，是把生产一个具体产品所需要的必要功能组合起来(见图 1-3)。产品经理们对具体产品的管理犹如管理公司的一个个小企业。

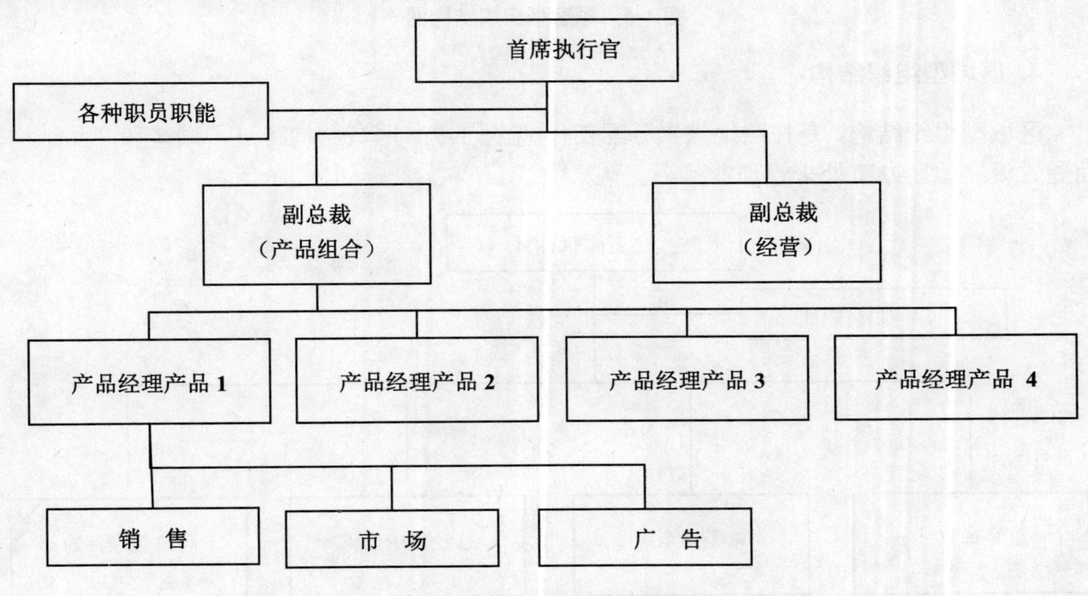

图 1-3　产品型组织结构图

3. 顾客型组织结构

顾客型组织结构的集中点在顾客身上(见图 1-4)。各种活动，比如生产和营销，与其他功能结合起来以满足顾客的具体需求。顾客结构常用于服务行业的企业。银行经常按照顾客类型来划分责任。比如，有些银行信贷部的负责人经过具体培训后为公司客户服务，而其他人则为个人客户服务。每人都具有“专业”知识以处理各自顾客的具体需求。

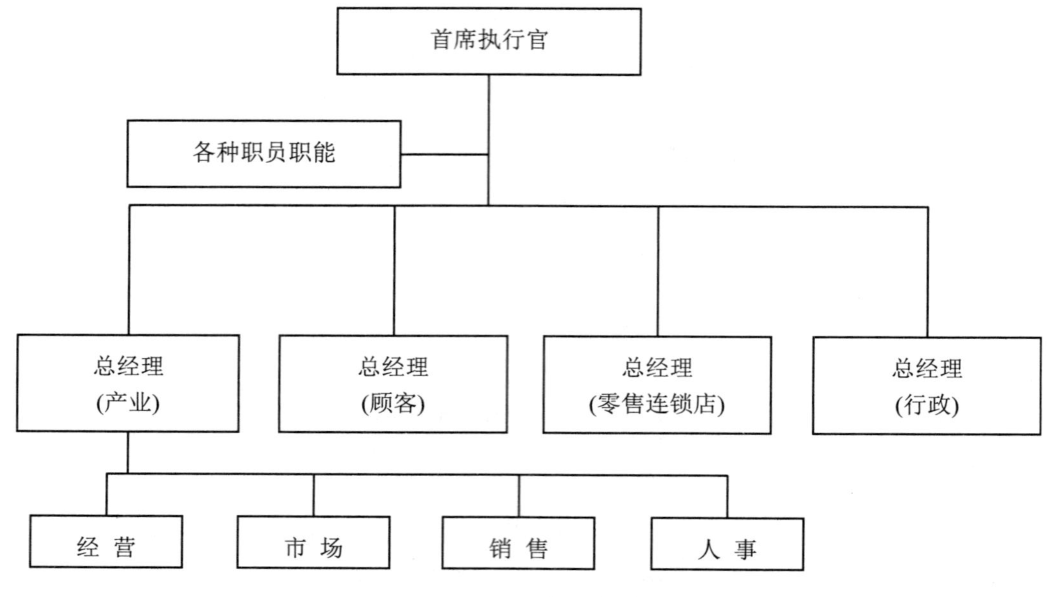

图 1-4 顾客型组织结构图

4. 区域型组织结构

区域型组织结构，是按照地点来分配工作(见图 1-5)。区域结构跨过了顾客和产品结构，而通过设立地区办事处来管理业务。

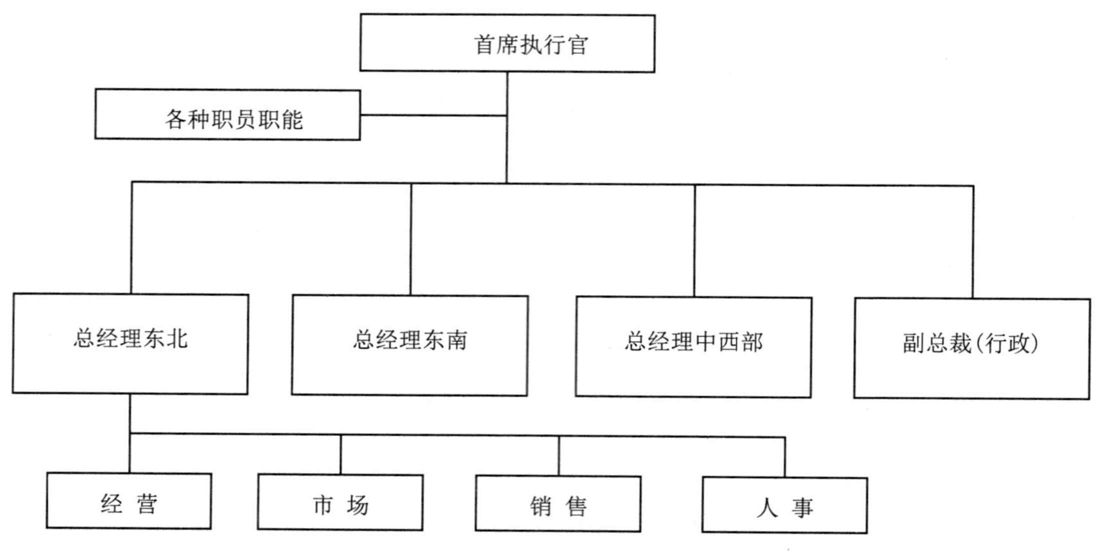

图 1-5 区域型组织结构图

5. 事业部门型组织结构

事业部是母公司伞下的独立经营体(见图 1-6)。与前面四种结构不同的是，部门基本上自主经营。一切都是自己来做，从营销到购买原材料。然而，大多数部门都利用母公司进行融资。

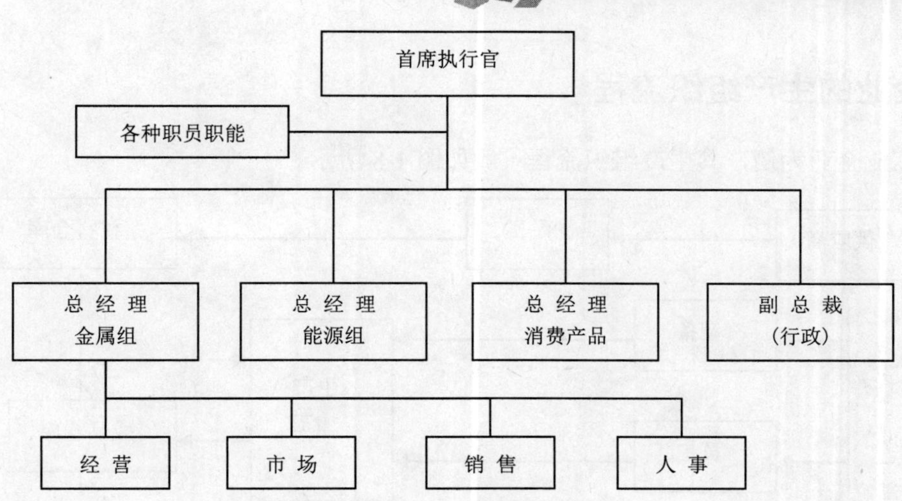

图 1-6　事业部门型组织结构图

6. 矩阵型组织结构

矩阵型组织结构(见图 1-7)离开了集中指挥的原则：每个雇员只有一个老板。这里，指挥渠道有两条或者更多。矩阵型组织结构常用于大型、复杂的项目，要求有高度的技能。在此结构下，产品和功能性结构并存。雇员们要向负责分配他们的产品项目经理汇报，同时还要向负责具体活动(比如生产、金融和营销)的主管经理汇报。这种组织结构显得很乱。它要求职员既有灵活性又很专业。国防和电脑行业经常选用矩阵型组织结构进行大型开发项目。

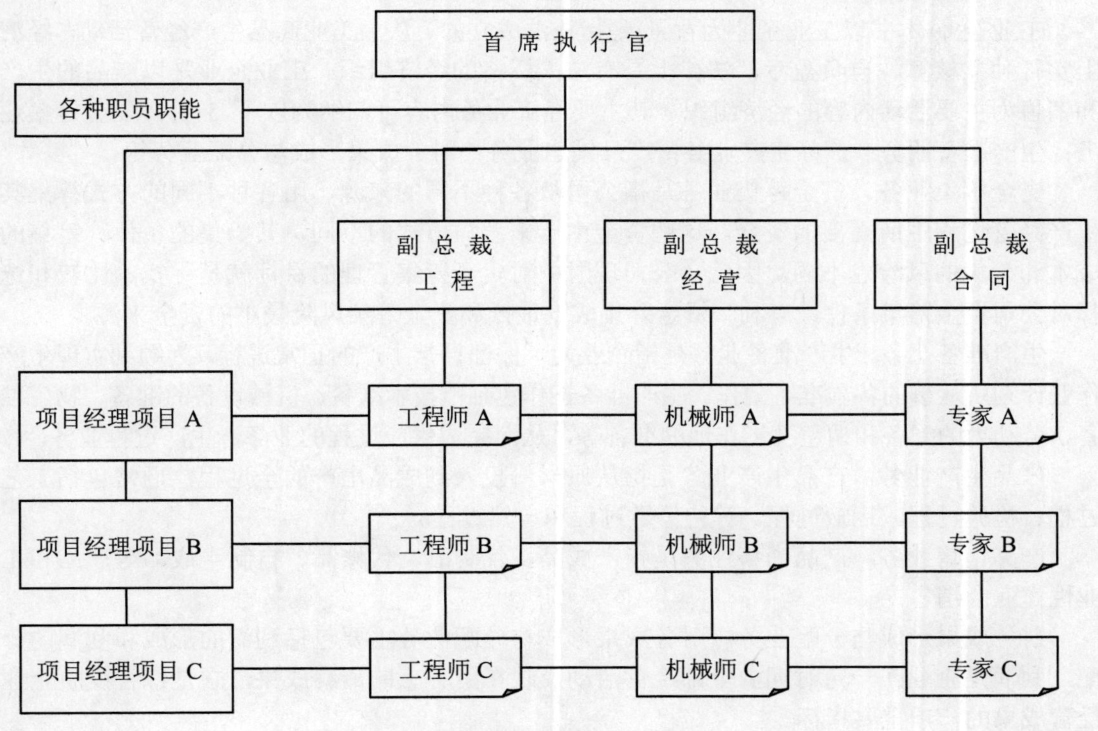

图 1-7　矩阵型组织结构图

四、企业的生产组织流程

以工业企业为例，其生产组织流程一般如图 1-8 所示。

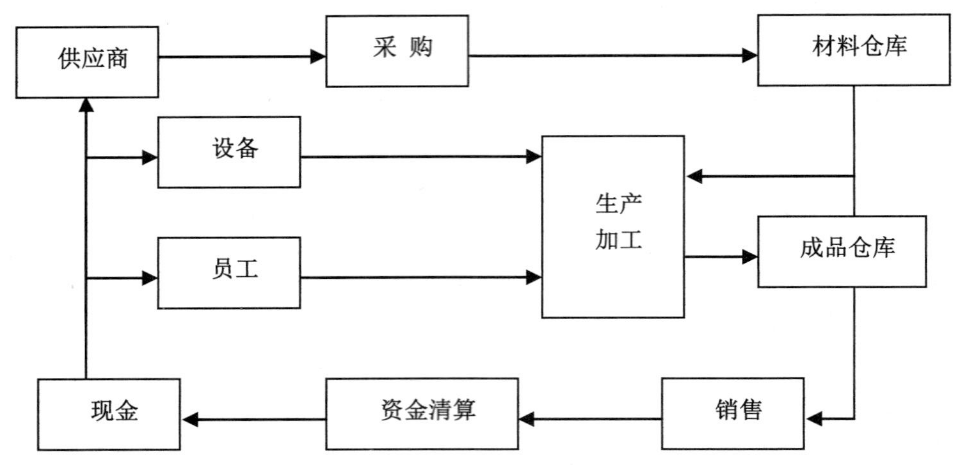

图 1-8　企业的生产组织流程图

在图 1-8 中，企业的生产是以现金为起点的，又以现金为终点，形成一个资金循环。

五、企业的主要经济业务

工业企业(本书以工业企业为背景)是指依法成立的、从事工业商品生产经营活动，经济上实行独立核算、自负盈亏，法律上具有法人资格的经济组织。工业企业是以产品的生产和销售为主要活动内容的经济组织。其主要经济业务内容可归纳为以下 5 种：资金筹集业务；生产准备业务；产品生产业务；产品销售业务；财务成果形成与分配业务等。

资金筹集业务。资金筹集业务是指公司从各种不同的来源，用各种不同的方式筹集其生产经营过程中所需要的资金。这些资金由于来源与方式的不同，其筹集的条件、筹集的成本和筹集的风险也不同。因此，公司理财中对资金筹集管理的目标就是寻找、比较和选择对公司资金筹集条件最有利、资金筹集成本最低和资金筹集风险最小的资金来源。

生产准备业务。生产准备业务是指企业为了保证日常生产的正常进行，为顺利实现生产作业计划所从事的各项准备工作。生产准备工作包括：技术准备、机械设备的准备、物资准备、劳动力的配备和调整及工作地的准备等，从而完成供应过程的业务、生产过程业务。

产品生产业务。产品生产业务是指从原材料投入到成品出产的全过程，通常包括工艺过程、检验过程、运输过程、等待停歇过程和自然过程。

产品销售业务。产品销售业务是指产成品、代制品、代修品、自制半成品等产品和工业性作业的销售。

财务成果形成与分配业务。财务成果形成与分配业务主要包括利润的形成和利润的分配。利润是企业在一定时期内全部经营活动反映在财务上的最终成果，它是综合反映企业经营成果的一项重要指标。

工作任务二　熟悉会计岗位与工作流程

一、会计机构

会计机构是企业单位整个组织机构的组成部分，它与企业的供应部门、生产部门、销售部门一样，都是企业的一个职能部门。

会计机构通常叫作财务处、财务科、财务部、财务组等。在现代企业中，会计核算与财务管理职能分离，会计机构可以直接叫作会计处、会计科、会计股和会计组等。

设置一个会计机构至少要有一名会计人员和一名出纳人员。在机构内各个岗位之间应建立内部稽核制度，会计人员管“账”、出纳人员管“钱”，出纳人员不得兼任稽核、会计档案保管，以及收入、支出、费用、债权债务账目的登记工作。

二、会计人员

设置会计机构，应当配备会计机构负责人和一定数量的专职会计人员(含出纳人员)。大中型企业应当根据法律和国家有关规定设置总会计师，总会计师由具有会计师以上专业技术资格的人员担任。

三、会计工作

提供会计信息的过程也是会计人员的工作过程。会计人员在日常工作中主要应做好以下工作：整理和审核原始凭证、编制记账凭证、登记会计账簿、财产清查和编制会计报表。

四、会计岗位设置的依据

会计岗位是指一个单位会计机构内部根据业务分工而设置的职能岗位。无论单位是否设置单独的会计机构，均应根据会计业务需要设置会计工作岗位。设置工作岗位、明确分工，有利于会计工作的程序化、规范化，提高工作效率和工作质量。

(一)设置会计工作岗位的基本原则

(1) 会计岗位设置要与企业的类型和性质相适应。

(2) 会计岗位的设置要根据本单位会计业务的需要。

(3) 会计岗位的设置应按照不相容职务相互分离的原则，明确权限，形成制约。

(4) 会计岗位的设置符合内部牵制制度的要求。

会计工作岗位可以一人一岗、一人多岗或者一岗多人。但出纳人员不得兼管稽核、会计档案保管和收入、费用、债权债务账目的登记工作。

稽核是稽查和复核的简称，是会计机构本身对于会计核算工作进行的一种自我检查和审核工作。为保证会计核算的正确性、防止舞弊等，我国规定会计机构内部应当建立稽核制度。

(5) 会计岗位的设置要有计划地进行轮岗，以促进会计人员全面熟悉业务和不断提高业务素质。

(6) 会计岗位的设置要体现会计机构内部钱账分管制度。凡涉及货币资金和财务的收付、结算及其登记的任何一项工作，规定由两人或两人以上分工掌管，以起到相互制约的作用。

(二)主要会计工作岗位

会计工作岗位一般可分为：总会计师(或行使总会计师职权)岗位；会计机构负责人(会计主管人员)岗位；出纳岗位；稽核岗位；资金核算岗位；往来结算岗位；工资核算、成本费用核算、经营成果核算岗位；财产物资核算岗位；总账岗位；财务会计报告编制岗位；会计电算化岗位；会计档案管理岗位等。

五、会计岗位职责

模拟企业财务部门设置 4 个主要的岗位，分别为出纳、制单会计、记账会计和会计主管，各个岗位通过分工协作，最终完成总的任务。

(一)出纳

出纳员是按照有关规定和制度，办理本单位的现金收付、银行结算等有关账务，保管库存现金、有价证券、财务印章及有关票据工作。其主要工作职责有以下几方面。

(1) 负责公司日常费用的报销。

(2) 负责日常现金、支票的收入与支出，信用卡的核对，及时登记现金及银行存款日记账。

(3) 每日核对、保管收银员交纳的营业收入。

(4) 每日盘点库存现金，做到日清月结，账实相符。库存现金不得超过公司规定的数额。

(5) 负责向银行换取备用的收银零钱，以备收银员换零。

(6) 信用卡对账及定期核对银行账目，编制银行存款余额调节表。

(7) 月末与会计核对现金/银行存款日记账的发生额与余额。

(8) 每周编制《货币资金周报表》，并上报营运总监、财务总监、财务主管等。

(9) 每月编制《现金流量表》，并上报营运总监、财务总监、财务主管。

(10) 每月配合人事编制好工资表，并协助发放。

(11) 完成领导布置的其他工作。

(二)制单会计的岗位职责

制单会计承担会计核算岗位中的会计确认和计量工作，同时还负责投融资业务的经办和报表岗位部分工作。具体包括以下岗位职责。

(1) 负责编制记账凭证，并将记账凭证输入计算机系统。

(2) 负责投融资业务的经办和报表岗部分工作。

(3) 负责月末转账凭证的生成工作。

(三)记账会计的岗位职责

记账会计承担会计核算岗位中登记各种明细账的工作，同时还负责成本计算工作、财

产清查、往来账款管理等会计管理工作。具体包括以下岗位职责。

(1) 负责开具发票。

(2) 负责手工财产物资的收发计算。

(3) 负责固定资产折旧及成本费用计算。

(4) 负责财产清查、银行对账工作。

(5) 负责往来账款管理工作。

(6) 负责计算税费和各种纳税的申报。

(7) 负责财务成果核算。

(8) 负责登记手工明细账。

(9) 负责编制利润表和所有者权益变动表。

(四)会计主管的岗位职责

会计主管承担会计机构负责人或会计主管岗位工作，同时还负责会计稽核岗、总账岗、会计档案管理岗和报表岗部分工作。具体包括以下岗位职责。

(1) 负责财务部门组织管理工作。

(2) 负责各种凭证和会计报表的审核。

(3) 负责组织编制财务报表工作。

(4) 负责财务分析工作，并提出整改意见。

(5) 负责公司有关税务申报工作，规范公司发票管理及纳税工作。

(6) 负责公司各类费用的审核报销。

工作任务三　熟悉会计核算原则

一、会计核算的前提条件

会计基本前提也称会计假设，是会计人员为实现会计目标，对所面临的变化不定、错综复杂的社会环境作出的合乎情理的判断(是合乎逻辑的、以会计实践作判断依据)。它是对会计活动所处的空间范围、时间范围和基本程序所作出的合理设定。会计假设规定了会计核算工作赖以存在的一些基本前提条件，是企业设计和选择会计方法的重要依据。会计假设既是会计核算的基本依据，也是制定会计准则和会计核算制度的重要指导思想。

(1) 会计主体，是指企业会计确认、计量和报告的空间范围。企业应当对其本身发生的交易或者事项进行会计确认、计量和报告，反映企业本身所从事的各项生产经营活动。明确界定会计主体是开展会计确认、计量和报告工作的重要前提。

① 明确会计主体，才能划定会计所要处理的各项交易或事项的范围。在会计实务中，只有那些影响企业本身经济利益的各项交易或事项才能加以确认、计量和报告，那些不影响企业本身经济利益的各项交易或事项则不能加以确认、计量和报告。

② 明确会计主体，才能将会计主体的交易或者事项与会计主体所有者的交易或者事项以及其他会计主体的交易或者事项区分开来。

(2) 持续经营，是指在可以预见的将来，企业将会按当前的规模和状态继续经营下去，不会停业，也不会大规模削减业务。会计确认、计量和报告应当以企业持续、正常的生产经营活动为前提。

会计准则体系是以企业持续经营为前提加以制定和规范的，涵盖了从企业成立到清算(包括破产)整个期间的交易或者事项的会计处理。一个企业在不能持续经营时如仍按持续经营基本假设选择会计确认、计量和报告原则与方法，就不能客观地反映企业的财务状况、经营成果和现金流量，会误导会计信息使用者的经济决策。

(3) 会计分期，是指将一个企业持续经营的生产经营活动划分为一个个连续的、长短相同的期间。

根据持续经营假设，一个企业将按当前的规模和状态持续经营下去。但是无论是企业的生产经营决策还是投资者、债权人等的决策，都需要及时的信息，需要将企业持续的生产经营活动划分为一个个连续的、长短相同的期间，分期确认、计量和报告企业的财务状况、经营成果和现金流量。

(4) 货币计量，是指会计主体在财务会计确认、计量和报告时以货币作为计量尺度，反映会计主体的生产经营活动。

货币是商品的一般等价物，是衡量一般商品价值的共同尺度，具有价值尺度、流通手段、贮藏手段和支付手段等特点。其他计量单位，如重量、长度、容积、台、件等，只能从一个侧面反映企业的生产经营情况，无法在量上进行汇总和比较，不便于会计计量和经营管理。只有选择货币这一共同尺度进行计量，才能全面反映企业的生产经营情况，所以，基本准则规定，会计确认、计量和报告应选择货币作为计量单位。

二、会计核算的基本原则

会计核算的基本原则是进行会计核算的指导思想和衡量会计工作成败的标准。所有对决策有用的信息在质量上必须达到一定的要求。

会计核算的基本原则可以归纳为三类。

(1) 衡量会计质量的一般原则。

(2) 确认和计量的一般原则。

(3) 起修正作用的一般原则。

会计核算也称会计反映，以货币为主要计量尺度，对会计主体的资金运动进行的反映。它主要是指对会计主体已经发生或已经完成的经济活动进行的事后核算，也就是会计工作中记账、算账、报账的总称。

1. 可靠性

可靠性是指会计信息必须是客观的和可验证的。

2. 相关性

相关性是指会计信息与信息使用者所要解决的问题相关联，即与使用者进行的决策有关，并具有影响决策的能力。相关性的核心是对决策有用。

一项信息是否具有相关性的决定因素有以下几方面。

(1) 预测价值。

(2) 反馈价值。

(3) 及时性。

3. 可理解性

可理解性是指会计信息必须能够被使用者所理解，即会计信息必须清晰易懂。

4. 可比性

可比性是指一个企业的会计信息与其他企业的同类会计信息尽量做到口径一致，相互可比。

统一性和一贯性是构成可比性的两个因素，作为会计信息的质量要求，它们从属于可比性。

5. 实质重于形式

实质重于形式要求“企业应当按照交易或事项的经济实质进行会计确认、计量，而不应当仅仅按照它们的法律形式作为会计确认、计量的依据”。

遵循实质重于形式的原则，体现了对经济实质的尊重，能够保证会计确认、计量信息与客观经济事实相符。

6. 重要性

重要性要求企业“在会计确认、计量过程中对交易或事项应当区别其重要程度，采用不同的核算方式。之所以强调重要性，在很大程度上是考虑会计信息的效用和核算成本之间的比较”。

重要性可以从质量和数量两方面进行判断。

从质量方面讲，只要该会计事项发生就可能对决策产生重大影响的，属于具有重要性的事项。

从数量方面讲，当某一会计事项的发生达到总资产的一定比例(如 5%)时，一般认为其具有重要性。

7. 谨慎性

谨慎性要求企业在进行会计确认、计量时，“不得多计资产或收益、少计负债或费用，不得计提秘密准备”。

8. 及时性

及时性，是指信息在对用户失效之前就提供给用户。

及时性要求企业对于已经发生的交易或事项，应当及时进行会计确认、计量和报告，不得提前或延后。

9. 权责发生制原则

按权责发生制原则的要求，凡是当期已经实现的收入和已经发生或应当承担的费用，不论款项是否收付，都应当作为当期的收入和费用；凡是不属于当期的收入和费用，即使

款项已在当期收付，也不应当作为当期的收入和费用。

收付实现制是与权责发生制相对应的一种确认基础，它是以收到或支付现金作为确认收入和费用的依据。目前，我国的行政单位采用收付实现制，事业单位除经营业务采用权责发生制以外，其他业务也采用收付实现制。

三、会计核算的计量属性

会计计量是根据一定的计量标准和计量方法，将符合确认条件的会计要素登记入账并列报于财务报表而确定其金额的过程。企业应当按照规定的会计计量属性进行计量，确定相关金额。计量属性是指所予计量的某一要素的特性方面，如桌子的长度、铁矿的重量、楼房的高度等。从会计角度来看，计量属性反映的是会计要素金额的确定基础，主要包括历史成本、重置成本、可变现净值、现值和公允价值等。

1. 历史成本

历史成本是指资产按照其购置时支付的现金或者现金等价物的金额，或者按照购置资产时所付出的对价的公允价值计量；负债按照其因承担现时义务而实际收到的款项或者资产的金额，或者承担现时义务的合同金额，或者按照日常活动中为偿还负债预期需要支付的现金或者现金等价物的金额计量。

2. 重置成本

重置成本是指资产按照现在购买相同或者相似资产所需支付的现金或者现金等价物的金额计量；负债按照现在偿付该项债务所需支付的现金或者现金等价物的金额计量。

3. 可变现净值

可变现净值是指资产按照其正常对外销售所能收到的现金或者现金等价物的金额扣减该资产至完工时估计将要发生的成本、估计的销售费用以及相关税费后的金额计量。

4. 现值

现值是指资产按照预计从其持续使用和最终处置中所产生的未来现金流入量的折现金额计量；负债按照预计期限内需要偿还的未来净现金流出量的折现金额计量。

5. 公允价值

公允价值，是指市场参与者在计量日发生的有序交易中，出售一项资产所能收到或者转移一项负债所需支付的价格。

企业在对会计要素进行计量时，一般应当采用历史成本。在某些情况下，为了提高会计信息质量、实现财务报告目标，企业会计准则允许采用重置成本、可变现净值、现值、公允价值计量的，应当保证所确定的会计要素金额能够取得并可靠计量，这些金额无法取得或者可靠计量的，则不允许采用其他计量属性。

项目二

建　　账

工作任务一　建立手工账项
工作任务二　建立计算机账项

工作任务一　建立手工账项

建账就是根据企业具体行业要求和将来可能发生的会计业务情况，购置所需要的账簿，然后根据企业日常发生的业务情况和会计处理程序登记账簿。无论何类企业，在建账时都要首先考虑以下问题。

第一，与企业相适应。企业规模与业务量成正比，规模大的企业，业务量大，分工也复杂，会计账簿需要的册数也多；企业规模小，业务量也小，有的企业，一个会计可以处理所有经济业务，设置账簿时就没有必要设许多账，所有的明细账合成一两本就可以了。

第二，满足企业管理需要。建立账簿是为了满足企业管理需要，为管理提供有用的会计信息，所以在建账时以满足管理需要为前提，避免重复设账、记账。

第三，依据账务处理程序。企业业务量大小不同，所采用的账务处理程序也不同。企业一旦选择了账务处理程序，也就选择了账簿的设置，如果企业采用的是记账凭证账务处理程序，企业的总账就要根据记账凭证序时登记，你就要准备一本序时登记的总账。

不同的企业在建账时所需要购置的账簿是不相同的，总体来讲要依企业规模、经济业务的繁简程度、会计人员多少、采用的核算形式及电子化程度来确定。但无论何种企业，都存在货币资金核算问题，现金和银行存款日记账都必须设置。另外还需设置相关的总账和明细账。所以，当一个企业刚成立时，你一定要去会计商店购买这几种账簿和相关账页，需说明的是明细账有许多账页格式，你在选择时要选择好你所需要的格式的账页，如三栏式明细账、多栏式明细账、数量金额式明细账等，然后根据明细账的多少选择你所需要的封面和装订明细账用的账钉或线。另外建账初始，必须购置的还有记账凭证、记账凭证封面、记账凭证汇总表、记账凭证装订线、装订工具。为报表方便，还应购买空白资产负债表、利润表(损益表)、现金流量表等相关会计报表。

【任务描述】

(1) 建立总分类账。
(2) 建立现金日记账、银行存款日记账。
(3) 建立三栏式明细账、数量金额式明细账、多栏式明细账。
(4) 建立各种备查账簿。

【公司概况】

(一)会计主体设计

1. 公司概况设计

1)　企业概况
公司名称：方华实业有限公司
经营地址：哈尔滨市广源路 12 号

企业类型：工业企业

联系方式：0451-8289675

基本存款账户开户行：中国工商银行广源路分理处

账　　号：2100022609003635658

纳税人登记号：515280104013127

法人代表：王红军　负责公司的整体工作

方华实业有限公司成立于2013年，注册资金500万元，位于黑龙江哈尔滨。该公司是一家制造企业，主要生产销售A、B两种产品(其中B产品为应税消费品)，产品生产工艺流程较简单，在同一综合车间进行加工制造，原材料为甲、乙、丙、丁四种。方华实业有限公司内设厂部办公室、供应科、财会部、生产部、销售部、一个基本生产车间、其他服务部门等组织结构。社会的繁荣与科学的进步，带来百业的兴旺，提高自身的素质和产品质量，是方华实业有限公司追求的目标。随着公司的不断发展、与广大用户交往的加深，合作领域也将不断扩大。方华实业有限公司始终坚持“团结、奋进、诚信”的企业精神，以坦诚的合作态度、卓著的企业信誉、优良的工程质量，热忱地为新老客户提供满意的服务，诚待广大客户洽谈业务，进行广泛合作。

2)　企业相关人员

法人代表：王红军　负责公司的整体工作

会计主管：丁立　负责财务部门全面工作

记账会计：张平　负责审核凭证，登记账簿及编制报表等工作

制单会计：李静　负责编制计账凭证等工作

出　　纳：赵艳　负责出纳工作

保 管 员：关磊　负责仓库保管工作

3)　具体岗位职责

本企业财务部门设置4个主要的岗位，分别为出纳赵艳、制单会计李静、记账会计张平和会计主管丁立，通过分工协作，最终完成总的任务。

出纳员赵艳的主要工作职责有：负责公司日常的费用报销；负责日常现金、支票的收入与支出，信用卡的核对，及时登记现金及银行存款日记账；每日核对、保管收银员交纳的营业收入；每日盘点库存现金，做到日清月结，账实相符，库存现金不得超过公司规定的数额；负责向银行换取备用的收银零钱，以备收银员换零；信用卡的对账及定期核对银行账目，编制银行存款余额调节表；月末与会计核对现金、银行存款日记账的发生额与余额；每月编制《现金流量表》，并上报营运总监、财务总监、财务主管；每月配合人事编制工资表，并协助发放；完成领导布置的其他工作。

制单会计李静的主要工作职责：负责编制记账凭证，并将记账凭证输入计算机系统；负责投融资业务的经办和报表岗部分工作；负责月末转账凭证的生成工作等。

记账会计张平的主要工作职责：负责开具发票；负责手工财产物资的收发计算；负责财产清查、银行对账工作；负责往来账款管理工作；负责计算税费和各种纳税的申报；负责财务成果核算；负责登记手工明细账；负责利润表和所有者权益变动表等。

会计主管承担会计机构负责人或会计主管岗位工作，同时还负责会计稽核岗、总账岗、会计档案管理岗和报表岗部分工作。

会计主管丁立的主要工作职责：负责财务部门组织管理工作；负责各种凭证和会计报表的审核；负责组织编制财务报表；负责财务分析工作，并提出整改意见；负责公司有关税务申报工作，规范公司发票管理及纳税工作；负责公司各类费用的审核报销等。

2. 公司会计制度设计

企业会计制度是根据《会计法》《2006 年企业会计准则》《企业会计准则应用指南》等相关财经法规制定的。

(1) 记账方法：采用借贷记账法。

(2) 会计科目：使用财政部统一规定的科目名称。

(3) 库存现金限额：3 000 元。

(4) 坏账损失采用备抵法转销。

(5) 存货(原材料、库存商品等)按实际成本计算，出库单价按加权平均法计算。

(6) 制造费用：在“制造费用”账户借方归集，并按生产工人工资的比例分配。

(7) 产品成本计算采用品种法。

(8) 固定资产折旧采用年限平均法。

(9) 无形资产摊销采用直线法。

(10) 企业所计提的职工养老保险金、职工医疗保险金、职工失业保险金、公积金、工会经费分别按企业核准的工资总额的 20%、10%、1%、10%、2%的比例计提。

(11) 职工福利费按实际发生额计入“应付职工薪酬”。

(12) 增值税的计算：本企业为一般纳税人，按基本税率的 17%计算缴纳。

(13) 营业税的计算：按处置转让不动产、无形资产的金额以及租金收入的 5%计算缴纳。

(14) 城市维护建设税的计算：按增值税、消费税之和的 7%计算缴纳。

(15) 教育费附加的计算：按增值税、消费税之和的 3%计算缴纳。

(16) 所得税：按应纳所得额的 25%计算缴纳。

(17) 法定盈余公积金：按净利润的 10%计提。

(18) 向投资者分利：按税后利润的 30%计提缴纳。

3. 账务组织程序设计

(1) 记账凭证：收款凭证、付款凭证、转账凭证。

(2) 账簿组织：分别开设总账、日记账、明细账、备查账。

(3) 会计核算程序：该公司采用科目汇总表账务处理程序。

(二)基本工作操作流程设计

出纳、制单会计、记账会计和会计主管分工协作，基本工作流程如下。

1. 建账

期初由总账会计或是会计主管建立总账；出纳建立银行存款日记账、库存现金日记账；记账会计建立各种明细账。

2. 审核原始凭证

会计主管接到外来或自制的原始凭证，进行审核，将审核无误的原始凭证传递给制单会计。

3. 填制记账凭证

制单会计收到审核员传递的原始凭证，根据业务的性质填制各种记账凭证，然后签名盖章，并把已经填制好的记账凭证和原始凭证传递给会计主管。

4. 审核记账凭证

会计主管收到记账凭证和原始凭证，认真审查核对，在审核后的记账凭证审核处签名盖章，并将审核后的记账凭证再传递给制单会计。

5. 制单会计取回已审核的记账凭证

制单会计收到审核后的记账凭证后，按照凭证的类别，将收款凭证以及所附的原始凭证和付款凭证以及所附的原始凭证传递给出纳，将转账凭证以及所附的原始凭证传递给记账会计。

6. 登记日记账

出纳接到制单会计传来的审核后的收付款凭证以及所附的原始凭证，按照登记日记账的要求，登记“现金日记账”和“银行存款日记账”，登记后，在记账凭证的“出纳”处签名或盖章，然后再将记账凭证和所附的原始凭证传递给记账会计，登记完的日记账传给会计主管。

7. 登记明细账

记账会计收到转账凭证和收付款凭证后，按照登记明细账的要求，登记所属的各种明细账，登记结束后，在记账凭证入账符号栏内画“√”，并在“记账”处签名或盖章，然后再将登记的明细账和各种记账凭证及所附的原始凭证传递给会计主管。

8. 登记总账

会计主管收到记账凭证，根据记账凭证进行科目汇总，编制科目汇总表，根据科目汇总表登记总账，并在总账栏内画“√”。

9. 期末对账

出纳、记账会计、会计主管分别对日记账、明细账和总账进行期末核对。

10. 期末结账

会计主管编制综合试算平衡表，同时会计专管、记账会计、出纳分别对总账、明细账、日记账进行结账。

11. 编制报表

会计主管根据综合试算凭证表编制资产负债表、利润表、现金流量表、所有者权益变动表。

12. 审核报表

报表编制后由审核员审核。

13. 档案管理

制单会计将原始凭证作为记账凭证的附件，记账凭证按收款、付款、转账三类进行顺序编号，折叠整齐。按照装订凭证的规定，加封面、注明单位名称、年度、月份、起讫日期，并由装订人签名或盖章。记账会计应将各种账页按类别装订成册，附上账簿启用登记表。会计主管将全部会计报表附上会计报表的封面，注明单位的名称、年度、月份。所有会计档案应送交会计主管审核，审核合格后，由会计主管归档保管等待上交。

(三)账户余额

方华实业有限公司为了加强企业的财务管理，对每一部门每一岗位每一项具体的业务建立一套规范的工作流程和业务规范，从 2015 年 12 月 1 日起启用新账簿，2015 年 11 月 30 日各个账户余额如下。

(1) 2015 年 11 月月末各总分类账户余额，如表 2-1 所示。

表 2-1　各总分类账户余额表　　单位：元

账　　户	借 或 贷	金　　额	账　　户	借 或 贷	金　　额
库存现金	借	3 000	累计折旧	贷	2 222 000
银行存款	借	4 942 100	应付票据	贷	50 000
交易性金融资产	借	350 000	短期借款	贷	200 000
应收票据	借	100 000	应付账款	贷	106 100
应收账款	借	150 000	预收账款	贷	100 000
其他应收款	借	6 000	应付职工薪酬	贷	95 000
原材料	借	735 000	应交税费	贷	45 000
库存商品	借	2220 000	其他应付款	贷	40 000
预付账款	借	23 000	实收资本	贷	9 000 000
固定资产	借	7 640 000	资本公积	贷	2 000 000
无形资产	借	375 000	盈余公积	贷	164 000
待处理财产损溢	借	0	本年利润	贷	2 308 000
			利润分配	贷	214 000
合　　计		16 544 100	合　　计		16 544 100

(2) 2015 年 11 月月末有关明细分类账户余额，如表 2-2 至表 2-9 所示。

表 2-2　库存商品明细账户余额表　　单位：元

产品名称	单　位	数　量	单　价	金　额
A 产品	件	10 000	110	1 100 000
B 产品	件	8 000	140	1 120 000
合　计				2 220 000

表 2-3　原材料明细账户余额表　　单位：元

材料名称	单　位	数　量	单　价	金　额
甲材料	千克	6 000	20	120 000
乙材料	千克	4 500	60	270 000
丙材料	千克	4 500	50	225 000
丁材料	千克	8 000	15	120 000
合　计				735 000

表 2-4　应收账款明细账户余额表　　单位：元

一级科目	明细科目	借 或 贷	金　额
应收账款	天合建材公司	借	58 500
	华南工厂	借	91 500
合　计			150 000

表 2-5　预付账款明细账户余额表　　单位：元

一级科目	明细科目	借 或 贷	金　额
预付账款	红日工厂	借	23 000
合　计			23 000

表 2-6　应收票据明细账户余额表　　单位：元

一级科目	明细科目	借 或 贷	金　额
应收票据	光明工厂	借	100 000
合　计			100 000

表 2-7　应付账款明细账户余额表　　单位：元

一级科目	明细科目	借 或 贷	金　额
应付账款	文海工厂	贷	93 600
	湖海建材有限责任公司	贷	12 500
合　计			106 100

表 2-8 应付票据明细账户余额表 单位：元

一级科目	明细科目	借 或 贷	金 额
应付票据	飞宇工厂	贷	50 000
合 计			50 000

表 2-9 应交税费及其他应交款明细账户余额表 单位：元

一级科目	明细科目	借 或 贷	金 额
应交税费	未交增值税	贷	30 000
	应交所得税	贷	8 000
	应交城市维护建设税	贷	4 900
	教育费附加	贷	2 100
合 计			45 000

(3) 2015 年 1～11 月损益类账户累计发生额，如表 2-10 所示(均已按月结转)。

表 2-10 损益类账户累计发生额一览表 单位：元

账户名称	借方发生额	账户名称	贷方发生额
主营业务成本	9 570 000	主营业务收入	14 850 000
营业税金及附加	95 000	其他业务收入	1 800 000
其他业务成本	800 000	投资收益	795 000
管理费用	1 730 000	营业外收入	10 000
销售费用	1 550 000		
财务费用	150 000		
营业外支出	120 150		
所得税费用	1 131 850		
合 计	15 147 000		17 455 000

(4) 2015 年 11 月 30 日固定资产清单，如表 2-11 所示。

表 2-11 固定资产清单

2015 年 11 月 30 日

固定资产编号	名称	单位	数量	类别	所在部门	增加方式	可使用年限	已使用月份	原值（元）	本月计提折旧（元）	对应折旧科目
111001	办公楼	平方米	1000	11	办公室	在建工程转入	20	23	1 660 000	6 916.67	管理费用
110002	厂房	平方米	800	11	一车间	在建工程转入	20	23	1 350 000	5 625	制造费用
110004	材料库	平方米	400	11	材料库	在建工程转入	20	23	250 000	1 041.67	管理费用
110005	成品库	平方米	600	11	成品库	直接购入	20	23	200 000	833.33	管理费用
210001	01 机床	台	1	21	一车间	直接购入	10	23	2 110 000	17 583.33	制造费用
210002	02 机床	台	1	21	一车间	直接购入	10	23	200 000	1 666.67	制造费用
210007	03 钻孔机	台	1	21	一车间	直接购入	10	23	160 000	1 333.33	制造费用
210008	封装设备	台	1	21	一车间	直接购入	10	23	150 000	1 333.33	制造费用
210009	维修设备	组	1	21	一车间	在建工程转入	10	23	360 000	3 000	制造费用
210010	专用工具	套	1	21	一车间	直接购入	10	23	40 000	333.33	制造费用
320011	轿车	辆	1	32	办公室	直接购入	10	23	400 000	3 333.33	管理费用
320012	货车	辆	1	32	一车间	直接购入	10	23	520 000	4 333.33	制造费用
420013	办公设备	套	1	42	办公室	直接购入	5	23	60 000	1 000	管理费用
420014	办公设备	套	1	42	生产部	直接购入	5	23	20 000	333.33	管理费用
420015	办公设备	套	1	42	财务部	直接购入	5	23	40 000	666.67	管理费用
420016	办公设备	套	1	42	供应部	直接购入	5	23	20 000	333.33	管理费用
420017	办公设备	套	1	42	销售部	直接购入	5	23	20 000	333.33	销售费用
420018	消防设备	套	1	42	办公室	直接购入	5	23	20 000	333.33	管理费用
520018	计算机	台	10	52	质检部	直接购入	5	23	40 000	666.67	管理费用
520020	速印机	台	4	52	质检部	直接购入	5	23	20 000	333.33	管理费用

【岗位流程】

(一)建立账簿流程图

建立账簿流程如图 2-1 所示。

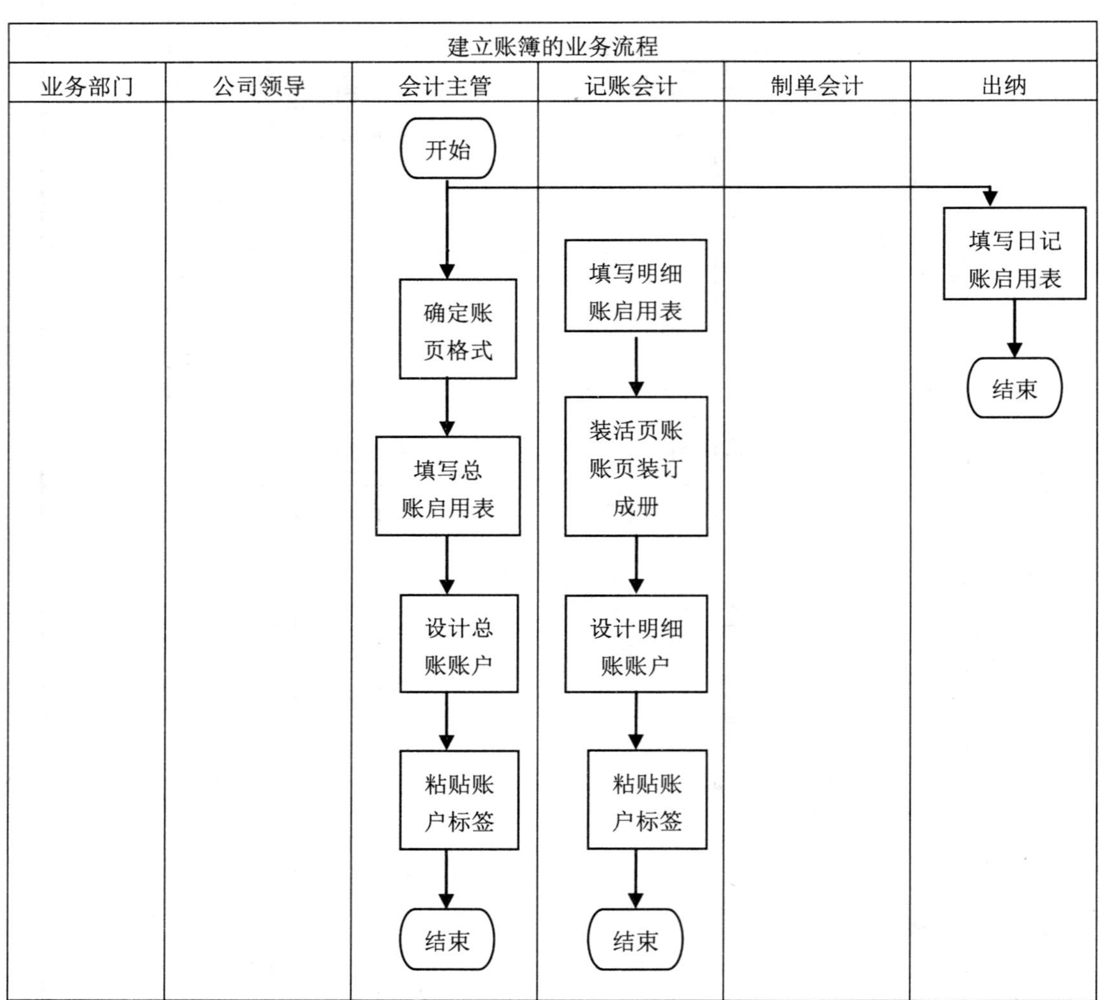

图 2-1 建立账簿流程图

(二)设置会计科目流程图

设置会计科目流程如图 2-2 所示。

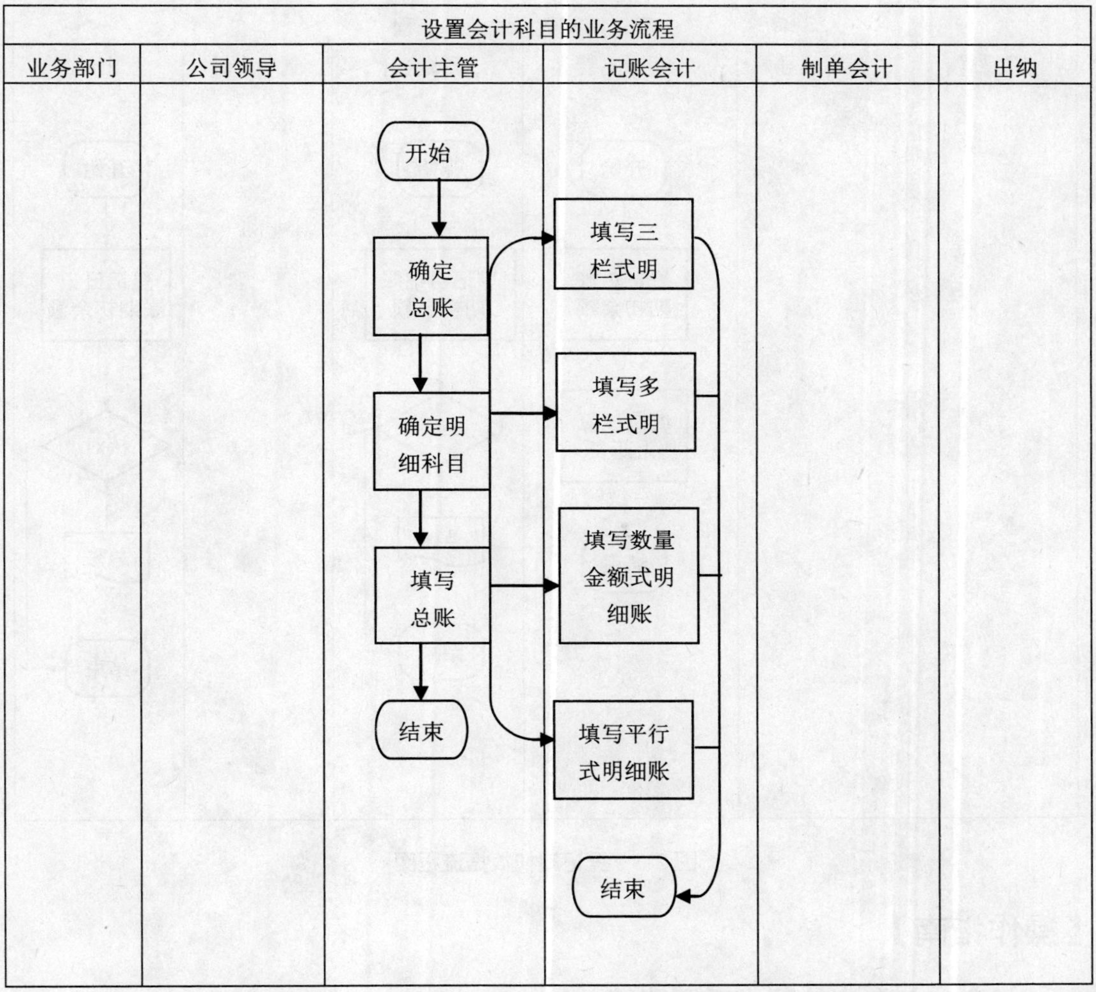

设置会计科目的业务流程					
业务部门	公司领导	会计主管	记账会计	制单会计	出纳
		开始 确定总账 确定明细科目 填写总账 结束	填写三栏式明 填写多栏式明 填写数量金额式明细账 填写平行式明细账 结束		

图 2-2　设置会计科目流程图

(三)登记期初数据流程图

登记期初数据流程如图 2-3 所示。

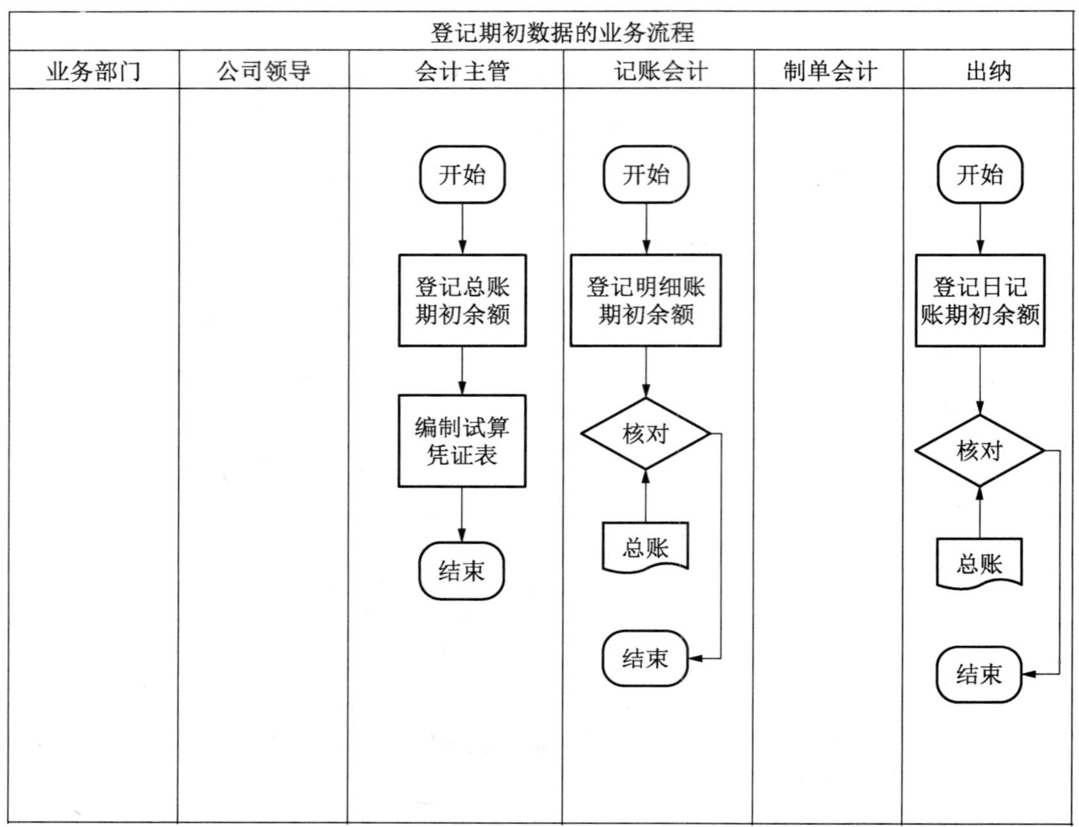

图 2-3　登记期初数据流程图

【操作指南】

(一)会计各个岗位建立手工账簿

(1) 记账会计按照三栏式、多栏式、数量金额式分类装订记账账簿。

(2) 会计主管开启手工账簿，填写账簿启用信息如表 2-12 所示：在账簿封面上写明单位名称和账簿名称；在账簿扉页上附启用表，并按规定编排编制账簿目录；在总账簿启用表中逐一填写启用日期、账簿页数、填写记账人员和会计机构负责人、会计主管人员姓名，并加盖名章和单位公章。

表 2-12　账簿启用及经管人员一览表

单位名称：　　　　　　　　　　　　账簿名称：(单位公章)：
账簿编号：　　　　　　　　　　　　账簿册数：
账簿页数：　　　　　　　　　　　　启用日期：
会计主管(签章)：　　　　　　　　　记账人员(签章)：

移交日期			移交人		接管日期			接管人		会计主管	
年	月	日	姓名	盖章	年	月	日	姓名	盖章	姓名	盖章

(3) 记账会计填写明细账启用表：在账簿启用表中逐一填写启用日期、账簿页数、填写记账人员和会计机构负责人、会计主管人员姓名，并加盖名章和单位公章。

(4) 出纳填写日记账启用表：在账簿启用表中逐一填写启用日期、账簿页数、填写记账人员和会计机构负责人、会计主管人员姓名，并加盖名章和单位公章。

(5) 会计人员按照规定，购置印花税票，并在扉页制定位置贴花。

(6) 会计主管建立各种备查登记簿：借款备查簿、支票登记簿、应收票据备查簿、应付票据备查簿、银行收款结算凭证登记簿、银行付款结算凭证登记簿等。

(二)设置会计科目

(1) 会计主管根据方华实业有限公司所涉及的经济业务设置总账会计科目。

(2) 会计主管将总账会计科目逐页填写在总账每一页的右上角。

(3) 会计主管根据业务需要选择不同的明细账账页格式，方华实业有限公司明细账页设置情况如表 2-13 所示。

表 2-13　开设明细账一览表

应开设的明细账	所涉及账户
三栏式明细账	其他货币资金、应收票据、应收账款、长期股权投资、无形资产、待处理财产损溢、应付票据、应付账款、应交税费、其他应付款、利润分配、预付账款、所得税费用、投资收益、待处理财产损溢
数量金额式明细账	原材料、周转材料——包装物、库存商品、发出商品、在途物资
多栏式明细账	一般格式：管理费用、财务费用、销售费用、制造费用、主营业务收入、主营业务成本、其他业务收入、其他业务成本、营业外收入、营业外支出 专用格式：应交税费——应交增值税、生产成本、固定资产、本年利润

(4) 记账会计填写明细账户名称及相关内容：明细账的名称为会计总账科目，相关内容

不同的格式内容不同，填写三栏式明细账的二级、三级科目；填写数量金额式明细账的单位和名称；填写生产成本等多栏式明细账的科目名称。

(5) 出纳填写日记账的账号名称及相关内容。

(6) 会计主管粘贴总账口取纸，出纳粘贴日记账口取纸，记账会计粘贴明细账口取纸，按照账簿从下至上、从左至右的顺序或者是从上至下、从右至左的顺序进行粘贴。

(三)登记期初数据

(1) 会计主管登记总账期初余额。

① 登记记账年度：2015 年度。

② 登记记账日期：2015 年 12 月 1 日。

③ 登记摘要：统一填写“期初余额”。

④ 填写金额。

(2) 出纳登记现金日记账和银行存款日记账期初余额，具体方法与总账相同。

(3) 记账会计登记明细账期初余额，具体方法与总账相同。

【实训指导】

1. 实训备品

(1) 黑色和红色中性笔、碳素墨水钢笔、直尺、印章、印泥、计算器或算盘等。

(2) 会计账簿有：库存现金日记账、银行存款日记账、总分类账、三栏式明细分类账、多栏式明细分类账、数量金额式明细分类账。

2. 会计账簿的种类

(1) 按用途的不同，会计账簿可分为序时账簿、分类账簿和备查账簿。

① 序时账簿：库存现金日记账和银行存款日记账。

② 分类账簿：总分类账簿和明细分类账簿。

③ 备查账簿：租入的固定资产登记簿、委托加工材料登记簿等。

(2) 按格式的不同，会计账簿可分为三栏式账簿、多栏式账簿和数量金额式账簿。

① 三栏式账簿：一般适用各种日记账、总分类账以及资本、债权债务明细账。

② 多栏式账簿：一般适用于成本、费用类的明细账，如：管理费用明细账、生产成本明细账、制造费用明细账等。

③ 数量金额式账簿：一般适用于具有实物形态的财产物资的明细账，如：原材料明细账，库存商品、产成品等明细账。

(3) 按外形的不同，会计账簿可分为订本式账簿、活页式账簿和卡片式账簿。

① 订本式账簿：订本式账簿可以避免账页散失和防止抽换账页，确保账簿资料的完整，但在同一时间只能由一人登账，不便于记账人员的分工。总分类账、库存现金日记账和银行存款日记账必须采用订本账。

② 活页式账簿：活页式账簿可以随时抽换、增减账页，便于记账人员的分工、记账，但账页容易散失、抽换。活页账在会计年度终了时，应及时装订成册，妥善保管。明细账

多采用活页账。

③ 卡片式账簿：卡片式账簿的卡片通常装在卡片箱内，不用装订成册，随时可取可放可移动，也可跨年度长期使用，但卡片容易丢失。一般情况下，固定资产的明细账采用卡片账。

3. 会计账簿的基本内容

(1) 封面。封面主要用来标明会计账簿的名称，如：总分类账、库存现金日记账、银行存款日记账、应收账款明细账等。

(2) 扉页。扉页主要用来填列会计账簿的使用信息，其主要内容包括：单位名称；账簿名称；起止页次；启用日期；单位负责人、会计主管人员姓名；经管人员及交接日期。

(3) 账页。账页是会计账簿的主体，会计账簿由若干账页组成，每一账页应包括以下内容：账户名称(即会计科目)；登记账簿的日期栏；作为记账依据的记账凭证的种类和号数栏；摘要栏；借方(或收入)、贷方(或支出)和余额(或结存)栏；总页次和分页次。

(4) 封底。封底一般没有具体内容，但它与封面共同保护整个账簿的记录。

4. 建账的基本程序

(1) 按照需用的各种账簿的格式要求，预备各种账页，并将活页的账页用账夹装订成册。

(2) 在账簿的“启用表”上，写明单位名称、账簿名称、册数、编号、起止页数、启用日期以及记账人员和会计主管人员姓名，并加盖名章和单位公章，在账簿扉页上填制账簿启用及经管人员一览表。启用订本式账簿，应从第一页到最后一页按顺序编定页数，不得跳页、缺号。使用活页式账页，应当按账户顺序编号，必须定期装订成册，装订后按实际使用的账页顺序编订页码，另在第一页前加账户目录，记明每个账户的名称和页次。记账人员或会计主管人员在本年度调动工作时，应注明交接日期、接办人员和监交人员姓名，并由交接双方签名或盖章，以明确双方的经济责任。年度开始启用新账簿时，应将上年的年末余额结转到新账的第一行，并在摘要栏注明“上年结转”。

(3) 按照会计科目表的顺序、名称，在总账账页上建立总账账户；并根据总账账户明细核算的要求，在各个所属明细账户上建立各级明细账户。原有单位在年度开始建立各级账户的同时，应将上年账户余额结转过来。

(4) 启用订本式账簿，应从第一页起到最后一页止顺序编订号码，不得跳页、缺号，使用活页式账簿，应按账户顺序编列本户页次号码。各账户编列号码后，应填“账户目录”，将账户名称页次登入目录内，并粘贴索引纸(账户标签)，写明账户名称，以便检索。

5. 建账应遵循的基本原则

(1) 依法原则。各单位必须按照《中华人民共和国会计法》和国家统一会计制度的规定设置会计账簿，包括总账、明细账、日记账和其他辅助性账簿，不允许不建账、不允许在法定的会计账簿之外建账。

(2) 全面系统原则。设置的账簿要能全面、系统地反映企业的经济活动，为企业经营管理提供所需的会计核算资料，同时要符合各单位生产经营规模和经济业务的特点，使设置的账簿能够反映企业经济活动的全貌。

(3) 组织控制原则。设置的账簿要有利于账簿的组织、建账人员的分工，有利于加强岗位责任制和内部控制制度，有利于财产物资的管理，便于账实核对，以保证企业各项财产物资的安全完整和有效使用。

(4) 科学合理原则。建账应根据不同账簿的作用和特点，使账簿结构严密、科学，有关账簿之间要有统驭或平行制约的关系，以保证账簿资料的真实、正确和完整；账簿格式的设计及选择应力求简明、实用，以提高会计信息处理和利用效率。

6. 日记账建账的原则

(1) 账页的格式一般采用三栏式。现金日记账和银行存款日记账的账页一般采用三栏式，即借方、贷方和余额三栏，并在借贷两栏中设有“对方科目”栏，(见表 2-14、表 2-15)。如果收付款凭证数量较多，为了简化记账手续，也为了通过现金日记账和银行存款日记账汇总登记总账，也可以采用多栏式账页。采用多栏式账页后如果会计科目较多，造成篇幅过大，还可以分设现金(银行存款)收入日记账和现金(银行存款)支出日记账。

表 2-14 现金日记账

第 页

年		凭 证		摘 要	借 方	贷 方	余 额
月	日	字	号				

表 2-15 银行存款日记账

第 页

年		凭 证		摘 要	借 方	贷 方	余 额
月	日	字	号				

(2) 账簿的外表形式必须采用订本式。现金和银行存款是企业流动性最强的资产，为保证账簿资料的安全、完整，财政部《会计基础工作规范》第 57 条规定：“现金日记账和银行存款日记账必须采用订本式账簿。不得用银行对账单或者其他方法代替日记账。”

7. 总账的建账原则

(1) 总账科目名称应与国家统一会计制度规定的会计科目名称一致。总账具有分类汇总记录的特点，为确保账簿记录的正确性、完整性，提供会计要素的完整指标，企业应根据自身的行业特点和经济业务的内容建立总账，其总账科目名称应与国家统一会计制度规

定的会计科目名称一致。

(2) 依据企业账务处理程序的需要选择总账格式。根据财政部《会计基础工作规范》的规定，总账的格式主要有三栏式(见表 2-16)。企业可依据本企业会计账务处理程序的需要自行选择总账格式。

表 2-16　总分类账

账户名称：　　　　第　　页

年		凭证		摘要	借方	贷方	余额
月	日	字	号				

(3) 总账的外表形式一般应采用订本式账簿。为保护总账记录的安全、完整，总账一般应采用订本式。实行会计电算化的单位，用计算机打印的总账必须连续编号，经审核无误后装订成册，并由记账人、会计机构负责人、会计主管人员签字或盖章，以防失散。但科目汇总表总账可以采用活页式。

8. 明细账的建账原则

(1) 明细科目的名称应根据统一会计制度的规定和企业管理的需要设置。会计制度对有些明细科目的名称作出了明确规定，有些只规定了设置的方法和原则，对于有明确规定的，企业在建账时应按照会计制度的规定设置明细科目的名称；对于没有明确规定的，建账时应按照会计制度规定的方法和原则，以及企业管理的需要设置明细科目。

(2) 根据财产物资管理的需要选择明细账的格式。明细账的格式主要有三栏式(见表 2-17)、数量金额式(见表 2-18)和多栏式(见表 2-19、表 2-20)，企业应根据财产物资管理的需要选择明细账的格式。

表 2-17　三栏式明细账

明细科目：

年		凭证		摘要	借方金额	贷方金额	借或贷	余额
月	日	字	号					

表 2-18 数量金额式明细账

明细科目：

类别		计量单位	
品名规格		存放地点	
编号		储备定额	

年		凭证		摘要	收入			发出			结存		
月	日	字	号		数量	单价	金额	数量	单价	金额	数量	单价	金额

表 2-19 多栏式明细账（生产成本明细账）

明细科目：

年		凭证		摘要	生产成本			余额
月	日	字	号		直接材料	直接人工	制造费用	

表 2-20 多栏式明细账(应交增值税明细账)

年		凭证		摘要	借方			贷方				借或贷	余额
月	日	字	号		合计	进项税额	已交税金	合计	销项税额	出口退税	进项税额转出		

(3) 明细账的外在形式一般采用活页式。明细账采用活页式账簿，主要为了便于使用，便于账页的重新排列和记账人员的分工，但是活页账的账页容易散失和被随意抽换。因此，使用时应顺序编号并装订成册，注意妥善保管。

9. 备查账建账的原则

(1) 备查账应根据统一会计制度的规定和企业管理的需要设置。并不是每个企业都要设置备查账簿，而应根据管理的需要来确定，如“应收票据”(见表 2-21)、“租入固定资产”(见表 2-22)、“委托加工材料”(见表 2-23)等，必须按照会计制度的规定设置备查账簿。

表 2-21　应收票据备查登记簿

种类	号数	出票日期	出票人	票面金额	到期日期	利率	付款人	承兑人	背书人	贴现			收回		注销	备注
										日期	贴现率	贴现额	日期	金额		

表 2-22　租入固定资产登记簿

资产名称	规格	合同号	租出单位	租入日期	租期	租金	使用地点	备注

表 2-23　委托加工材料登记簿　　计量单位：

材料名称	规　格	合 同 号	委托单位	接收数量	成品名称	消耗定额	成 品 量
接 收 日	加 工 日	完 工 日	完 工 量	交付日期	加工费用	备　注	

(2) 备查账的格式由企业自行确定。备查账没有固定的格式，与其他账簿之间也不存在严密的勾稽关系，其格式可由企业根据内部管理的需要自行确定。

(3) 备查账的外表形式一般采用活页式。为使用方便，备查账一般采用活页式账簿，与明细账一样，为保证账簿的安全、完整，使用时应顺序编号并装订成册，注意妥善保管，以防账页丢失。

10. 会计账簿的记账规则

(1) 账簿记录准确完整。
(2) 注明记账符号。
(3) 文字和数字整洁清晰，准确无误。
(4) 正常记账采用蓝黑墨水或碳素墨水。
(5) 特殊记账使用红色墨水。
(6) 顺序连续登记。
(7) 结出余额。
(8) 过次页和承前页。
(9) 不得刮擦涂改。

11. 其他注意事项

(1) 注意交接手续：记账人员或会计机构负责人、会计主管人员调动工作时，应当注明交接日期、接办人员或者监交人员姓名，并由交接双方人员签名或盖章。

(2) 注意贴花金额确定：印花税是对经济活动和经济交往中书立、领受的凭证征收的一种税。印花税的征税对象是《印花税暂行条例》所列举的各种凭证，由凭证的书立、领受人缴纳，是一种兼有行为性质的凭证税。每本账本按照 5 元贴花；总账按照资金总额的万分之五贴花或填制缴款书，若已经缴纳了印花税的总账账簿，按照资金增加数的万分之五补交印花税，若本期建账资金没有变化，则总账账簿不再需要缴纳印花税。

【任务评价】

(1) 实训结束后，针对实训过程中的表现，教师和各个小组的学生成员进行评价。

① 组员自由发言，总结自己的工作情况及与组员的配合情况，对工作的满意度进行评价。

② 组长对小组成员的工作满意程度进行评价。

③ 教师对各组成员的工作进行综合分析和评价。

(2) 学生在实训过程中的成果。

① 建立的总分类。

② 建立的现金日记账、银行存款日记账。

③ 建立的三栏式明细账、数量金额式明细账、多栏式明细账。

④ 建立的各种备查账簿。

(3) 完成实训报告。

(4) 作出小组的成果汇报。

① 组长总结本次任务的完成情况。

② 组长提出本次任务中存在的问题及改进措施。

(5) 核算各项成绩，填写会计综合实训报告及会计手工综合实训考核评价记录表(见表 2-24、表 2-25)。

表 2-24 会计综合实训报告

<table>
<tr><td>姓　　名</td><td></td><td>学　　号</td><td></td></tr>
<tr><td>专业年级</td><td></td><td>指导教师</td><td></td></tr>
<tr><td>实训时间</td><td></td><td>实训地点</td><td></td></tr>
<tr><td>实训项目</td><td colspan="3"></td></tr>
<tr><td>实训任务</td><td colspan="3"></td></tr>
<tr><td>工作内容</td><td colspan="3"></td></tr>
<tr><td>业务流程</td><td colspan="3"></td></tr>
<tr><td>心得体会</td><td colspan="3"></td></tr>
</table>

表 2-25　会计手工综合实训考核评价记录表

<table>
<tr><th rowspan="2">工作任务序号</th><th colspan="5">结果考核(40%)</th><th colspan="8">过程考核(60%)</th><th rowspan="2">总分</th></tr>
<tr><th>考核主体</th><th>实训成果</th><th>实训报告</th><th>成果汇报</th><th>合计</th><th>考核主体</th><th>工作质量</th><th>职业态度</th><th>团队合作</th><th>考勤纪律</th><th>小计</th><th>折合分值</th><th>合计</th></tr>
<tr><td rowspan="2">具体工作任务</td><td rowspan="2">教师</td><td rowspan="2"></td><td rowspan="2"></td><td rowspan="2"></td><td rowspan="2"></td><td>教师70%</td><td></td><td></td><td></td><td></td><td></td><td></td><td></td><td rowspan="2"></td></tr>
<tr><td>小组30%</td><td></td><td></td><td></td><td></td><td></td><td></td><td></td></tr>
<tr><td colspan="6">教师评价</td><td colspan="9">自我评价</td></tr>
<tr><td colspan="6"></td><td colspan="9"></td></tr>
</table>

考核评价时间：　　　　　　　　　　　　　　　　教师签字：

工作任务二　建立计算机账项

【任务描述】

(1) 设置操作员及其权限。
(2) 建立账套。
(3) 设置总账基础信息。
(4) 设置会计核算基础信息。
(5) 录入期初余额。

【岗位流程】

(一)建立会计核算体系

(1) 设置操作员及其权限。
(2) 建立账套。

(二)总账基础信息设置

(1) 设置部门档案。
(2) 设置职员档案。
(3) 设置客户档案。
(4) 设置供应商档案。

(三)会计核算基础信息

(1) 设置参数。
(2) 设置会计科目。
(3) 指定科目。
(4) 设置凭证类别。
(5) 设置结算方式。

(四)录入期初余额

(1) 录入期初余额。
(2) 试算平衡。

【操作指南】

1. 增加操作员，设置权限

沿用方华实业有限公司账套资料，根据表2-26进行财务人员分工(所有操作员口令均可设为1)。

表2-26　财务人员分工

编　号	用　户	所属部门	具体分工及权限
001	丁立	财务部	会计主管：负责财务部门全面工作
002	张平	财务部	记账会计：负责审核凭证、登记账簿及编制报表等工作
003	李静	财务部	制单会计：负责编制计账凭证等工作
004	赵艳	财务部	出　　纳：负责出纳工作

2. 建立账套

公司名称：方华实业有限公司。
经营地址：哈尔滨市广源路12号。
企业类型：工业企业。
联系方式：0451-8289675。
基本存款账户开户行：中国工商银行广源路分理处。
账号：2100022609003635658。

纳税人登记号：515280104013127，为增值税一般税人，税率为17%。

主要产品：该公司是一家制造企业，主要生产销售A、B两种产品(其中B产品为应税消费品)，产品生产工艺流程较简单，在同一综合车间进行加工制造，原材料为甲、乙、丙、丁四种。

机构设置：公司内设一个生产车间，另设若干个党群和行政职能部门、一个销售机构。

会计核算组织：公司集中核算。

根据以下资料建立账套(见表2-27)(7步)。

表2-27　方华实业有限公司建立账套

账套资料	账套号：001　　账套名称：方华实业有限公司 采用默认路径 启用会计期：2015年12月1日
单位基本信息	单位名称：方华实业有限公司　简称：方华实业
核算类型	记账本位币：人民币　企业类型：工业 行业性质：2007新会计制度科目　账套主管：丁立
基础信息	该企业无外币核算，存货、客户、供应商均不需分类
分类编码方案	科目编码级次：4-2-2-2-2　部门编码：2-2 结算方式编码：1-2
数据精度	均定为2位小数
系统启用	启用总账系统，启用日期为2015年12月1日

3. 基本信息设置

(1) 部门档案(见表2-28)。

表2-28　部门档案

编　码	01	0101	0102	02	0201	0202	03	0301	0302
名　称	管理部	办公室	财务部	销售部	销售一部	销售二部	生产部	一车间	二车间

(2) 职员档案(略)。

(3) 客户档案(见表2-29)。

表2-29　客户档案

客户编码	客户名称	客户简称
01	天合建材有限责任公司	天合建材
02	五星实业有限责任公司	五星实业
03	光明工厂	光明工厂
04	友谊工厂	友谊工厂
05	赛北工厂	赛北工厂

(4) 供应商档案(见表 2-30)。

表 2-30　供应案档案

客户编码	供应商名称	供应商简称
01	平阳机电有限责任公司	平阳机电
02	湖海建材有限责任公司	湖海建材
03	红日工厂	红日工厂
04	飞宇工厂	飞宇工厂
05	文海工厂	文海工厂

(5) 结算方式(见表 2-31)。

表 2-31　结算方式

结算方式编码	1	2	
		支票	
结算方式名称	现金	现金支票	转账支票
		201	202
票据管理	否	是	

(6) 凭证类别(见表 2-32)。

表 2-32　凭证类别

凭证名称	收款凭证	付款凭证	转账凭证
限制条件	借方必有	贷方必有	凭证必无
限制科目	1001 1002	1001 1002	1001 1002

(7) 会计科目与期初余额的设置。

方华实业有限公司 2015 年 12 月份有关会计科目及期初余额如表 2-33～表 2-35，2015 年年初至开始使用前各月各科目的借贷方发生额在本次实验中暂忽略不计。

表 2-33　2015 年 12 月份有关会计科目交期初余额表

科目编码	科目名称	辅 助 类	方 向	金 额
1001	库存现金	日记账、指定科目	借	3 000
1002	银行存款	日记账、银行账、指定科目	借	4 942 100
1101	交易性金融资产		借	350 000
1121	应收票据	客户往来(光明工厂)	借	100 000
1122	应收账款	客户往来(见明细)	借	150 000
1131	坏账准备		贷	0
1123	预付账款	供应商往来(红日工厂)	借	23 000
1221	其他应收款		借	6 000

续表

科目编码	科目名称	辅 助 类	方 向	金 额
1401	材料采购		借	0
140101	甲材料		借	0
140102	乙材料		借	0
1403	原材料		借	735 000
140301	甲材料	数量金额式(吨)	借	120 000
140302	乙材料	数量金额式(吨)	借	270 000
140303	丙材料	数量金额式(吨)	借	225 000
140304	丁材料	数量金额式(吨)	借	120 000
1405	库存商品		借	2 220 000
140501	A 产品	数量金额式(件)	借	1 100 000
140502	B 产品	数量金额式(件)	借	1 120 000
1601	固定资产		借	7 640 000
160101	厂房		借	3 460 000
160102	机器设备		借	4 180 000
1602	累计折旧		贷	2 222 000
1604	在建工程		借	0
160401	出包工程		借	0
1606	固定资产清理		借	0
1701	无形资产		借	375 000
2001	短期借款		贷	200 000
2201	应付票据	供应商往来(飞宇工厂)	贷	50 000
2202	应付账款	供应商往来(见明细)	贷	106 100
2203	预收账款		贷	100 000
2211	应付职工薪酬	部门核算(财务部)	贷	95 000
2221	应交税费		贷	45 000
222101	应交增值税	多栏式	贷	0
22210101	进项税额		贷	0
22210102	销项税额		贷	0
222102	未交增值税		贷	30 000
222104	应交城建税		贷	4 900
222105	应交所得税		贷	8 000
222106	应交教育费附加		贷	2 100
2241	其他应付款		贷	40 000
2231	应付利息		贷	0
2501	长期借款		贷	0
4001	实收资本		贷	9 000 000

续表

科目编码	科目名称	辅助类	方向	金额
4002	资本公积		贷	2 000 000
4101	盈余公积		贷	164 000
4103	本年利润		贷	2 308 000
4104	利润分配		贷	214 000
410401	未分配利润		贷	214 000
5001	生产成本		借	0
500101	基本生产成本		借	0
50010101	直接材料	项目核算(A、B 产品)	借	0
50010102	直接人工	项目核算(A、B 产品)	借	0
50010103	其他费用	项目核算(A、B 产品)	借	0
500102	辅助生产成本		借	0
5101	制造费用	部门核算	借	0
510101	工资及福利费	部门核算	借	0
510102	折旧费	部门核算	借	0
510103	办公费	部门核算	借	0
6001	主营业务收入		贷	0
600101	A 产品	数量金额式(件)	贷	0
600102	B 产品	数量金额式(件)	贷	0
6601	销售费用		借	0
660101	工资及福利费	部门核算	借	0
660102	折旧费	部门核算	借	0
660103	水电费	部门核算	借	0
6401	主营业务成本		借	0
640101	A 产品	数量金额式(件)	借	0
640102	B 产品	数量金额式(件)	借	0
6403	营业税金及附加		借	0
640301	城建税		借	0
640302	教育费附加		借	0
6602	管理费用	部门核算	借	0
660201	工资及福利费	部门核算	借	0
660202	办公费	部门核算	借	0
660203	折旧费	部门核算	借	0
660204	水电费	部门核算	借	0
660205	差旅费	部门核算	借	0
660207	报刊费	部门核算	借	0
6603	财务费用		借	0

续表

科目编码	科目名称	辅助类	方向	金额
6701	营业外支出		借	0
6801	所得税费用		借	0

表 2-34　应收账款明细账户余额表

一级科目	明细科目	借或贷	金额
应收账款	天合建材公司	借	58 500
	华南工厂	借	91 500
合　计			150 000

表 2-35　应付账款明细账户余额表

一级科目	明细科目	借或贷	金额
应付账款	文海工厂	贷	93 600
	湖海建材有限责任公司	贷	12 500
合　计			106 100

【实训指导】

(1) 以账套主管身份设置本单位会计科目(包括增、删、修改科目，特别是提示科目账类属性设置)。

(2) 指定出纳科目。

(3) 录入期初余额并试算平衡。

【任务评价】

(1) 实训结束后，针对实训过程中的表现，教师和各个小组的学生成员进行评价。

① 组员自由发言，总结自己的工作情况及与组员的配合情况，对工作的满意度进行评价。

② 组长对小组成员的工作满意度进行评价。

③ 教师对各组成员的工作进行综合分析和评价。

(2) 学生上交实训过程中的成果。

① 设置操作员及其权限。

② 建立账套。

③ 设置总账基础信息。

④ 设置会计核算基础信息。

⑤ 录入期初余额。

(3) 完成实训报告。

(4) 作出小组的成果汇报。

① 组长总结本次任务的完成情况。

② 组长提出本次任务中存在的问题及改进措施。

(5) 核算各项成绩，填写会计综合实训报告(见表 2-36)和会计手工综合实训考核评价记录表(见表 2-37)。

表 2-36　会计综合实训报告

姓　　名		学　　号	
专业年级		指导教师	
实训时间		实训地点	
实训项目			
实训任务			
工作内容			
业务流程			
心得体会			

表 2-37　会计手工综合实训考核评价记录表

<table>
<tr><td rowspan="2">工作任务序号</td><td colspan="5">结果考核(40%)</td><td colspan="8">过程考核(60%)</td><td>总分</td></tr>
<tr><td>考核主体</td><td>实训成果</td><td>实训报告</td><td>成果汇报</td><td>合计</td><td>考核主体</td><td>工作质量</td><td>职业态度</td><td>团队合作</td><td>考勤纪律</td><td>小计</td><td>折合分值</td><td>合计</td><td></td></tr>
<tr><td rowspan="2">具体工作任务</td><td rowspan="2">教师</td><td rowspan="2"></td><td rowspan="2"></td><td rowspan="2"></td><td rowspan="2"></td><td>教师70%</td><td></td><td></td><td></td><td></td><td></td><td></td><td></td><td rowspan="2"></td></tr>
<tr><td>小组30%</td><td></td><td></td><td></td><td></td><td></td><td></td><td></td></tr>
<tr><td colspan="6">教师评价</td><td colspan="9">自我评价</td></tr>
<tr><td colspan="6"></td><td colspan="9"></td></tr>
</table>

考核评价时间：　　　　　　　　　　　　　　　　　　　　　　教师签字：

项目三

日常经济业务处理

工作任务一　筹资过程的核算
工作任务二　供应过程的核算
工作任务三　生产过程的核算
工作任务四　销售过程的核算
工作任务五　财务成果的形成与分配过程
工作任务六　其他业务的核算

工作任务一　筹资过程的核算

【任务描述】

(1) 明确筹资过程工作流程和岗位角色操作。

(2) 正确识别和填制筹资过程相关经济业务的凭证。

(3) 正确登记筹资过程相关经济业务的各种账簿。

(4) 完成筹资过程经济业务的会计业务处理。

(5) 体验岗位角色，熏陶职业素养，激发学习欲望。

【经济业务】

经济业务 1：接受资金投入业务

2015 年 12 月 2 日，接受南方公司投资的货币资金 200 000 元存入银行。原始凭证：附表 3-1、附表 3-2、附表 3-3、附表 3-4。

经济业务 2：银行借款业务

2015 年 12 月 2 日，向建设银行借入为期 3 个月的流动资金周转贷款 60 000 元。年利率为 5%。原始凭证：附表 3-5。

经济业务 3：接受实物投资业务

2015 年 12 月 15 日，经股东会研究决定接受红桥工厂的机器设备投资，确认价为 100 000 元。原始凭证：附表 3-6、附表 3-7。

【岗位流程】

接受资金投入业务流程，如图 3-1 所示。

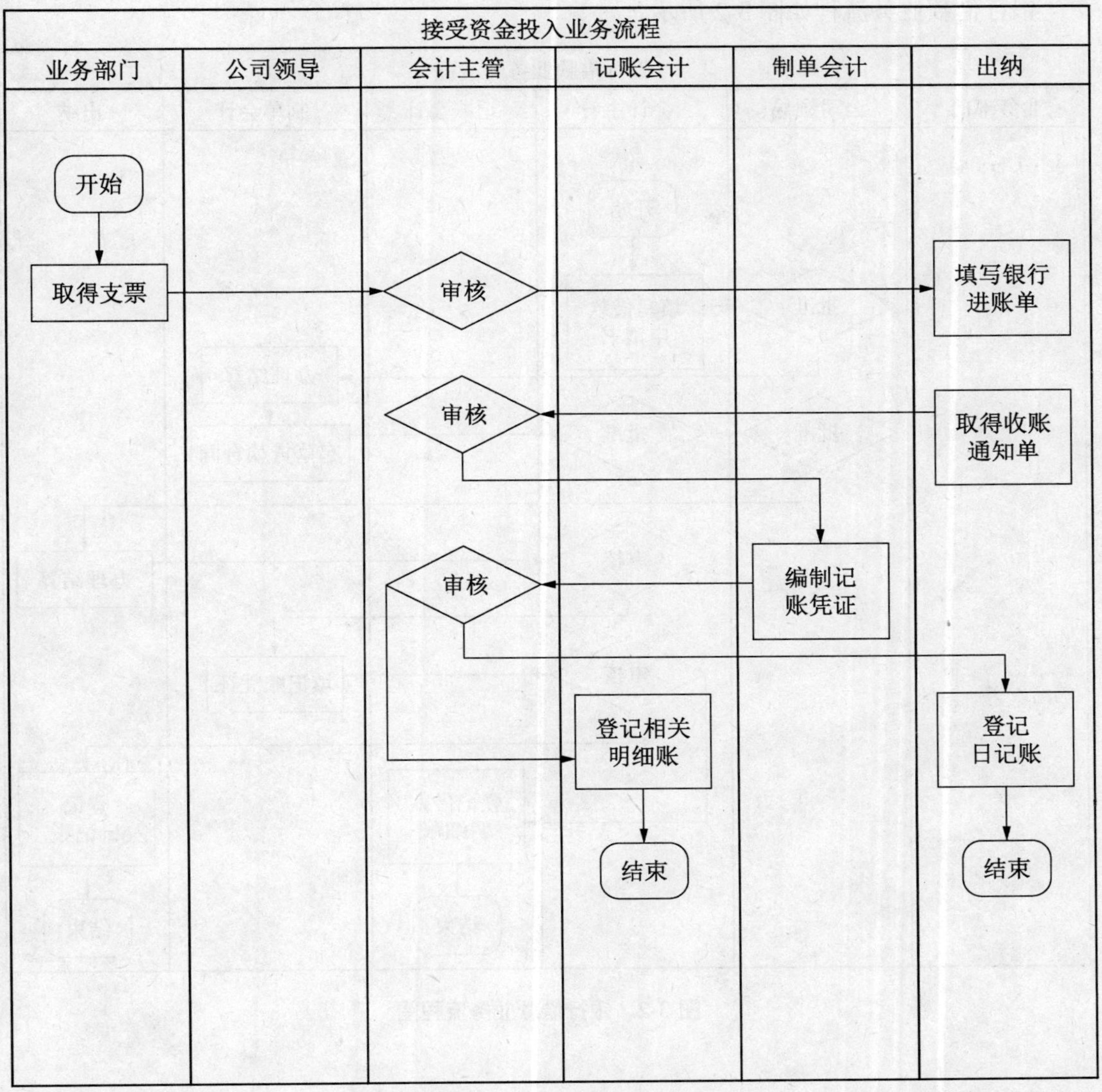

接受资金投入业务流程					
业务部门	公司领导	会计主管	记账会计	制单会计	出纳
开始					
取得支票		审核			填写银行进账单
		审核			取得收账通知单
		审核		编制记账凭证	
			登记相关明细账		登记日记账
			结束		结束

图 3-1　接受资金投入业务流程

银行借款业务流程如图 3-2 所示。

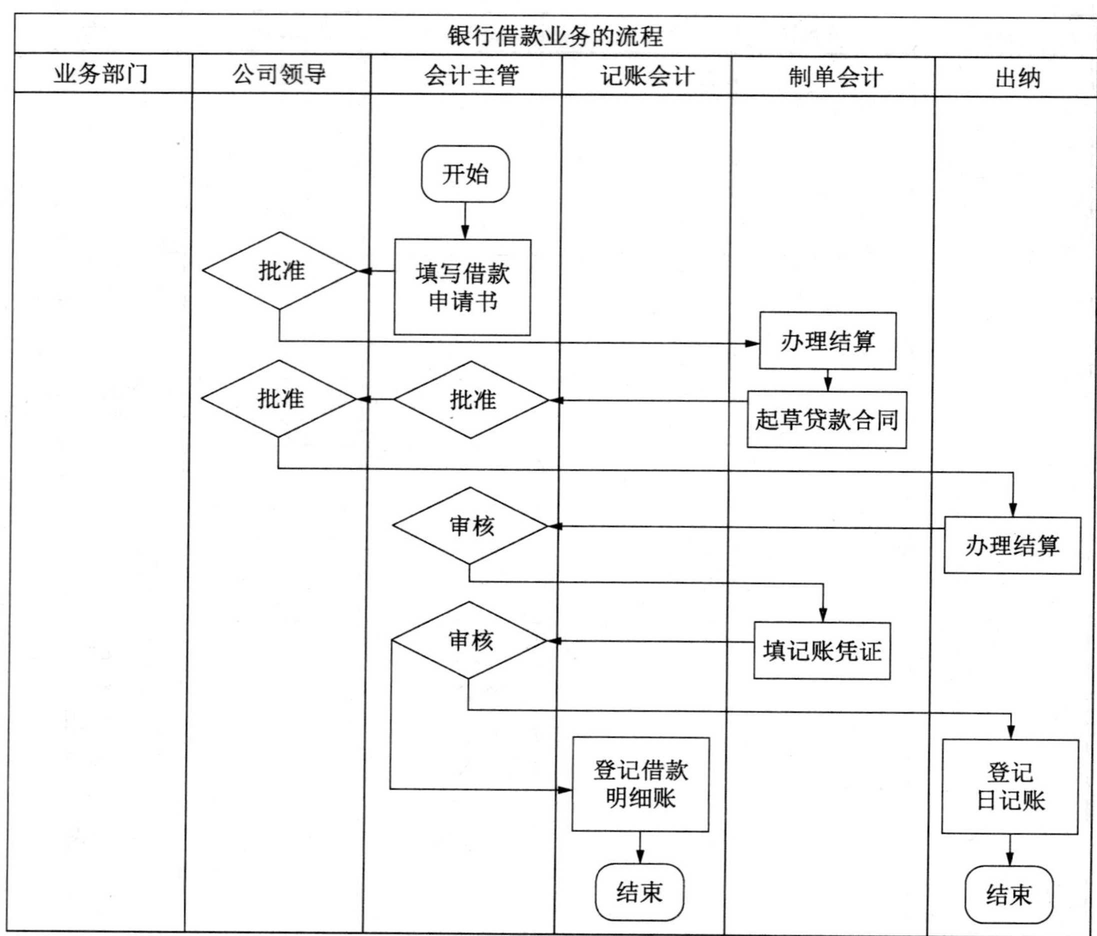

图 3-2 银行借款业务流程图

接受固定资产投资业务流程如图 3-3 所示。

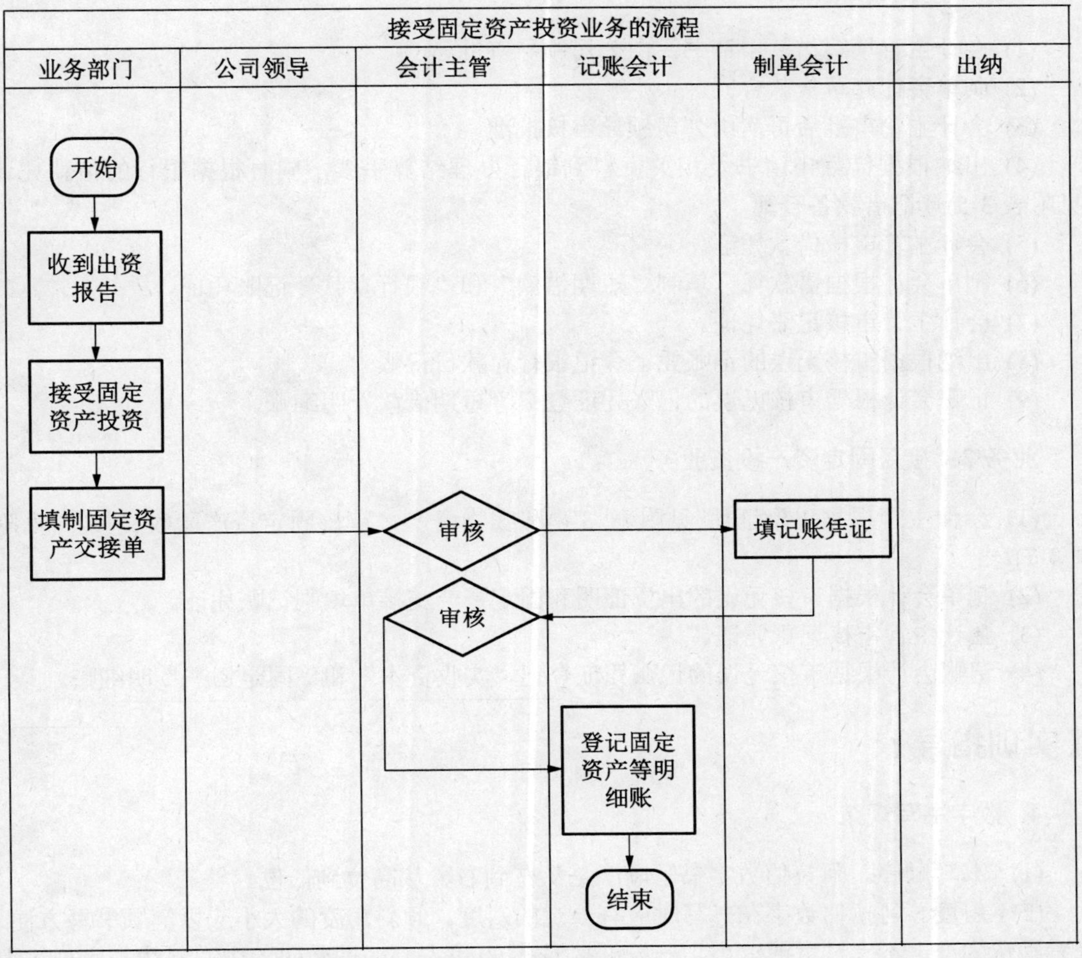

接受固定资产投资业务的流程

业务部门	公司领导	会计主管	记账会计	制单会计	出纳
开始					
收到出资报告					
接受固定资产投资					
填制固定资产交接单		审核		填记账凭证	
		审核			
			登记固定资产等明细账		
			结束		

图 3-3　接受固定资产投资业务流程图

【操作指南】

业务 1：接受资金投入(取得支票)业务

(1) 出纳根据收到的出资证明(见附表 3-1)和转账支票(见附表 3-2)，为投资方开具收据(见附表 3-3)，并登记银行收款结算凭证登记簿。

(2) 出纳从银行为企业拿回进账单的收账通知联(见附表 3-4)。

(3) 会计主管审核收据和收账通知联。

(4) 制单会计根据审核收据、进账单、出资证明填制记账凭证。

(5) 会计主管审核记账凭证。

(6) 出纳根据审核无误的记账凭证登记银行存款日记账。

(7) 记账会计根据审核无误的记账凭证登记“实收资本”明细账。

业务 2：银行借款业务

(1) 会计主管填写借款申请书，由公司领导审批。

(2) 制单会计起草贷款合同。

(3) 会计主管审批后再次由公司领导审核批准。

(4) 出纳根据借款申请书及相关资料到银行办理结算手续，同时根据银行的借款凭证(见附表 3-5)登记借款备查簿。

(5) 会计主管审核借款凭证。

(6) 制单会计根据借款凭证填制“短期借款”和“银行存款”记账凭证。

(7) 会计主管审核记账凭证。

(8) 出纳根据审核无误的记账凭证登记银行存款日记账。

(9) 记账会计根据审核无误的记账凭证登记“短期借款”明细账。

业务 3：接受固定资产投资业务

(1) 会计主管根据出资证明(见附表 3-6)和实物资产，审核固定资产验收交接单(见附表 3-7)。

(2) 制单会计根据审核无误的出资证明和固定资产交接单填制记账凭证。

(3) 会计主管审核记账凭证。

(4) 记账会计根据审核无误的记账凭证登记“实收资本”和“固定资产”明细账。

【实训指导】

1. 数字书写规范

(1) 书写顺序。阿拉伯数字书写顺序是从左到右、从高位到低位。

(2) 斜度。阿拉伯数字在书写时应有一定的斜度。倾斜角度的大小应以笔顺书写方便、好看易认为准，不宜过大或过小，一般可掌握在 60 度左右，即数码的中心斜线与底平线为 60 度的夹角。

(3) 高度。数字书写应紧靠横格底线，其上方留出全格 1/2，即数字沿底线占全格的 1/2。另“6”的上端比其他数字高出 1/4，“7”和“9”的下端比其他数字伸出 1/4。

(4) 间距。每个数字要大小一致，每一格只能写一个数字，数字的排列要整齐，数字之间的空隙应均匀。

2. 汉字大写数字的书写要求

汉字大写数字零、壹、贰、叁、肆、伍、陆、柒、捌、玖、拾、佰、仟、万、亿是用于填写需要防止涂改的销货发票、银行结算凭证、收据等重要原始凭证，不能写错，如大写出错，则本张凭证作废，重新填制。

(1) 大写金额前要加“人民币”字样，“人民币”与首位数字之间不留空位，写数与读数顺序要一致。

(2) 人民币以元为单位。大写金额数字到元或角的，在“元”或“角”字之后写“整”字或“正”字，大写金额数字有分的，分字后不写“整”字或“正”字。

(3) “零”字的写法。阿拉伯金额数字中间有“0”时，汉字大写金额要写“零”字；阿拉伯数字金额中间连续有几个“0”时，汉字大写金额中可以只写一个“零”字，阿拉伯金额数字元位是“0”，或者数字中间连续有几个“0”，元位也是“0”时，汉字大写金额可以只写一个“零”字，也可以不写“零”字。

(4) 表示位的文字前必须有数字，如拾元应写作壹拾元整。

(5) 不能用不规范的简化字代替，如以“另”代“零”、以“两”代“贰”、以“廿”代“贰拾”等。

3. 收据的填写事项

收据一般填写内容：日期、付款人名称、收款事项内容、大小写金额、收款人签字、付款人签字，最后客户联盖财务章。注意事项：按实际发生事项开具，字迹要工整有力，作废收据不要撕毁，盖作废章封存，收据妥善保管。

4. 银行进账单的账单分类

银行进账单是持票人或收款人将票据款项存入其开户银行账户的凭证，也是开户银行将票据款项记入持票人或收款人账户的凭证。银行进账单分为三联式银行进账单和二联式银行进账单。不同的持票人应按照规定使用不同的银行进账单。 二联式银行进账单的第一联为给持票人的回单(即收账通知)，第二联为银行的贷方凭证。持票人填写银行进账单时，必须清楚地填写票据种类、票据张数、收款人名称、收款人开户银行及账号、付款人名称、付款人开户银行及账号、票据金额等栏目，并连同相关票据交给银行经办人员。对于二联式银行进账单，银行受理后应在第一联上加盖转讫章并退给持票人，持票人凭此记账。

5. 借款合同的起草内容

借款标的：借款合同的标的必须是货币；贷款种类；借款用途、金额、利率以及借款期限；还款的资金来源及还款方式；保证条件，以物资保证为主；违约责任；合同的变更和解除；解决纠纷的方式；双方约定的其他事项。

6. 转账支票审核的要素

(1) 真实性审核(经济业务内容、日期、经办人、数量单价金额、业务程序和手续)。

(2) 合法性、合理性审核(经济业务内容)。

(3) 完整性审核(凭证手续、要素、签章、主管审批)。

(4) 正确性审核(摘要、数字、计算、大小写)。

7. 记账凭证填制的要求

(1) 记账凭证必须附有原始凭证并注明张数(结账更正错误除外)。原始凭证的张数一般以自然张数为准。差旅费等零散票券，可贴在一张纸上，作为一张原始凭证。一张原始凭证涉及几张记账凭证的，可将原始凭证附在一张主要记账凭证后面，在其他记账凭证上注明主要记账凭证的编号。

(2) 一张原始凭证所列支出需要由两个以上单位共同负担时，由保存该原始凭证的单位开出原始凭证分割单，交另一单位作凭证。

(3) 记账凭证的编号。无论采用哪种编号方法，都应该按月编号，即每月都从 1 号编起，顺序编至月末。一笔业务编制两张以上记账凭证的可采用分数编号，如$1\frac{1}{3}$、$1\frac{2}{3}$、$1\frac{3}{3}$。

(4) 记账凭证发生错误的，应当重新填制。如已登记入账，可以用红字注销法进行更正。

(5) 记账凭证填制完毕如有空行，应当划线注销。

(6) 会计分录应保证借贷平衡。

(7) 摘要应与原始凭证内容一致，表述要简短、精练。

(8) 实行会计电算化的单位，其机制记账凭证应当符合对记账凭证的要求。

8. 银行存款日记账的登记要求

(1) 根据复核无误的银行存款收、付款记账凭证登记账簿。

(2) 所记载的经济业务内容必须同记账凭证相一致，不得随便增减。

(3) 要按经济业务发生的顺序逐笔登记账簿。

(4) 必须连续登记，不得跳行、隔页，不得随便更换账页和撕扯账页。

(5) 文字和数字必须清晰，准确无误。

(6) 使用钢笔，以蓝、黑色墨水书写，不得使用圆珠笔(银行复写账簿除外)或铅笔书写。

(7) 每一账页记完后，必须按规定转页。

(8) 每月月末必须按规定结账。

9. “实收资本”明细账采用的格式

“实收资本”是指企业投资者按照企业章程或合同、协议的约定，实际投入企业的资本。我国实行的是注册资本制，因而，在投资者足额缴纳资本之后，企业的实收资本应该等于企业的注册资本。所有者向企业投入的资本，在一般情况下无须偿还，可以长期周转使用。“实收资本”明细账采用三栏式明细账登记。

10. “短期借款” 明细账采用的格式

“短期借款”企业用来维持正常的生产经营所需的资金或为抵偿某项债务而向银行或其他金融机构等外单位借入的、还款期限在一年或超过一年的一个经营周期内的各种借款。“短期借款”明细账采用三栏式明细账登记。

11. “固定资产”明细账采用的格式

“固定资产”就是指企业使用的房屋、建筑物、机器、设备、运输工具等，与生产经营相关的设备、器具以及工具，而且使用时间超过一年以上的设备。“固定资产”明细账一般采用卡片的方式，所以我们称之为固定资产卡片。对于这个固定资产卡片来说，一般都是按一式两份的方式保存，第一份由使用部门进行登记并保管，第二份由财务部门保管。为了防止固定资产卡片丢失，固定资产的管理部还要设立“固定资产卡片登记簿”管理固定资产卡片。“固定资产卡片登记簿”登记的内容要求逐一登记的卡片的开设和注销情况。

【任务评价】

(1) 实训结束后，针对实训过程中的表现，教师和各个小组的学生成员进行评价。

① 组员自由发言，总结自己的工作情况及与组员的配合情况，对工作的满意度进行评价。

② 组长对小组成员的工作满意程度进行评价。

③ 教师对各组成员的工作进行综合分析和评价。

(2) 学生上交实训过程中的成果。

① 填制的原始凭证：开具的收据。

② 编制的收付转记账凭证。

③ 登记的银行存款日记账。

④ 登记的“实收资本”“短期借款”“固定资产”明细账。

(3) 完成实训报告。

(4) 做出小组的成果汇报。

① 组长总结本次任务的完成情况。

② 组长提出本次任务中存在的问题及改进措施。

(5) 核算各项成绩，填写会计综合实训报告(见表 3-1)和会计手工综合实训考核评价记录表(见表 3-2)。

表 3-1　会计综合实训报告

<table>
<tr><td>姓　　名</td><td></td><td>学　　号</td><td></td></tr>
<tr><td>专业年级</td><td></td><td>指导教师</td><td></td></tr>
<tr><td>实训时间</td><td></td><td>实训地点</td><td></td></tr>
<tr><td>实训项目</td><td colspan="3"></td></tr>
<tr><td>实训任务</td><td colspan="3"></td></tr>
<tr><td>工作内容</td><td colspan="3"></td></tr>
<tr><td>业务流程</td><td colspan="3"></td></tr>
<tr><td>心得体会</td><td colspan="3"></td></tr>
</table>

表 3-2　会计手工综合实训考核评价记录表

<table>
<tr><td rowspan="2">工作任务序号</td><td colspan="5">结果考核(40%)</td><td colspan="7">过程考核(60%)</td><td>总分</td></tr>
<tr><td>考核主体</td><td>实训成果</td><td>实训报告</td><td>成果汇报</td><td>合计</td><td>考核主体</td><td>工作质量</td><td>职业态度</td><td>团队合作</td><td>考勤纪律</td><td>小计</td><td>折合分值</td><td>合计</td></tr>
<tr><td rowspan="2">具体工作任务</td><td rowspan="2">教师</td><td rowspan="2"></td><td rowspan="2"></td><td rowspan="2"></td><td rowspan="2"></td><td>教师70%</td><td></td><td></td><td></td><td></td><td></td><td></td><td rowspan="2"></td></tr>
<tr><td>小组30%</td><td></td><td></td><td></td><td></td><td></td><td></td></tr>
<tr><td colspan="6">教师评价</td><td colspan="8">自我评价</td></tr>
<tr><td colspan="6"></td><td colspan="8"></td></tr>
</table>

考核评价时间：　　　　　　　　　　　　　　　　　　教师签字：

工作任务二　供应过程的核算

【任务描述】

(1) 明确供应过程的工作流程和岗位角色操作。

(2) 正确识别和填制供应过程相关经济业务的凭证。

(3) 正确登记供应过程相关经济业务的各种账簿。

(4) 完成供应过程综合经济业务的处理。

(5) 体验岗位角色，熏陶职业素养，激发学习欲望。

【经济业务】

经济业务 1：材料已入库，货款已支付业务

2015 年 12 月 2 日，方华实业有限公司根据业务需要与供应商飞宇工厂签订了一份采购合同，购入一批材料，方华实业有限公司采购员根据合同填制了一份采购订单，飞宇工厂的主管根据双方之前签订的采购合同审核无误后，确认此订单。订单上注明购入甲材料 1 000 千克，每千克 20 元，计 20 000 元，增值税 3 400 元；乙材料 2 000 千克，每千克 60 元，计 120 000 元，增值税 20 400 元。材料已验收入库，款项以银行存款支付。方华实业有限公司接到确认的采购订单之后，准备分配会计部门各个岗位的工作人员执行未来的采购收货及付款业务，完成采购供应过程的会计处理。原始凭证：附表 3-8、附表 3-9、附表 3-10。

经济业务 2：材料尚未入库，款项尚未支付业务

12 月 3 日，从文海工厂购入丙材料 500 千克，单价 50 元，计 25 000 元；增值税 4 250 元，运费 500 元(暂不考虑增值税)，款项尚未支付，材料尚未入库。原始凭证：附表 3-11、附表 3-12。

经济业务 3：材料已入库，票据支付业务

12 月 6 日，从飞宇工厂购入甲材料 2 000 千克，单价 20 元，计 40 000 元；丁材料 3 000 千克，单价 15 元，计 45 000 元。增值税 14 450 元。运费 5 000 元(按重量比例分摊，不考虑增值税)，材料已验收入库，开出面额为 104 450 元的商业承兑汇票一张，期限为 3 个月。原始凭证：附表 3-13、附表 3-14、附表 3-15、附表 3-16、附表 3-17。

经济业务 4：材料已入库，支付货款业务

12 月 6 日，3 日购进的丙材料到达企业，验收无误入库，并以银行存款支付货款。原始凭证：附表 3-18、附表 3-19。

经济业务 5：材料已入库，预付货款业务

12 月 7 日，签发转账支票一张，预付红日工厂货款 100 000 元。原始凭证：附表 3-20、附表 3-21。

12 月 13 日，从红日工厂购进乙材料 2 000 千克，每千克 60 元，计 120 000 元，增值税 20 400 元(已预付 100 000 元)。货已验收入库，开出转账支票一张补付余款 40 400 元。原始凭证：附表 3-22、附表 3-23、附表 3-24。

经济业务 6：购入固定资产，款项已支付业务

12 月 5 日，从平山机电工厂购入不需要安装的机床一台，价款 200 000 元，增值税 34 000 元，款项以银行存款支付。原始凭证：附表 3-25、附表 3-26、附表 3-27。

【岗位流程】

经济业务 1：材料入库，货款已支付(见图 3-4)

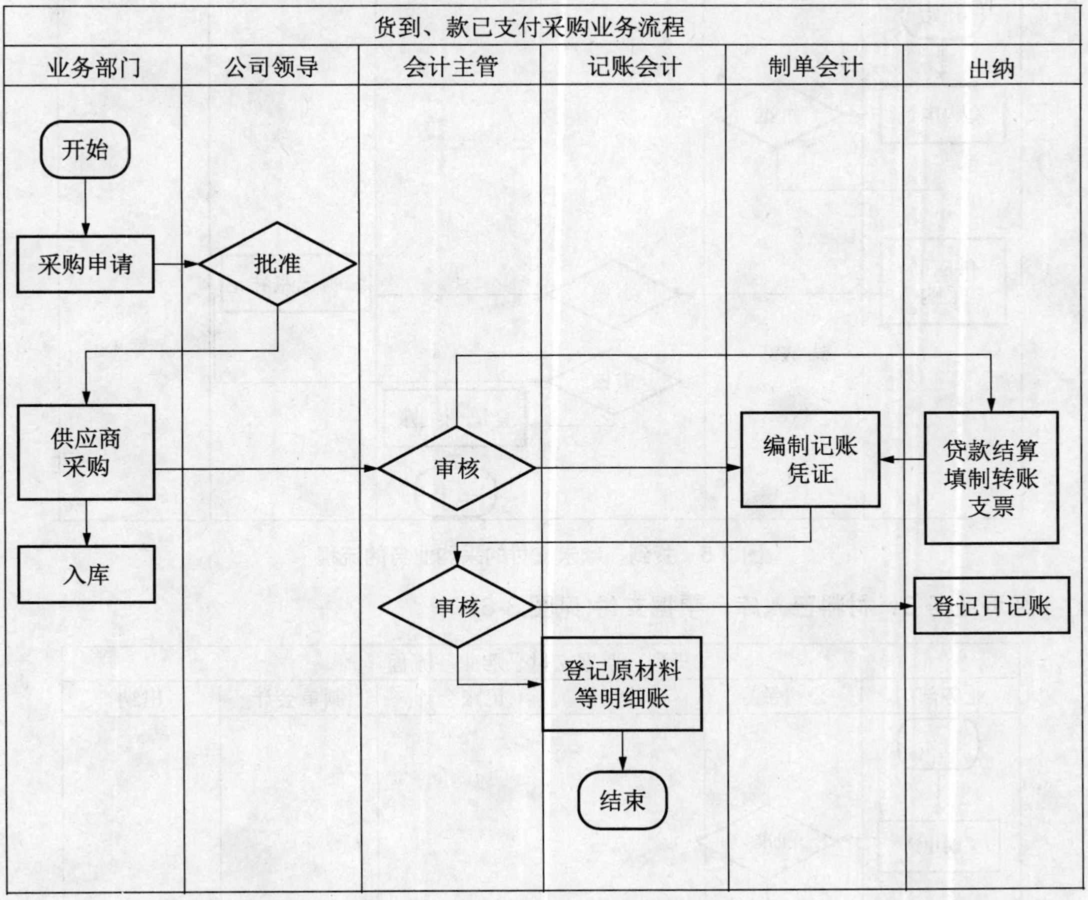

图 3-4　货到、款已支付采购业务流程图

经济业务 2：材料尚未入库，款项尚未支付(见图 3-5)

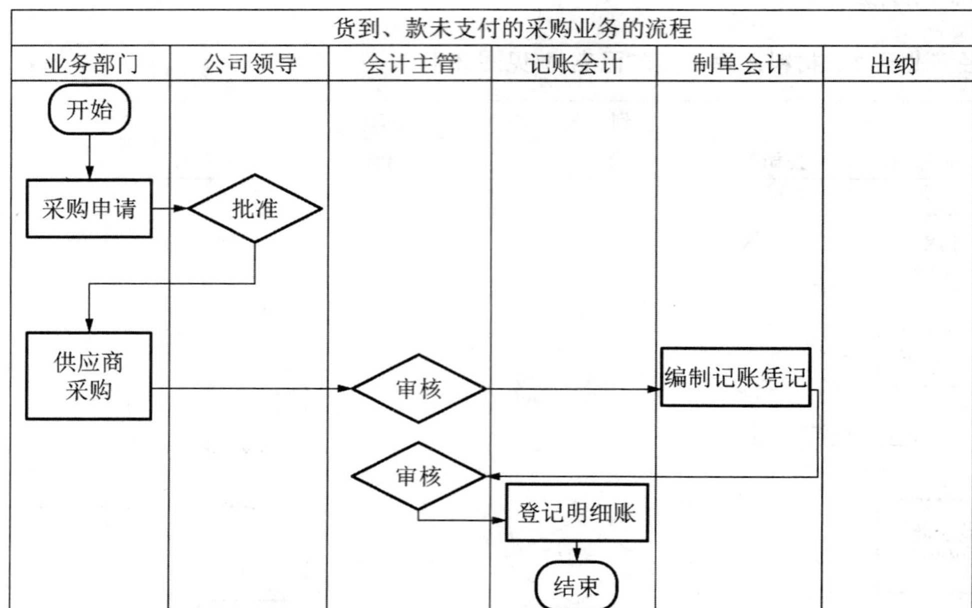

图 3-5　货到、款未支付的采购业务的流程

经济业务 3：材料已入库，票据支付(见图 3-6)

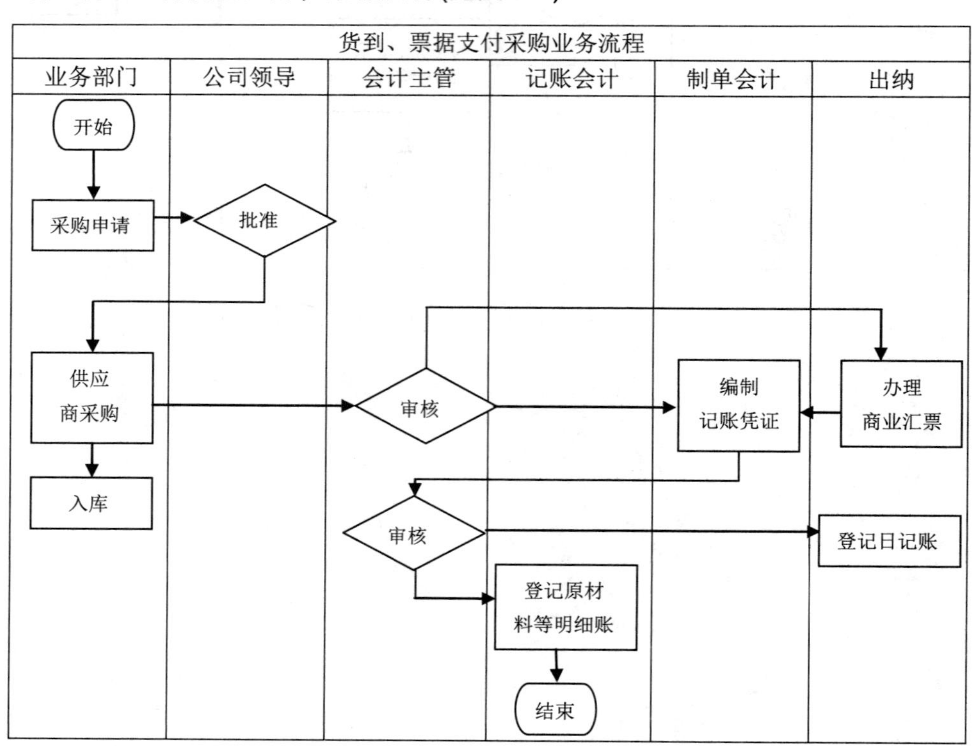

图 3-6　货到、票据支付采购业务流程图

经济业务 4：材料已入库，支付货款(见图 3-7)

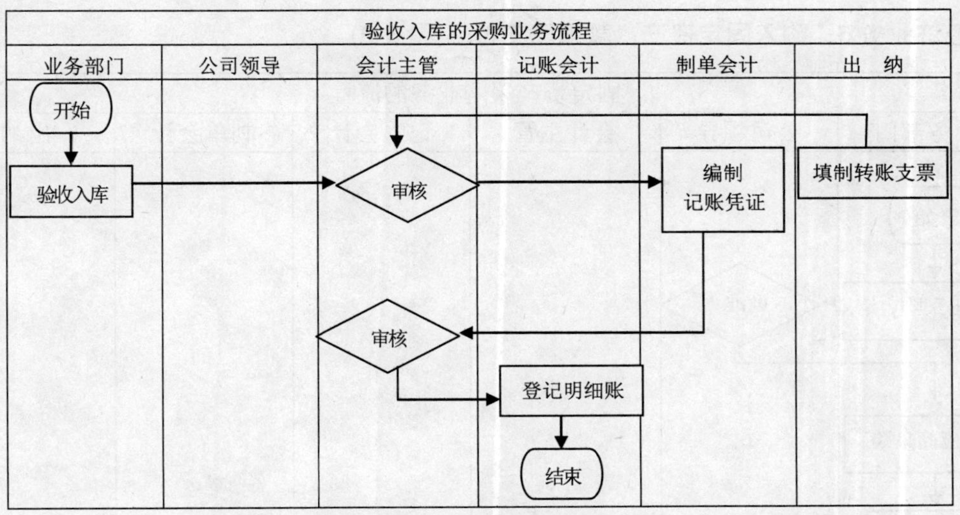

图 3-7　验收入库的采购业务流程

经济业务 5：

(1) 材料已入库，预付货款(见图 3-8)。

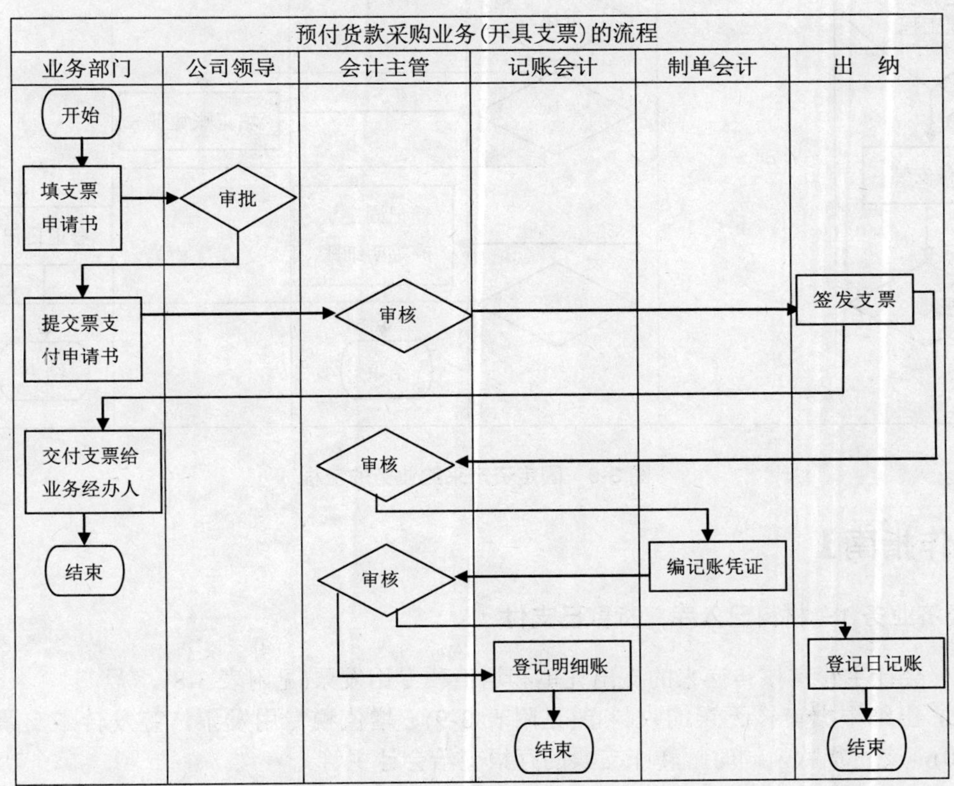

图 3-8　预付货款采购业务(开具支票)的流程

(2) 补付预付货款。

经济业务 6：购入固定资产，款项已支付(见图 3-9)

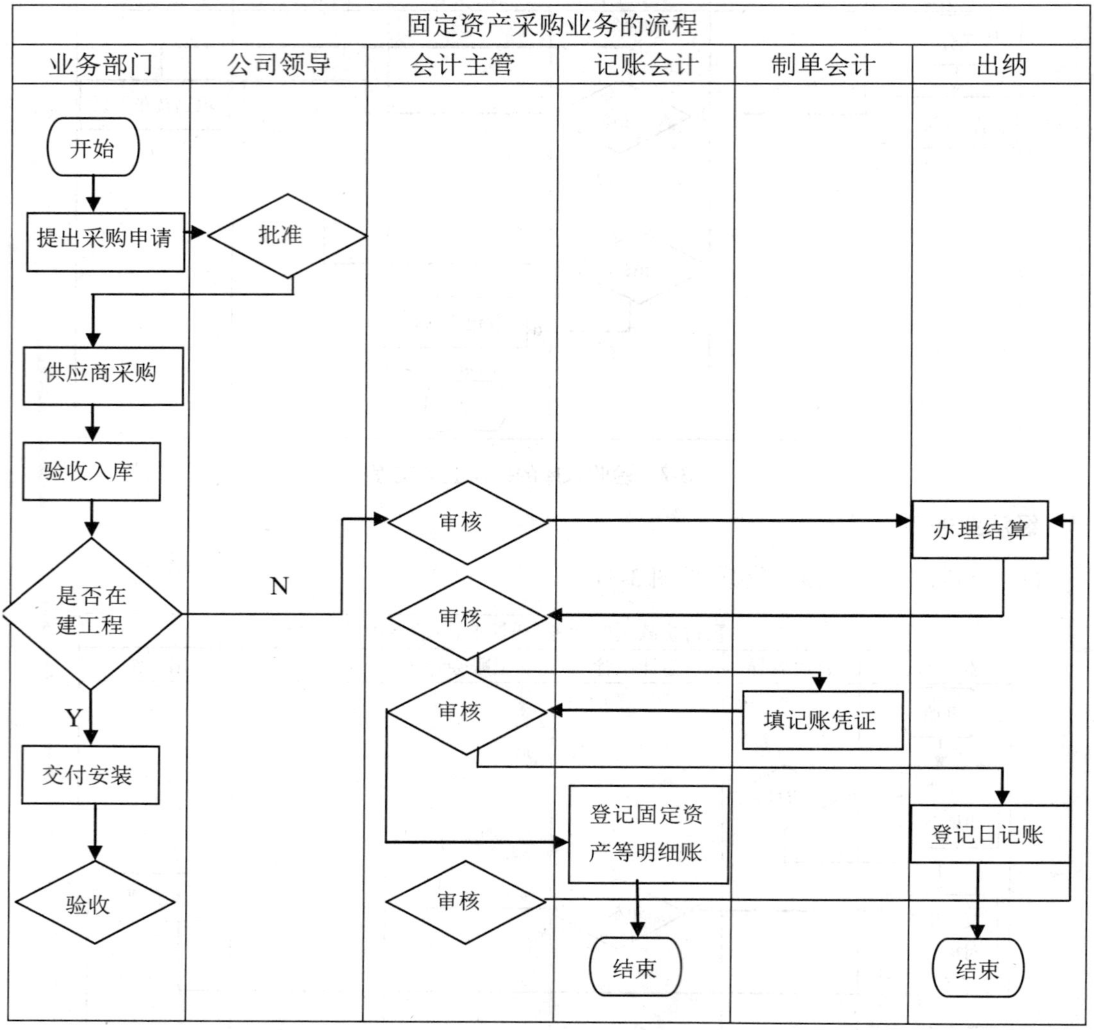

固定资产采购业务的流程					
业务部门	公司领导	会计主管	记账会计	制单会计	出纳
开始 提出采购申请 供应商采购 验收入库 是否在建工程 Y 交付安装 验收	批准 N	审核 审核 审核 审核	登记固定资产等明细账 结束	填记账凭证	办理结算 登记日记账 结束

图 3-9　固定资产采购业务的流程

【操作指南】

经济业务 1：材料已入库，货款已支付

(1) 会计主管审核传递来的支出凭单和增值税专用发票(见附表 3-8)。

(2) 出纳根据审核无误的收料单(见附表 3-9)、增值税专用发票，签发转账支票(见附表 3-10)，支付货款，同时把转账支票的存根交给会计主管。

(3) 会计主管审核转账支票存根。

(4) 制单会计根据审核无误的入库单、增值税专用发票和转账支票存根填制记账凭证。

(5) 会计主管审核记账凭证的填制是否符合凭证填制的要求。

(6) 出纳根据审核无误的记账凭证及其所附的原始凭证，登记银行存款日记账。

(7) 记账会计根据记账凭证及其所附的原始凭证，登记“原材料”和“应交税费——应交增值税”的明细账。

经济业务 2：材料尚未入库，款项尚未支付

(1) 业务部根据采购申请，确定供应商采购。

(2) 会计主管审核传递来的增值税专用发票(见附表 3-11)和运输发票(附表 3-12)。

(3) 制单会计根据审核无误的增值税专用发票和运输发票填制记账凭证。

(4) 会计主管审核记账凭证的填制是否符合凭证填制的要求。

(5) 记账会计根据记账凭证及其所附的原始凭证，登记“在途物资”和“应交税费——应交增值税”“应付账款”的明细账。

经济业务 3：材料已入库，票据支付

(1) 业务部根据采购申请，确定供应商采购。

(2) 会计主管审核传递来的增值税专用发票(见附表 3-13)、运输发票(见附表 3-14)，并计算运费分配表(见附表 3-15)，同时审核收料单(见附表 3-16)。

(3) 出纳办理商业承兑汇票(见附表 3-17)。

(4) 会计主管审核商业汇票。

(5) 制单会计根据审核无误的增值税专用发票、运费发票、运费分配表、收料单和商业承兑汇票填制记账凭证。

(6) 会计主管审核记账凭证的填制是否符合凭证填制的要求。

(7) 出纳根据审核无误的记账凭证及其所附的原始凭证，登记银行存款日记账。

(8) 记账会计根据记账凭证及其所附的原始凭证，登记“原材料”和“应交税费——应交增值税”的明细账。

经济业务 4：材料已入库，支付货款

(1) 会计主管审核收料单(见附表 3-18)。

(2) 出纳根据入库单和增值税发票，填制转账支票(见附表 3-19)。

(3) 会计主管审核转账支票。

(4) 制单会计根据审核无误的入库单和转账支票存根，填制记账凭证。

(5) 会计主管审核记账凭证的填制是否符合凭证填制的要求。

(6) 出纳根据审核无误的记账凭证及其所附的原始凭证，登记银行存款日记账。

(7) 记账会计根据记账凭证及其所附的原始凭证，登记“原材料”和“应交税费——应交增值税”的明细账。

经济业务 5：材料已入库，预付货款

(1) 出纳根据预付款收据签发转账支票(见附表 3-20)预付货款，登记支票登记簿。

(2) 会计主管审核付款报告书和预付货款的收据(见附表 3-21)。

(3) 会计主管审核转账支票存根。
(4) 制单会计填制记账凭证。
(5) 会计主管审核记账凭证。
(6) 出纳根据审核无误的记账凭证及其所附的原始凭证填制银行存款日记账。
(7) 记账会计根据审核无误的记账凭证，登记“预付账款”明细账。
(8) 根据增值税(见附表 3-22)、收料单(见附表 3-23)，补付预付款填写转账支票(见附表 3-24，岗位操作如经济业务 4。

经济业务 6：购入固定资产，款项已支付

(1) 会计主管审核增值税专用发票(见附表 3-26)和固定资产验收交接单(见附表 3-25)。
(2) 出纳根据增值税发票填制转账支票(见附表 3-27)。
(3) 会计主管审核转账支票。
(4) 制单会计根据审核无误的发票、固定资产验收单、转账支票的存根填制记账凭证。
(5) 会计主管审核记账凭证的填制是否符合凭证填制的要求。
(6) 出纳根据审核无误的记账凭证及其所附的原始凭证，登记银行存款日记账。
(7) 记账会计根据记账凭证及其所附的原始凭证，登记“固定资产”和“应交税费——应交增值税”的明细账。

【实训指导】

1. 支出凭单审核要求

(1) 审核支出凭单填写是否准确。
(2) 审核资金的用途是否合理。

2. 转账支票填写规范

(1) 出票日期(大写)。
数字必须大写，大写数字写法：零、壹、贰、叁、肆、伍、陆、柒、捌、玖、拾。
(2) 写上收付款单位。
转账支票收款人应填写对方单位名称。转账支票背面本单位不盖章。收款单位取得转账支票后，在支票背面被背书栏内加盖收款单位财务专用章和法人章，填写好银行进账单后连同该支票交给收款单位的开户银行委托其收款。付款行名称、出票人账号即为本单位开户银行名称及银行账号，银行账号必须小写。
(3) 写上转账金额(大写、小写都要)。
人民币(大写)数字写法：零、壹、贰、叁、肆、伍、陆、柒、捌、玖、亿、万、仟、佰、拾。
注意：“万”字不带单人旁。
人民币小写：最高金额的前一位用¥标注。数字填写完整、清楚。
(4) 写上用途。
现金支票有一定限制，一般填写“备用金”“差旅费”“工资”“劳务费”(晋城建行

不让写劳务费)等；转账支票没有具体规定，可填写如“货款”“代理费”等。

(5) 盖上公司财务章和法人私章。

支票正面盖财务专用章和法人章，缺一不可，印泥为红色，印章必须清晰，印章模糊只能将本张支票作废，换一张重新填写、重新盖章。

(6) 常识。

① 支票正面不能有涂改痕迹，否则本支票作废。

② 受票人如果发现支票填写不全，可以补记，但不能涂改。

③ 支票的有效期为 10 天，日期首尾算一天。节假日顺延。

④ 支票见票即付，不记名。(丢了支票尤其是现金支票可能就是票面金额数目的钱丢了，银行不承担责任。现金支票一般要素填写齐全，假如支票未被冒领，在开户银行挂失；转账支票假如支票要素填写齐全，在开户银行挂失；假如要素填写不齐，到票据交换中心挂失)

⑤ 出票单位现金支票背面有印章盖模糊了，此时支票作废。

3. “原材料”明细账采用的格式

“原材料”科目核算企业库存的各种材料，包括原料及主要材料、辅助材料、外购半成品、修理用备件、包装材料、燃料等的计划成本和实际成本。原材料明细账应按材料品种规格设置数量金额式明细账，若材料品种规格较多，为防止出现差错还应按仓库和类别设置原材料二级账，二级账只记收入、发出和结存的金额，不记数量。

4. “应交税费——应交增值税”明细账采用的格式

一般纳税人在“应交税费——应交增值税”明细账的借、贷方设置分析项目，在借方分析栏内设“进项税额”“已交税金”“减免税款”“出口抵减内销产品应纳税额”和“转出未交增值税”项目；在贷方分析栏内设“销项税额”“出口退税”“进项税额转出”“转出多交增值税”项目。“应交税费——应交增值税”明细账通常设置借方贷方多栏式。

5. “在途物资”明细账采用的格式

“在途物资”科目核算企业尚未入库的各种材料，在途物资明细账应按材料品种规格设置数量金额式明细账。

6. “应付账款”明细账采用的格式

本科目为核算企业因购买材料、商品和接受劳务供应等经营活动应支付的款项。应付账款明细账采用三栏式。

7. “预付账款”明细账采用的格式

预付账款是指企业按照购货合同规定预付给供应单位的款项，预付账款按实际付出的金额入账，施工企业的预收账款主要包括预收工程款、预收备料款等。预付账款明细账采用三栏式。

【任务评价】

(1) 实训结束后，针对实训过程中的表现，教师和各个小组的学生成员进行评价。

① 组员自由发言，总结自己的工作情况及与组员的配合情况，对工作的满意度进行评价。

② 组长对小组成员的工作满意度进行评价。

③ 教师对各组成员的工作进行综合分析和评价。

(2) 学生上交实训过程中的成果。

① 填制的原始凭证：转账支票。

② 编制的收付转记账凭证。

③ 登记的银行存款日记账。

④ 登记的“原材料”“应交税费——应交增值税(进项税)”“在途物资”“应付账款”“应付票据”“预付账款”“固定资产”明细账。

(3) 完成实训报告。

(4) 做出小组的成果汇报。

① 组长总结本次任务的完成情况。

② 组长提出本次任务中存在的问题及改进措施。

(5) 核算各项成绩，填写会计综合实训报告(见表 3-3)和会计手工综合实训考核评价记录表(见表 3-4)。

表 3-3　会计综合实训报告

姓　　名		学　　号	
专业年级		指导教师	
实训时间		实训地点	
实训项目			
实训任务			
工作内容			
业务流程			
心得体会			

表 3-4　会计手工综合实训考核评价记录表

<table>
<tr><td rowspan="2">工作任务序号</td><td colspan="5">结果考核(40%)</td><td colspan="8">过程考核(60%)</td><td>总分</td></tr>
<tr><td>考核主体</td><td>实训成果</td><td>实训报告</td><td>成果汇报</td><td>合计</td><td>考核主体</td><td>工作质量</td><td>职业态度</td><td>团队合作</td><td>考勤纪律</td><td>小计</td><td>折合分值</td><td>合计</td><td></td></tr>
<tr><td rowspan="2">具体工作任务</td><td rowspan="2">教师</td><td rowspan="2"></td><td rowspan="2"></td><td rowspan="2"></td><td rowspan="2"></td><td>教师70%</td><td></td><td></td><td></td><td></td><td></td><td></td><td></td><td rowspan="2"></td></tr>
<tr><td>小组30%</td><td></td><td></td><td></td><td></td><td></td><td></td><td></td></tr>
<tr><td colspan="6">教师评价</td><td colspan="9">自我评价</td></tr>
<tr><td colspan="6"></td><td colspan="9"></td></tr>
</table>

考核评价时间：　　　　　　　　　　　　　　　　教师签字：

工作任务三　生产过程的核算

【任务描述】

(1) 明确生产过程工作流程和岗位角色操作。
(2) 正确识别和填制生产过程相关经济业务的凭证。
(3) 正确登记生产过程相关经济业务的各种账簿。
(4) 完成生产过程经济业务的会计业务处理。
(5) 体验岗位角色，熏陶职业素养，激发学习欲望。

【经济业务】

经济业务 1：领用原材料生产

12 月 14 日，为生产 A 产品领用甲材料 7 000 千克，乙材料 3 000 千克，丙材料 800 千克。为生产 B 产品领用乙材料 5 000 千克，丙材料 3 600 千克，丁材料 10 000 千克，甲、乙、丙、丁材料单位成本分别为 20 元、60 元、50 元、15 元。原始凭证：附表 3-28、附表 3-29。

12 月 20 日，生产车间领用丙材料 200 千克，丁材料 588 千克；公司管理部门领用丙材料 100 千克，丁材料 60 千克；销售部门领用丙材料 100 千克，丙、丁材料单位成本分别为 50 元、15 元。原始凭证：附表 3-30、附表 3-31、附表 3-32。

经济业务 2：固定资产折旧

12 月 31 日，按规定计提本月固定资产折旧费 50 000 元，其中车间 30 000 元，公司行政管理 15 000 元，销售部门 5 000 元。原始凭证：附表 3-33。

注：生产环节其他的经济业务及岗位实操在项目四成本核算中进行介绍。

【岗位流程】

经济业务 1：生产领用原材料业务流程图(见图 3-10)

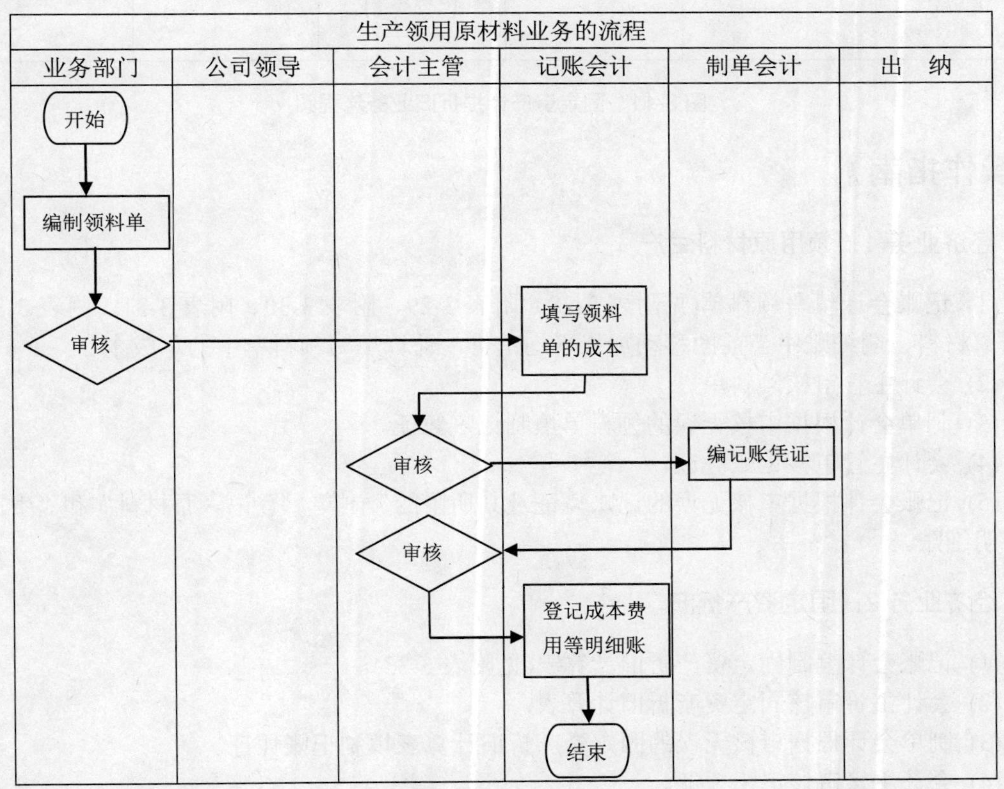

图 3-10　生产领用原材料业务流程图

经济业务 2：固定资产计提折旧业务流程图(见图 3-11)

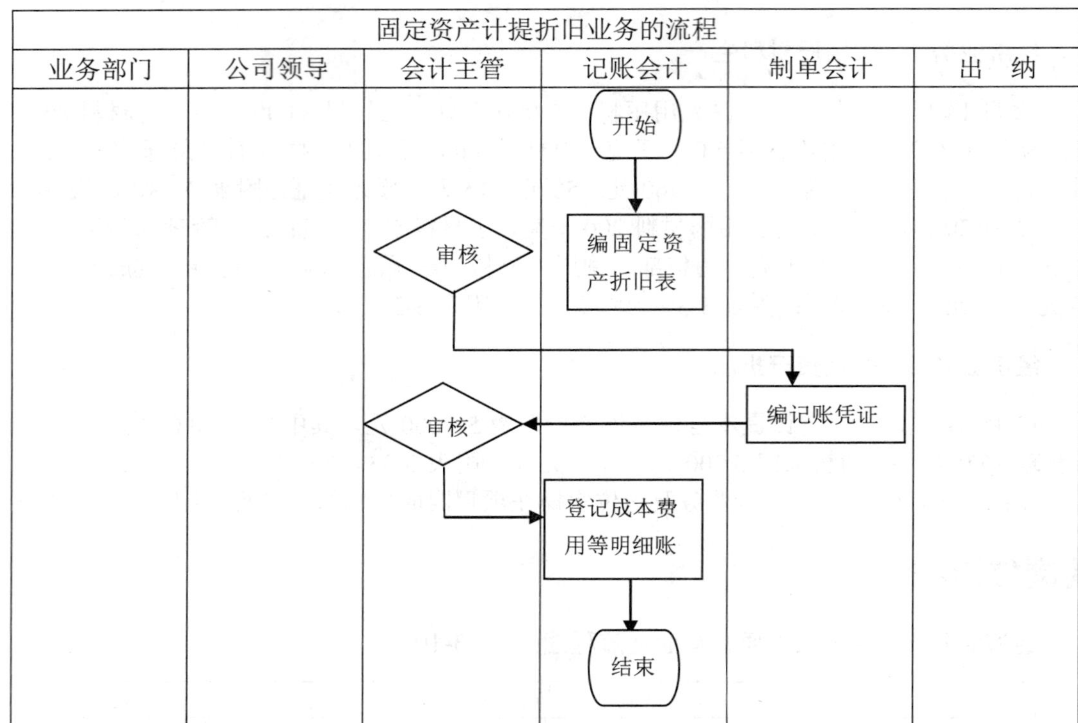

图 3-11　固定资产计提折旧业务流程图

【操作指南】

经济业务 1：领用原材料生产

(1) 记账会计填写领料单(见附表 3-28、附表 3-29、附表 3-30、附表 3-31、附表 3-32)，根据原材料、明细账中当前的移动加权平均单价，计算填写领料单中的总成本。

(2) 会计主管审核领料单。

(3) 制单会计根据审核无误的领料单填制记账凭证。

(4) 会计主管审核记账凭证。

(5) 记账会计根据审核无误的记账凭证及其所附的领料单，登记“原材料”和“生产成本”明细账。

经济业务 2：固定资产折旧

(1) 记账会计编制固定资产折旧计算表(见附表 3-33)。

(2) 会计主管审核固定资产折旧计算表。

(3) 制单会计根据审核无误的固定资产折旧计算表填制记账凭证。

(4) 会计主管审核记账凭证。

(5) 记账会计根据审核无误的记账凭证及其所附的原始凭证，登记“制造费用”“管理

费用”“销售费用”“累计折旧”等明细账。

【实训指导】

1. 领料单如何填写

领料单要“一料一单”地填制，即一种原材料填写一张单据，一般一式四联。第一联为存根联，留领料部门备查；第二联为记账联，留会计部门作为出库材料核算依据；第三联为保管联，留仓库作为登记材料明细账依据；第四联为业务联，留供应部门作为物资供应统计依据。领料单由车间经办人员填制，车间负责人、领料人、仓库管理员和发料人均需在领料单上签字，无签章或签章不全的均无效，不能作为记账依据。

2. 编制固定资产折旧计算表的方法(计提固定资产折旧的方法)

根据会计准则规定，当月增加的固定资产，当月不计提折旧，从下月起计提折旧；当月减少的固定资产，当月仍计提折旧，从下月起不计提折旧。因此，计算固定资产折旧时，固定资产原值按月初固定资产原值来确定。

(1)　年限平均法(也称直线法)：

年折旧率= (1-预计净残值率)÷ 预计使用寿命(年)×100%

月折旧额=固定资产原价×年折旧率÷12

(2)　工作量法：

单位工作量折旧额=固定资产原价×(1-预计净残值率)/预计总工作量

某项固定资产月折旧额=该项固定资产当月工作量×单位工作量折旧额

(3)　双倍余额递减法(加速折旧法)：

年折旧率=2÷预计使用寿命(年)×100%

月折旧额=固定资产净值×年折旧率÷12

(4)　年数总合法(加速折旧法)：

年折旧率=尚可使用寿命/预计使用寿命的年数总和×100%

月折旧额=(固定资产原价-预计净残值)×年折旧率÷12

一般企业使用较多的是直线法。企业计提折旧可以个别计提，也可分类计提。

3. “生产成本”明细账采用的格式

“生产成本”科目核算企业进行工业性生产发生的各项生产费用，包括生产各种产品，如产成品、自制半成品、自制材料、自制工具、自制设备等。生产成本的明细账一般采用多栏式账页。一般来说它是在借方分设多栏，根据实际需要设置诸如“原材料”“工资”“制造费用”等明细项目，后面还有贷方发生额栏，按照不同的产品分出不同的账页，每一页登记一种产品的成本明细，在账页中分别按照直接材料、直接人工、制造费用来记录产品的成本，定期汇总。

4. “制造费用”明细账采用的格式

“制造费用”科目核算企业生产车间、部门为生产产品和提供劳务而发生的各项间接费用，包括工资、折旧费、水电费、办公费、修理费等。该科目按车间、部门设置多栏式明细账；按费用项目设置专栏进行明细分类核算。

5. “管理费用”明细账采用的格式

管理费用科目核算企业为组织和管理企业生产经营所发生的各项行政职能性费用，包括企业在筹建期间发生的开办费、董事会和行政管理部门在企业的经营管理中发生的或者应由企业统一负担的公司经费。该科目设置多栏式明细账；按费用项目设置专栏进行明细分类核算。

6. “累计折旧”明细账采用的格式

累计折旧一般不需要设置明细，因为累计折旧的相关信息已经在固定资产明细卡片上有相关记载。

【任务评价】

(1) 实训结束后，针对实训过程中的表现，教师和各个小组的学生成员进行评价。

① 组员自由发言，总结自己的工作情况及与组员的配合情况，对工作的满意度进行评价。

② 组长对小组成员的工作满意度进行评价。

③ 教师对各组成员的工作进行综合分析和评价。

(2) 学生上交实训过程中的成果。

① 填制的原始凭证：领料单和固定资产折旧计算表。

② 填制的收付转记账凭证。

③ 登记的银行存款日记账。

④ 登记的“生产成本”“原材料”“制造费用”“管理费用”“销售费用”“累计折旧”明细账。

(3) 完成实训报告。

(4) 做出小组的成果汇报。

① 组长总结本次任务的完成情况。

② 组长提出本次任务中存在的问题及改进措施。

(5) 核算各项成绩，填写会计综合实训报告(见表 3-5)和会计手工综合实训考核评价记录表(见表 3-6)。

表 3-5　会计综合实训报告

<table>
<tr><td>姓　　名</td><td></td><td>学　　号</td><td></td></tr>
<tr><td>专业年级</td><td></td><td>指导教师</td><td></td></tr>
<tr><td>实训时间</td><td></td><td>实训地点</td><td></td></tr>
<tr><td>实训项目</td><td colspan="3"></td></tr>
<tr><td>实训任务</td><td colspan="3"></td></tr>
<tr><td>工作内容</td><td colspan="3"></td></tr>
<tr><td>业务流程</td><td colspan="3"></td></tr>
<tr><td>心得体会</td><td colspan="3"></td></tr>
</table>

表 3-6　会计手工综合实训考核评价记录表

<table>
<tr><td rowspan="2">工作任务序号</td><td colspan="5">结果考核(40%)</td><td colspan="8">过程考核(60%)</td><td>总分</td></tr>
<tr><td>考核主体</td><td>实训成果</td><td>实训报告</td><td>成果汇报</td><td>合计</td><td>考核主体</td><td>工作质量</td><td>职业态度</td><td>团队合作</td><td>考勤纪律</td><td>小计</td><td>折合分值</td><td>合计</td><td></td></tr>
<tr><td rowspan="2">具体工作任务</td><td rowspan="2">教师</td><td rowspan="2"></td><td rowspan="2"></td><td rowspan="2"></td><td rowspan="2"></td><td>教师70%</td><td></td><td></td><td></td><td></td><td></td><td></td><td></td><td rowspan="2"></td></tr>
<tr><td>小组30%</td><td></td><td></td><td></td><td></td><td></td><td></td><td></td></tr>
<tr><td colspan="6">教师评价</td><td colspan="9">自我评价</td></tr>
<tr><td colspan="6"></td><td colspan="9"></td></tr>
</table>

考核评价时间：　　　　　　　　　　　　　　　　　　　　　教师签字：

工作任务四　销售过程的核算

【任务描述】

(1) 明确销售过程工作流程和岗位角色操作。

(2) 正确识别和填制销售过程相关经济业务的凭证。

(3) 正确登记销售过程相关经济业务的各种账簿。

(4) 完成销售过程经济业务的会计业务处理。

(5) 体验岗位角色，熏陶职业素养，激发学习欲望。

【经济业务】

经济业务 1：收回销货款(收到委托收款)业务

1 日，收到天合建材公司归还前欠货款 58 500 元。原始凭证：附表 3-34。

经济业务 2：销售产品收到商业承兑汇票业务

12 月 4 日，销售给光明工厂 A 产品 1 000 件，单价 200 元，计 200 000 元；增值税 34 000 元。收到光明工厂开出的为期两个月的商业承兑汇票一张，面额为 234 000 元。原始凭证：附表 3-35、附表 3-36。

经济业务 3：支付销售费用(广告费)业务

12 月 9 日，签发转账支票支付产品广告费 4 500 元。原始凭证：附表 3-37、附表 3-38、附表 3-39。

经济业务 4：缴纳上月未缴税费

12 月 10 日，以转账支票上交上月的税金及教育费附加共 45 000 元(教育费附加 2 100 元，城市维护建设税 4 900 元，增值税 30 000 元，所得税 8 000 元)。原始凭证：附表 3-40、附表 3-41、附表 3-42、附表 3-43。

经济业务 5：销售材料、销售产品，货款已收业务

12 月 11 日，出售甲材料 500 千克，销售价款为 15 000 元，增值税 2 550 元，款收到，存入银行。原始凭证：附表 3-44、附表 3-45。

12 月 11 日，销售给五环工厂 A 产品 2 500 件，单价 200 元，B 产品 500 件，单价 150 元，增值税 97 750 元，款收到，存入银行。原始凭证：附表 3-46、附表 3-47。

经济业务 6：销售产品，货款尚未收到

12 月 18 日，向华南工厂销售 A 产品 3 500 件，单价 160 元，计 5 600 000 元，B 产品 1 000 件，单价 200 元，计 200 000 元，增值税 129 200 元。产品已发出，货款尚未收到。原始凭证：附表 3-48。

12 月 22 日，收到华南工厂本月 18 日购买 A 产品购货款 889 200 元。原始凭证：附表 3-49。

经济业务 7：结转已售产品、已售材料的销售成本

12 月 31 日，按上月末单价计算结转本月已售产品的销售成本。原始凭证：附表 3-50、附表 3-51、附表 3-52、附表 3-53。

12 月 31 日，结转本月已销售甲材料的成本 10 000 元。原始凭证：附表 3-54、附表 3-55。

【岗位流程】

经济业务 1：收回销货款业务(见图 3-12)

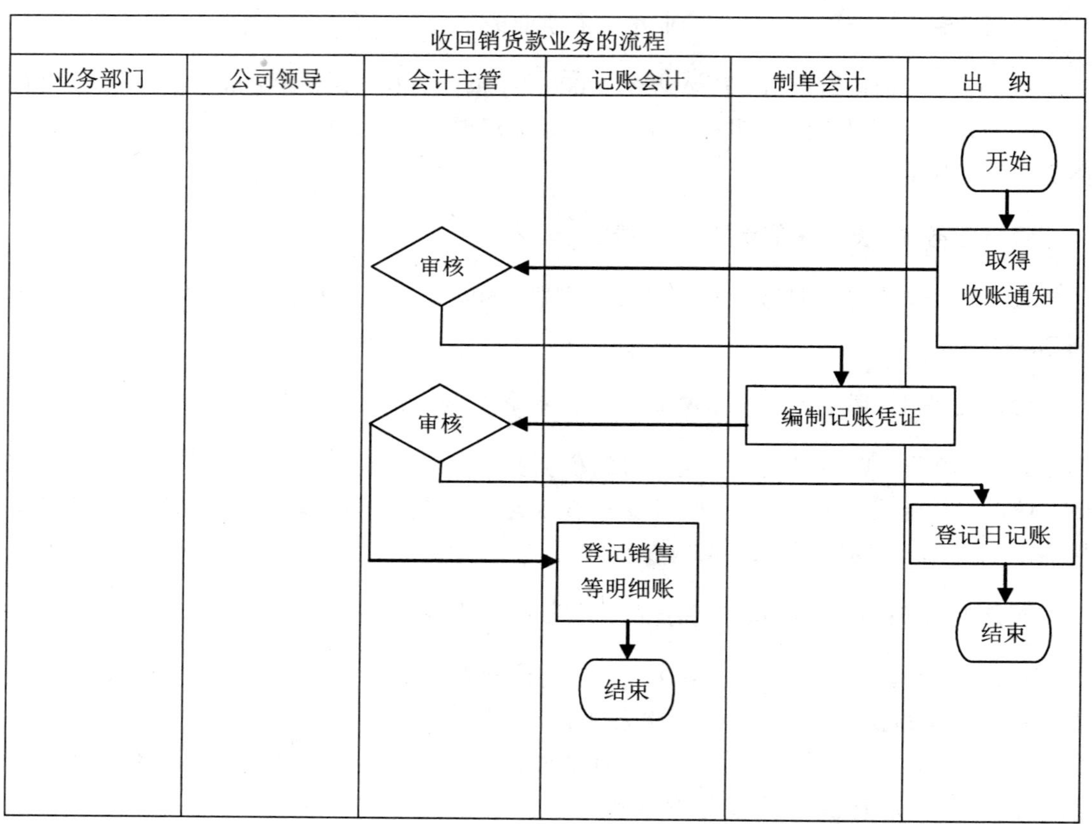

图 3-12　收回销货款业务流程图

经济业务 2：销售产品收到商业承兑汇票业务(见图 3-13)

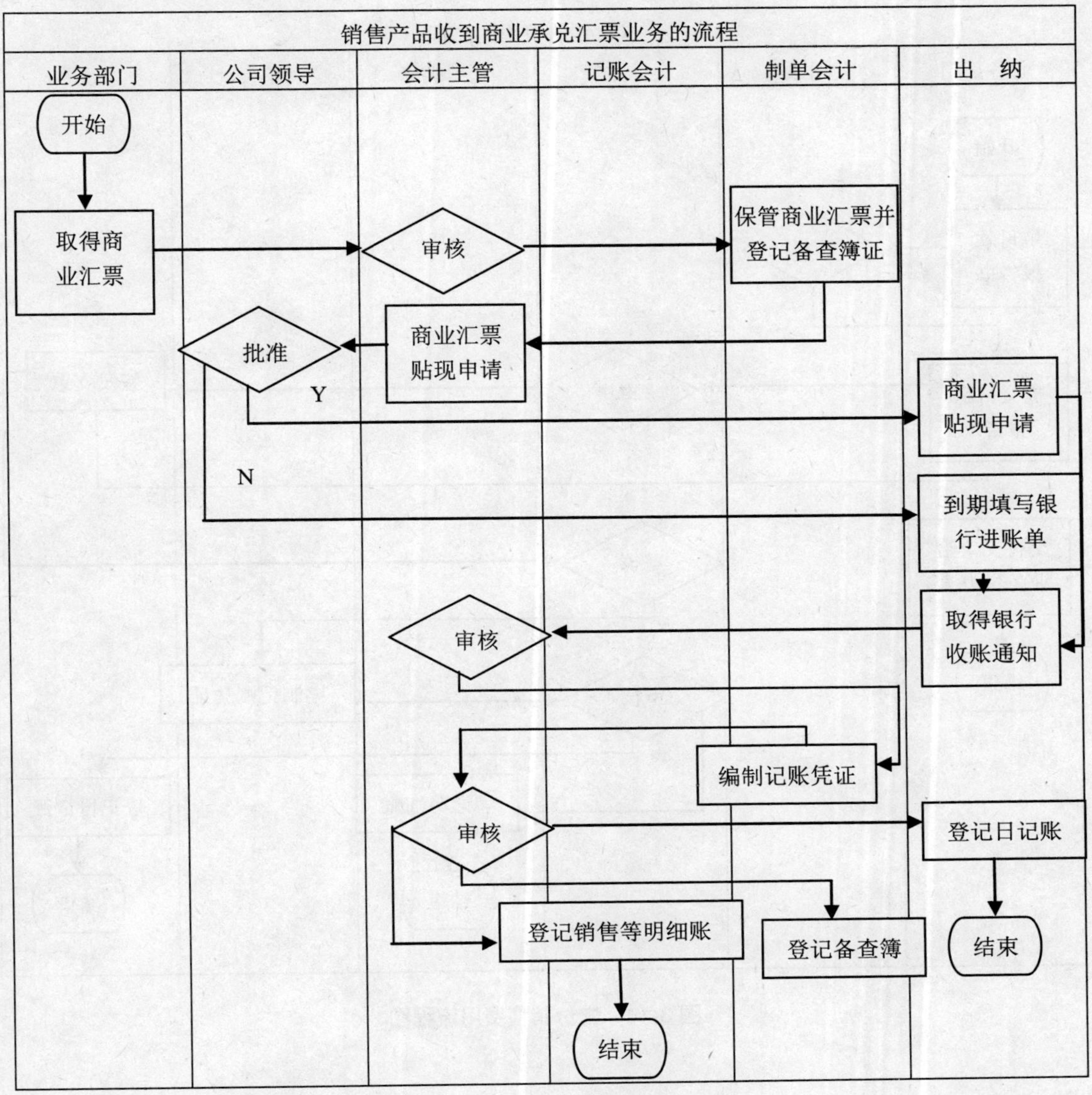

图 3-13　销售产品收到商业承兑汇票业务流程图

经济业务 3：支付销售费用(广告费)业务(见图 3-14)

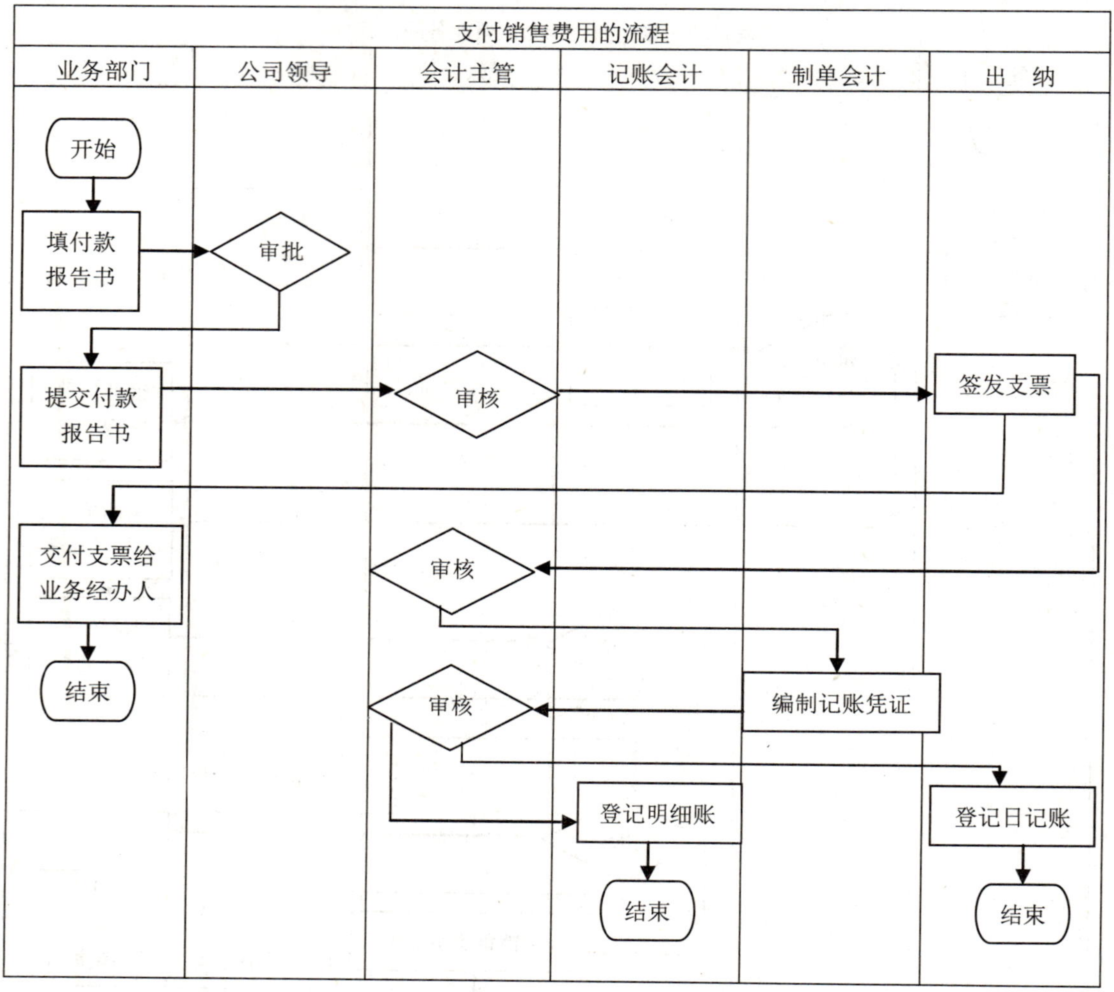

支付销售费用的流程

业务部门
公司领导
会计主管
记账会计
制单会计
出　纳

开始
填付款报告书
审批
提交付款报告书
审核
签发支票
交付支票给业务经办人
审核
结束
编制记账凭证
审核
登记明细账
登记日记账
结束
结束

图 3-14　支付销售费用流程图

经济业务 4：缴纳上月未缴税费(见图 3-15)

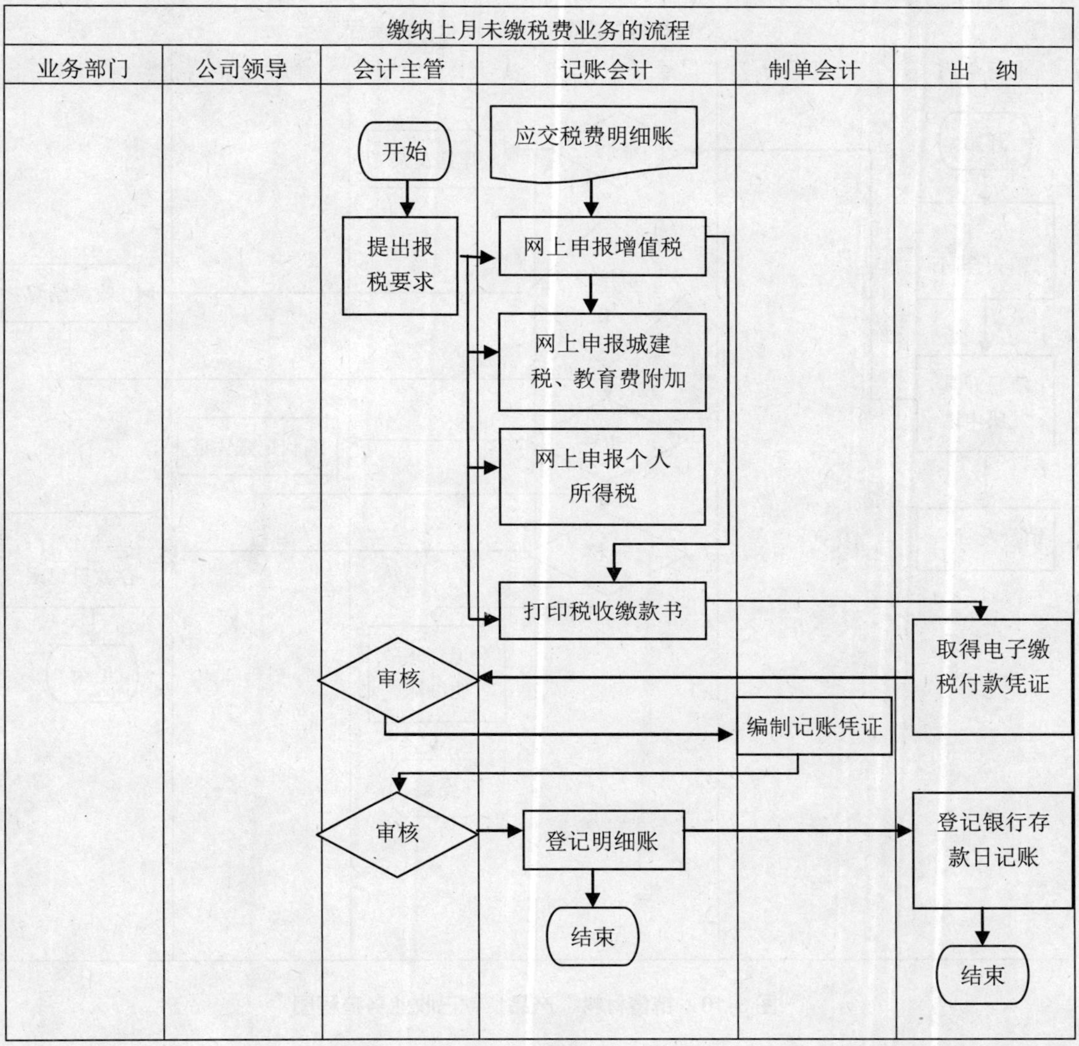

缴纳上月未缴税费业务的流程

业务部门	公司领导	会计主管	记账会计	制单会计	出　纳
		开始 提出报税要求 审核 审核	应交税费明细账 网上申报增值税 网上申报城建税、教育费附加 网上申报个人所得税 打印税收缴款书 登记明细账 结束	编制记账凭证	取得电子缴税付款凭证 登记银行存款日记账 结束

图 3-15　缴纳上月未缴税费业务流程图

经济业务 5：销售材料、产品货款已收业务(见图 3-16)

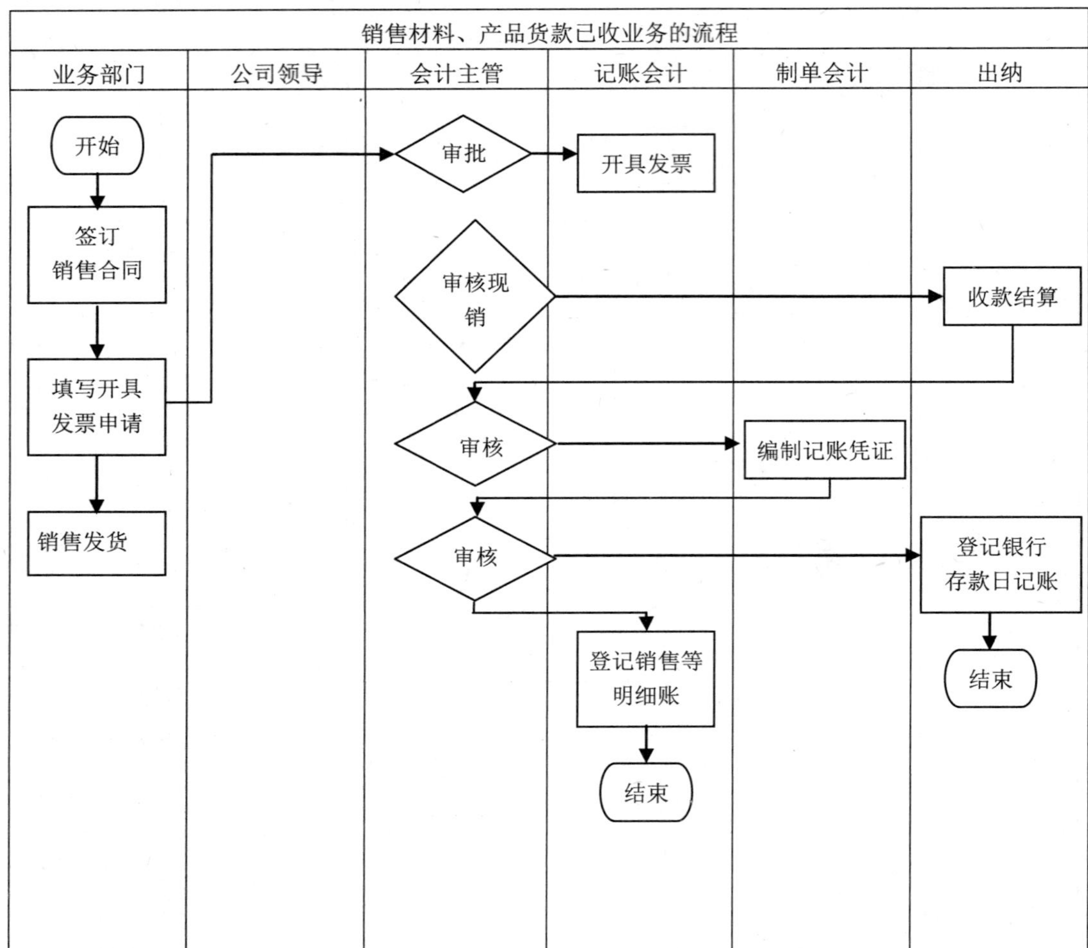

图 3-16　销售材料、产品货款已收业务流程图

经济业务 6：销售产品，货款尚未收到(见图 3-17)

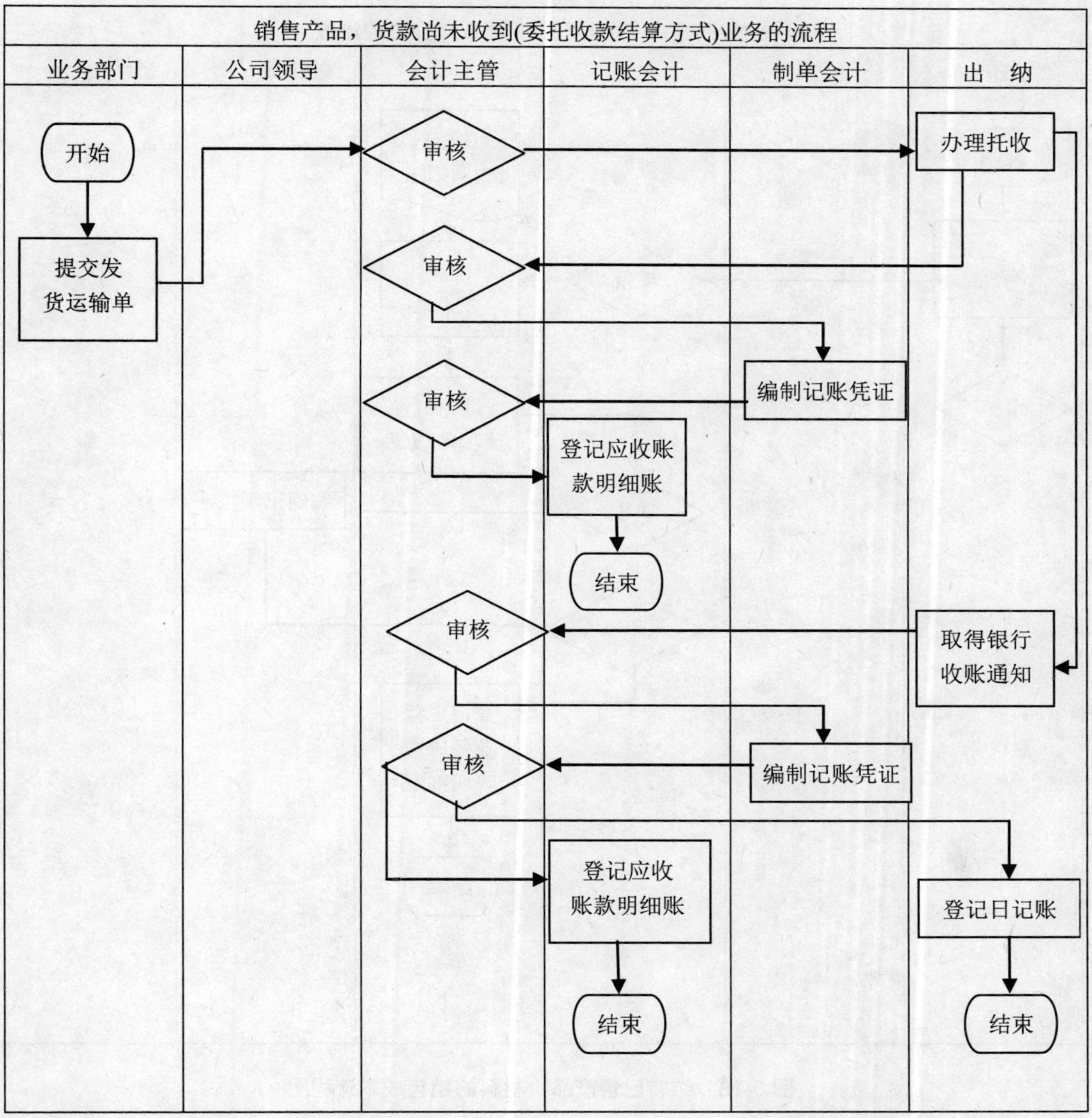

销售产品，货款尚未收到(委托收款结算方式)业务的流程					
业务部门	公司领导	会计主管	记账会计	制单会计	出　纳
开始		审核			办理托收
提交发货运输单		审核			
				编制记账凭证	
		审核	登记应收账款明细账		
			结束		
		审核			取得银行收账通知
		审核		编制记账凭证	
			登记应收账款明细账		登记日记账
			结束		结束

图 3-17　销售产品，货款尚未收到业务流程图

经济业务 7：结转已售产品、材料的销售成本(见图 3-18)

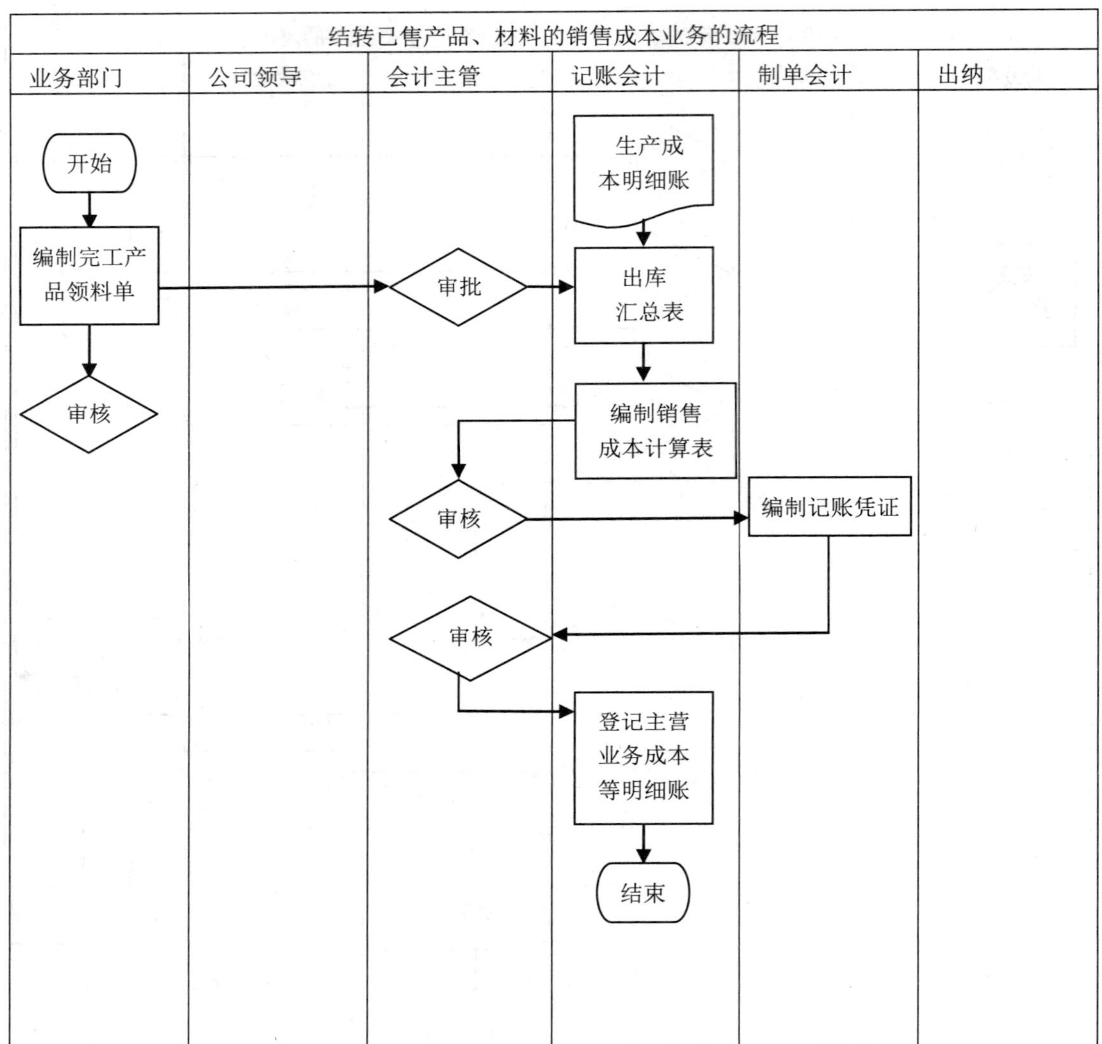

图 3-18　结转已售产品、材料的销售成本流程图

【操作指南】

经济业务 1：收回销货款(收到委托收款)业务

(1) 会计主管审核进账单(收款通知)(见附表 3-34)。
(2) 出纳根据进账单登记银行收款结算凭证登记簿。
(3) 制单会计根据进账单填制收回货款的记账凭证。
(4) 会计主管审核记账凭证。
(5) 出纳根据审核无误的记账凭证登记银行存款日记账。
(6) 记账会计根据审核无误的记账凭证登记“应收账款”明细账。

经济业务 2：销售产品收到商业承兑汇票业务

(1) 记账会计根据审批的发票申请，开具增值税专用发票(见附表 3-35)。

(2) 出纳收到销售部交来的商业承兑汇票(见附表 3-36)后登记应收票据备查账。

(3) 会计主管审核增值税发票记账联和商业承兑汇票。

(4) 制单会计根据审核无误的增值税发票记账联和商业承兑汇票复印件填制记账凭证。

(5) 会计主管审核记账凭证。

(6) 记账会计根据审核无误的原始凭证和记账会计登记“应收票据”“主营业务收入”和“应交税费——应交增值税”等的明细账。

经济业务 3：支付销售费用(广告费)业务

(1) 会计主管审核付款报告书(见附表 3-37)和广告费发票(见附表 3-38)。

(2) 出纳根据付款报告书和广告费发票以及经过审批的支票付款申请书，签发转账支票(见附表 3-39)，登记支票登记簿。

(3) 会计主管审核转账支票的存根。

(4) 制单会计根据付款报告书、发票和转账支票存根填制记账凭证。

(5) 会计主管审核记账凭证。

(6) 出纳根据审核无误的记账凭证及其所附的原始凭证，登记银行存款日记账。

(7) 记账会计根据审核无误的记账凭证，登记“销售费用”明细账。

经济业务 4：缴纳上月未缴税费

(1) 记账会计根据应交税费明细账，网上申报并缴纳 11 月份的教育费附加、城市维护建设税、增值税、企业所得税，并生成打印教育费附加、城市维护建设税、增值税、企业所得税的税收书，出纳到开户银行取回电子缴纳付款凭证(见附表 3-40、附表 3-41、附表 3-42、附表 3-43)。

(2) 会计主管审核缴税凭证。

(3) 制单会计根据审核无误的电子缴税付款凭证填制记账凭证。

(4) 会计主管审核记账凭证。

(5) 出纳根据审核无误的记账凭证及其所附的电子缴税付款凭证，登记银行存款日记账。

(6) 记账会计根据审核无误的记账凭证登记“应交税费”明细账。

经济业务 5：销售材料、销售产品，货款已收业务

(1) 记账会计根据经审批的发票申请，开具增值税专用发票(见附表 3-44)和进账单(见附表 3-45)。

(2) 出纳收款结算，填写增值税专用发票和进账单(见附表 3-46、附表 3-47)。

(3) 会计主管审核增值税专用发票记账联、进账单。

(4) 制单会计根据审核无误的增值税专用发票记账联、进账单填制记账凭证。

(5) 会计主管审核记账凭证。

(6) 出纳根据审核无误的记账凭证及其所附的原始凭证登记银行存款日记账。

(7) 记账会计根据审核无误的记账凭证登记“其他业务收入”“主营业务收入”“应交税费——应交增值税”明细账。

经济业务 6：销售产品，货款尚未收到

(1) 记账会计根据经审批的发票申请，开具增值税专用发票(见附表 3-48)。

(2) 会计主管审核增值税专用发票记账联。

(3) 制单会计根据审核无误的增值税专用发票记账联，填制记账凭证。

(4) 记账会计根据审核无误的记账凭证登记“主营业务收入”“应交税费——应交增值税”和“应收账款”明细账。

取得收账通知后。

(1) 出纳收款结算，填写进账单(见附表 3-49)。

(2) 会计主管审核进账单。

(3) 制单会计根据审核无误的进账单填制记账凭证。

(4) 会计主管审核记账凭证。

(5) 出纳根据审核无误的记账凭证及其所附的原始凭证登记银行存款日记账。

(6) 记账会计根据审核无误的记账凭证登记“应收账款”明细账。

经济业务 7：结转已售产品、材料的销售成本

(1) 记账会计根据库存商品明细账的记录，采用全月一次加权平均法，在库存商品明细账中计算发出产品价格。

(2) 记账会计根据审核无误的产成品出库单(见附表 3-50、附表 3-51、附表 3-52)、材料领料单(见附表 3-54)填制出库汇总表。

(3) 会计主管审核出库汇总表。

(4) 记账会计根据原始凭证编制发出产品销售成本汇总计算表(见附表 3-53)、材料销售成本计算表(见附表 3-55)。

(5) 会计主管审核发出产品成本计算表、销售材料成本计算表。

(6) 制单会计根据审核无误的成本计算表、出库单填制记账凭证。

(7) 会计主管审核记账凭证。

(8) 记账会计根据审核无误的记账凭证及所附原始凭证登记“主营业务成本”“其他业务成本”“库存商品”明细账。

【实训指导】

1. 税费的计算及纳税申报注意事项

城市维护建设税应纳税额=(应纳增值税额+应纳消费税额)×税率

教育费附加应纳税额=(应纳增值税额+应纳消费税额)×税率

房产税应纳税额=房产原值×(1−30%)×1.2%

城镇土地使用税应纳税额=应税土地面积×每平方米年税额

印花税额=购销金额×0.3‰

实际工作中，纳税都是通过网上申报的，其中增值税是在国税局申报，城市维护建设税及教育费附加、房产税、印花税是在地税局申报。执照、账簿等贴花印花税不需要申报，直接在地税局购买印花粘贴即可，合同印花税需要申报，因此，可以设置“应交税费——应交印花税”明细账。

2. “主营业务收入”明细账采用的格式

主营业务收入是指企业经常性的主要业务所产生的基本收入，如制造业的销售产品、非成品和提供工业性劳务作业的收入；商品流通企业的销售商品收入；旅游服务业的门票收入、客户收入、餐饮收入等。主营业务收入发生时是在贷方，每到月末要从借方转入本年利润的贷方，结转后，主营业务收入在月末没有余额，所以就没有借贷差。累计栏填写本会计年度截至本期的累计发生额。具体情况可以具体对待。主营业务收入可以记录本月发生额也可以设置累计发生额栏。“主营业务收入”明细账采用三栏式明细账。

3. “其他业务收入”明细账采用的格式

其他业务收入是指企业主营业务收入以外的所有通过销售商品、提供劳务收入及让渡资产使用权等日常活动中所形成的经济利益的流入。如材料物资及包装物销售、无形资产使用权实施许可、固定资产出租、包装物出租、运输、废旧物资出售收入等。 其他业务收入是企业从事除主营业务以外的其他业务活动所取得的收入，具有不经常发生，每笔业务金额一般较小，占收入的比重较低等特点。“其他业务收入”明细账采用三栏式明细账。

4. “主营业务成本”明细账采用的格式

主营业务成本是指公司生产和销售与主营业务有关的产品或服务所必须投入的直接成本，主要包括原材料、人工成本(工资)和固定资产折旧等。“主营业务成本” 用于核算企业因销售商品、提供劳务或让渡资产使用权等日常活动而发生的实际成本。“主营业务成本”账户下应按照主营业务的种类设置明细账，进行明细核算。期末，应将本账户的余额转入“本年利润”账户，结转后本账户应无余额。“主营业务成本”账户下应按照主营业务的种类设置明细账，可采用多栏式账簿进行明细核算；也可采用三栏式账簿，即每一张账页记录一种商品销售成本。

5. “其他业务成本”明细账采用的格式

其他业务成本为核算企业除主营业务活动以外的其他经营活动所发生的成本。其他业务成本包括：销售材料成本、出租固定资产折旧额、出租无形资产摊销额，出租包装物成本或摊销额。

“其他业务成本”账户下应按照其他业务的种类设置明细账，可采用多栏式账簿进行明细核算；也可采用三栏式账簿，即每一张账页记录一种其他业务成本。

6. “营业税金及附加”明细账采用的格式

营业税金及附加：反映企业经营主要业务应负担的消费税、城市维护建设税、资源税和教育费附加等。填报此项指标时应注意，实行新税制后，会计上规定应交增值税不再计入“主营业务税金及附加”项，无论是一般纳税企业还是小规模纳税企业均应在“应交增值税明细表”中单独反映。根据企业会计“利润表”中对应指标的本年累计数填列。“营业税金及附加”涉及消费税、城建税、资源税、教育费附加等税费，所以有必要以多栏式账页格式显示。这样可以一目了然，在计算缴纳税收时不易混淆。当然，可以在该科目下设立二级明细账，这样明细账将会增加。

7. “库存商品”明细账采用的格式

库存商品是指企业已完成全部生产过程并已验收入库，合乎标准规格和技术条件，可以按照合同规定的条件送交订货单位，或可以作为商品对外销售的产品以及外购或委托加工完成验收入库用于销售的各种商品。其格式一般用三栏式，只记售价金额不记数量。由于库存商品按售价记账，为随时了解库存商品的实际价值，同时也便于月末各实物负责人已销商品进销差价，也可采用“库存商品”和“商品进销差价”明细分类账户相结合的方法，设置“库存商品及进销差价”明细账。

8. “应收账款”明细账采用的格式

应收账款是指企业在正常的经营过程中因销售商品、产品、提供劳务等业务，应向购买单位收取的款项，包括应由购买单位或接受劳务单位负担的税金、代购买方垫付的各种运杂费等。应收账款明细账格式是三栏式明细账。

【任务评价】

(1) 实训结束后，针对实训过程中的表现，教师和各个小组的学生成员进行评价。

① 组员自由发言，总结自己的工作情况及与组员的配合情况，对工作的满意度进行评价。

② 组长对小组成员的工作满意度进行评价。

③ 教师对各组成员的工作进行综合分析和评价。

(2) 学生上交实训过程中的成果。

① 填制的原始凭证：销售产品成本汇总计算表和城市维护建设税及教育费附加表。

② 编制的收付转记账凭证。

③ 登记的银行存款日记账。

④ 登记的“主营业务收入”“其他业务收入”“主营业务成本”“其他业务成本”“营业税金及附加”“库存商品”“应交税费——应交增值税(销项税)”“应收账款”“应收票据”“销售费用”“原材料”明细账。

(3) 完成实训报告。

(4) 做出小组的成果汇报。

① 组长总结本次任务的完成情况。

② 组长提出本次任务中存在的问题及改进措施。

(5) 核算各项成绩，填写会计综合实训报告(见表 3-7)和会计手工综合实训考核评价记录表(见表 3-8)。

表 3-7　会计综合实训报告

姓　　名		学　　号	
专业年级		指导教师	
实训时间		实训地点	
实训项目			
实训任务			
工作内容			
业务流程			
心得体会			

表 3-8　会计手工综合实训考核评价记录表

<table>
<tr><td rowspan="2">工作任务序号</td><td colspan="5">结果考核(40%)</td><td colspan="8">过程考核(60%)</td><td>总分</td></tr>
<tr><td>考核主体</td><td>实训成果</td><td>实训报告</td><td>成果汇报</td><td>合计</td><td>考核主体</td><td>工作质量</td><td>职业态度</td><td>团队合作</td><td>考勤纪律</td><td>小计</td><td>折合分值</td><td>合计</td><td></td></tr>
<tr><td rowspan="2">具体工作任务</td><td rowspan="2">教师</td><td rowspan="2"></td><td rowspan="2"></td><td rowspan="2"></td><td rowspan="2"></td><td>教师70%</td><td></td><td></td><td></td><td></td><td></td><td></td><td></td><td rowspan="2"></td></tr>
<tr><td>小组30%</td><td></td><td></td><td></td><td></td><td></td><td></td><td></td></tr>
<tr><td colspan="6">教师评价</td><td colspan="9">自我评价</td></tr>
<tr><td colspan="6"></td><td colspan="9"></td></tr>
</table>

考核评价时间：　　　　　　　　　　　　　　　　　　　　　　教师签字：

工作任务五　财务成果的形成与分配过程

【任务描述】

(1) 明确财务成果的形成与分配过程工作流程和岗位角色操作。

(2) 正确识别和填制财务成果的形成与分配过程相关经济业务的凭证。
(3) 正确登记财务成果的形成与分配过程相关经济业务的各种账簿。
(4) 完成财务成果的形成与分配过程经济业务的会计业务处理。
(5) 体验岗位角色，熏陶职业素养，激发学习欲望。

【经济业务】

经济业务 1：财务成果的形成——结转损益类账户

12 月 31 日，结转有关损益类账户，计算本月实现利润总额。原始凭证：附表 3-56。

经济业务 2：财务成果的形成——计算并结转所得税

12 月 31 日，计算并结转本月所得税，税率为 25%(假设无纳税调整事项)。原始凭证：附表 3-57。

经济业务 3：财务成果的分配——结转净利润

12 月 31 日，结转本年实现的净利润。原始凭证：附表 3-58。

经济业务 4：财务成果的分配——利润分配

12 月 31 日，按全年实现净利润的 10%提取法定公积金。原始凭证：附表 3-59。
12 月 31 日，按税后利润的 30%计算应付投资者利润。原始凭证：附表 3-60。

经济业务 5：财务成果的分配——结转利润分配

12 月 31 日，将 “利润分配”各明细账户余额结转至“利润分配——未分配利润”账户。原始凭证：附表 3-61。

【岗位流程】

经济业务 1：财务成果的形成——结转损益类账户(见图 3-19)

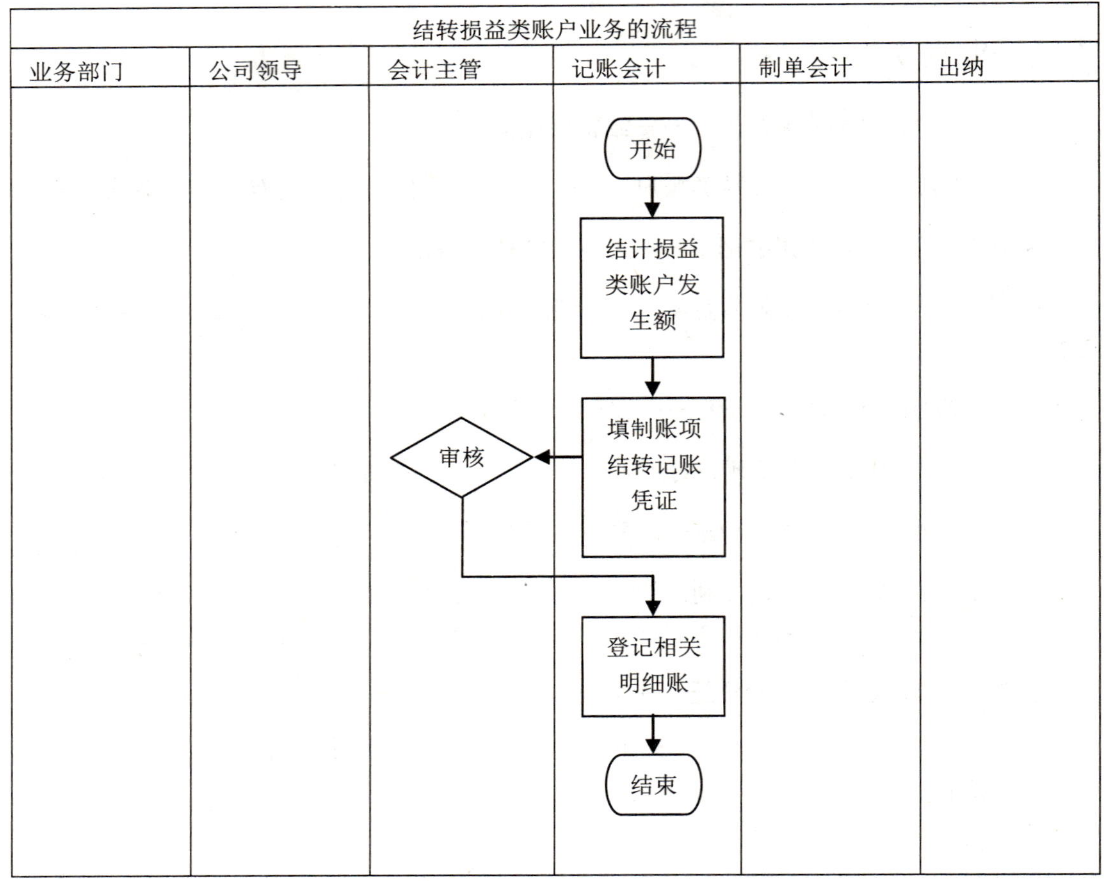

图 3-19　结转损益类账户业务流程图

经济业务 2：财务成果的形成——计算并结转所得税(见图 3-20)

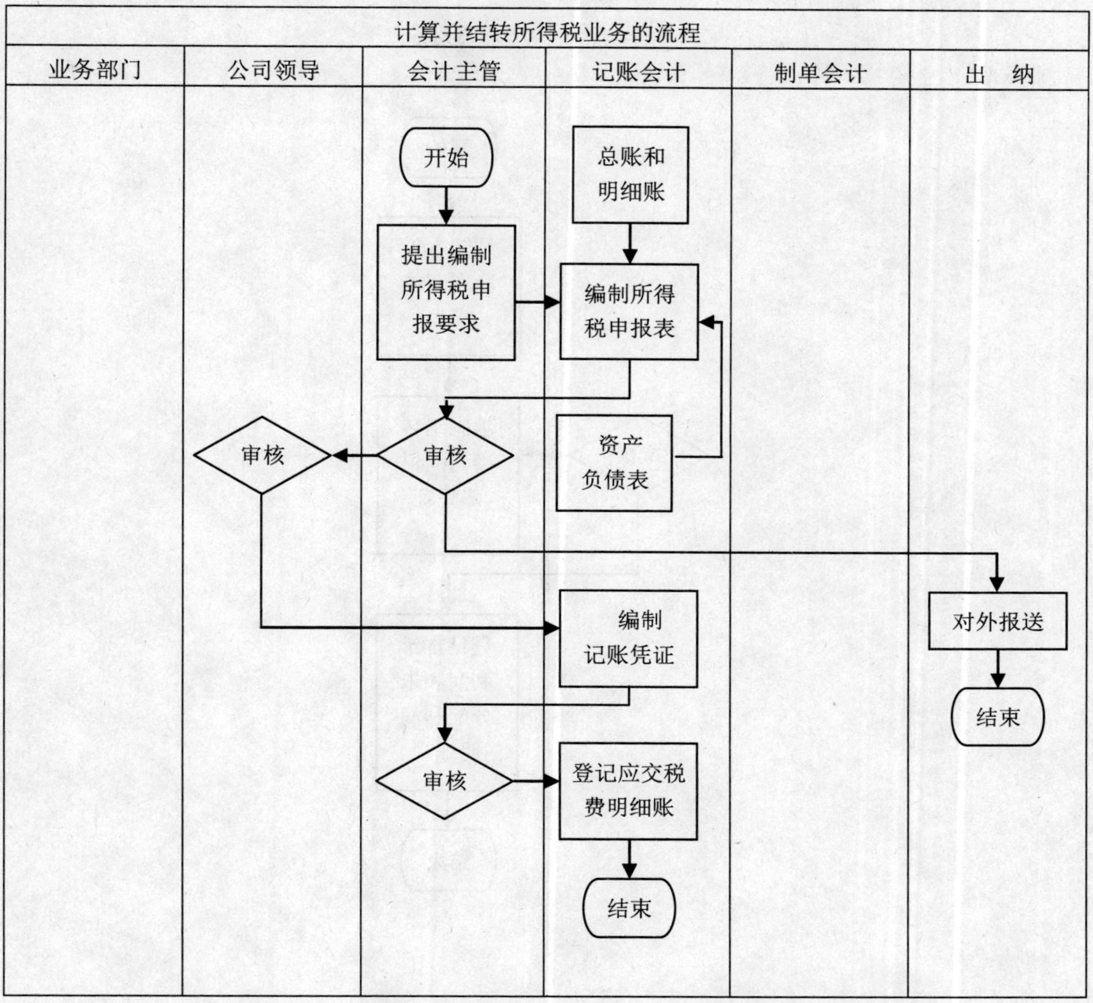

计算并结转所得税业务的流程					
业务部门	公司领导	会计主管	记账会计	制单会计	出　纳
	审核	开始 提出编制所得税申报要求 审核 审核	总账和明细账 编制所得税申报表 资产负债表 编制记账凭证 登记应交税费明细账 结束		对外报送 结束

图 3-20　计算并结转所得税业务流程图

经济业务 3：财务成果的分配——结转净利润（见图 3-21）

结转净利润业务的流程					
业务部门	公司领导	会计主管	记账会计	制单会计	出　纳
			开始		
			结转本年净利润或损失		
		审核	填制结转净利润记账凭证		
			登记本年利润和未分配利润明细账		
			结束		

图 3-21　结转净利润业务流程图

经济业务 4：财务成果的分配——利润分配(见图 3-22)

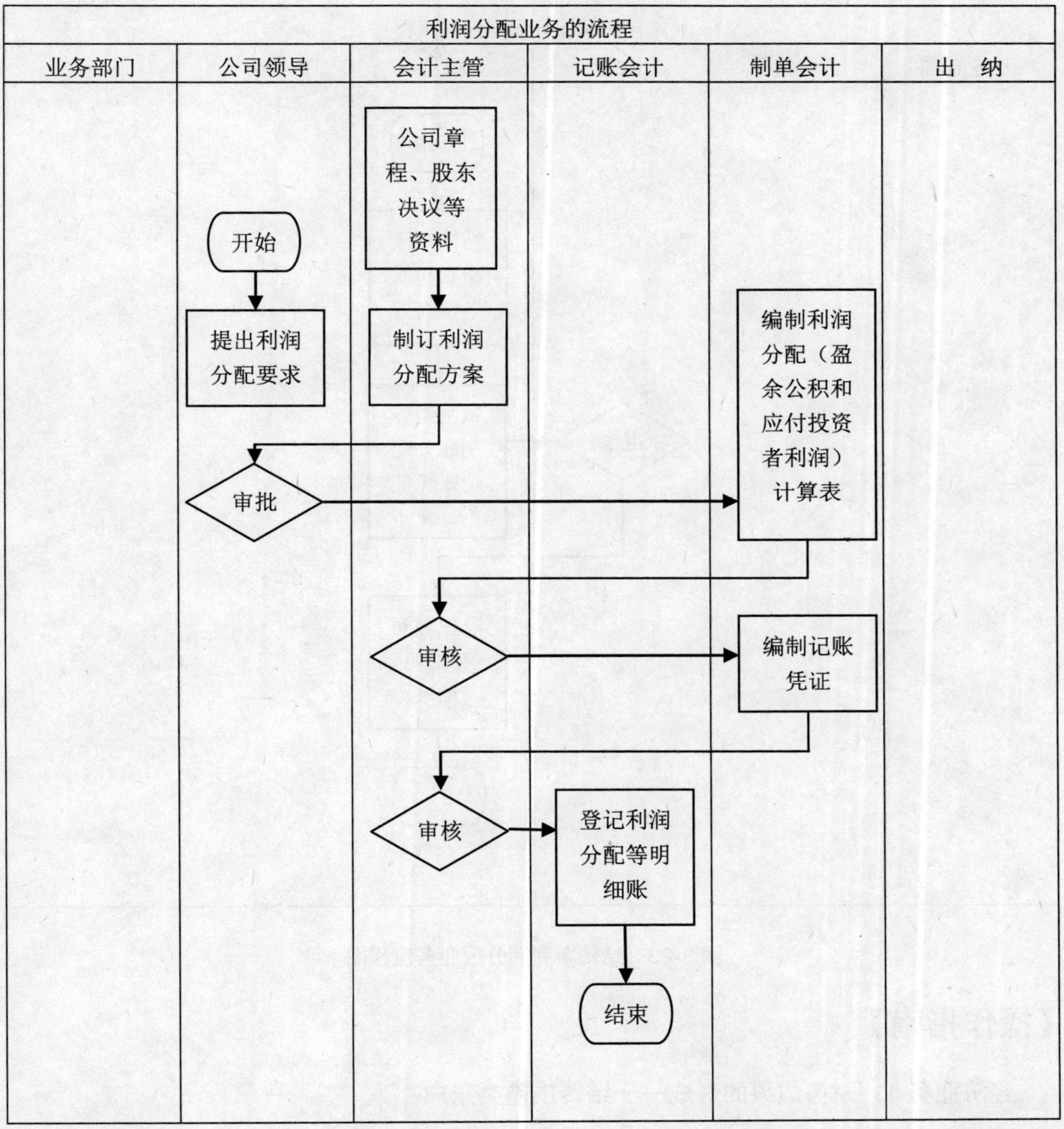

利润分配业务的流程					
业务部门	公司领导	会计主管	记账会计	制单会计	出　纳
	开始	公司章程、股东决议等资料			
	提出利润分配要求	制订利润分配方案		编制利润分配（盈余公积和应付投资者利润）计算表	
	审批				
		审核		编制记账凭证	
		审核	登记利润分配等明细账		
			结束		

图 3-22　利润分配业务流程图

经济业务 5：财务成果的分配——结转净利润分配(见图 3-23)

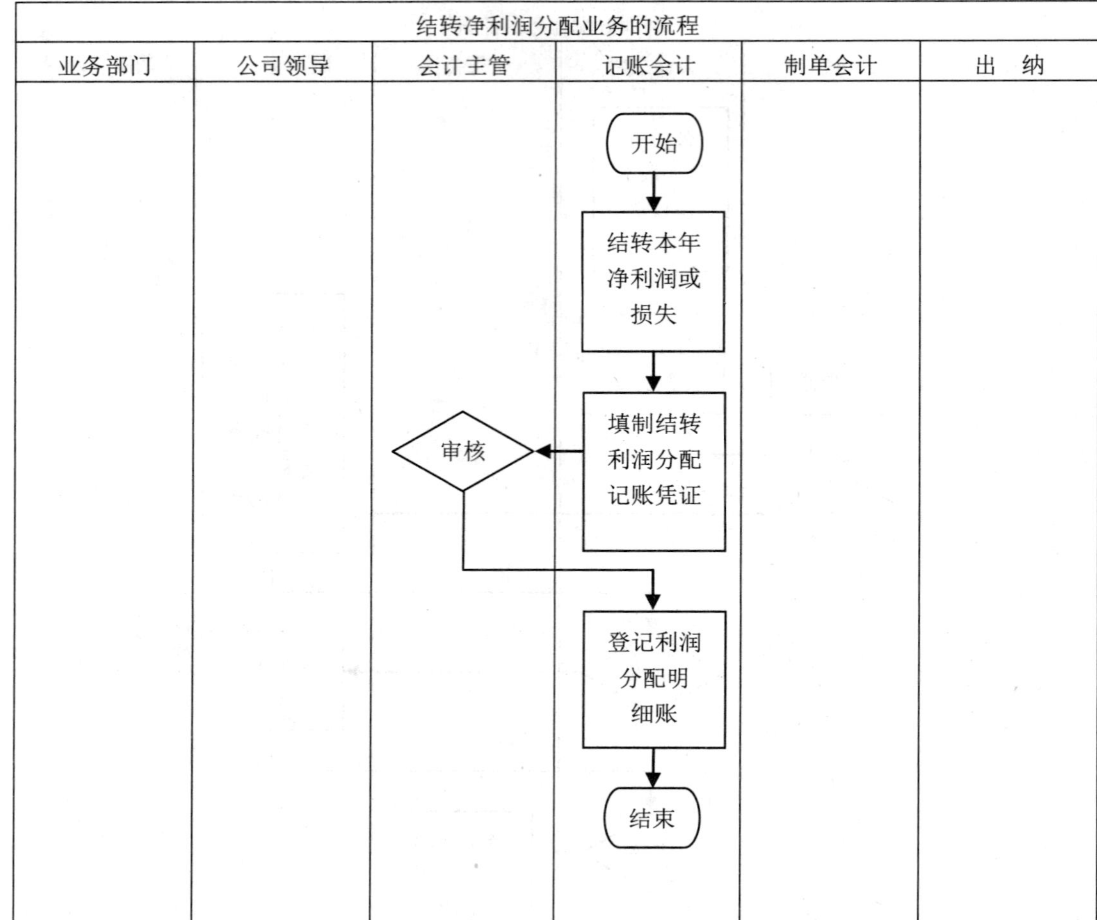

图 3-23　结转净利润分配业务流程图

【操作指南】

经济业务 1：财务成果的形成——结转损益类账户

(1) 记账会计结计损益类账户发生额及余额，填制 12 月份损益类账户资料表(见附表 3-56)。

(2) 制单会计根据结计的各损益类账户明细账中当前的账户余额，填制记账凭证。

(3) 会计主管审核记账凭证。

(4) 记账会计根据审核无误的各收益类和各费用类账户余额的记账凭证登记“主营业务收入”“其他业务收入”“营业外收入”“主营业务成本”“其他业务成本”“销售费用”“管理费用”“财务费用”“营业税金及附加”“营业外支出”。

经济业务 2：财务成果的形成——计算并结转所得税

(1) 记账会计根据企业所得税法和本企业会计制度的规定，利用各损益类账户的本月发生额计算所得税，编制 12 月份所得税计算表(见附表 3-57)。

(2) 会计主管审核所得税计算表。主要审核纳税调整项目的合法性以及计算结果的准确性。

(3) 制单会计根据审核无误的所得税计算表，填制计算本月应交所得税的记账凭证和结转所得税的记账凭证。

(4) 会计主管审核记账凭证。

(5) 记账会计根据审核无误的本月应交所得税的记账凭证和结转所得税费用记账凭证，登记“所得税费用”“应交税费”和“本年利润”等的明细账。

经济业务 3：财务成果的分配——结转净利润

(1) 记账会计结计本年净利润或净损失，填制本年利润结转资料表(见附表 3-58)。

(2) 制单会计根据本年利润结转资料表，编制结转本年利润的记账凭证，将净利润转入“利润分配——未分配利润”账户的贷方(如果是净损失，结转到借方)。

(3) 会计主管审核记账凭证。

(4) 记账会计根据审核无误的记账凭证登记“本年利润”明细账和“利润分配——未分配利润”明细账。

经济业务 4：财务成果的分配——利润分配

(1) 制单会计根据利润分配方案编制盈余公积计算表(见附表 3-59)和应付投资者利润计算表(见附表 3-60)。

(2) 会计主管审核盈余公积计算表和应付投资者利润计算表。

(3) 制单会计根据审核无误的盈余公积计算表和应付投资者利润计算表编制记账凭证，提取的法定盈余公积记入“盈余公积”账户的贷方，向投资者分配的利润记入“应付股利”账户的贷方。

(4) 会计主管审核记账凭证。

(5) 记账会计根据审核无误的记账凭证，登记“利润分配”“盈余公积”“应付股利”明细账。

经济业务 5：财务成果的分配——结转利润分配

(1) 记账会计结计利润分配明细账当期余额，填制利润分配各明细账户结转单(见附表 3-61)。

(2) 制单会计根据结计的利润分配明细账当前余额，填制结转利润分配明细账余额的记账凭证。将“利润分配——提取盈余公积”“利润分配——应付股利”的借方余额从贷方转入“利润分配——未分配利润”明细账的借方，从而使得利润分配只有“利润分配——未分配利润”明细账有余额，其他明细账结平。

(3) 会计主管审核记账凭证。

(4) 记账会计根据审核无误的结转利润分配明细账余额的记账凭证登记“利润分配”明细账。

【实训指导】

1. 填制结转期间损益记账凭证的方法

根据结计出的主营业务收入、其他业务收入、营业外收入等收益类账户的当前余额，填制结转各收益类账户余额的记账凭证，将各种收入从收入类账户的借方转入“本年利润”账户的贷方。

根据结计的主营业务成本、其他业务成本、营业税金及附加、销售费用、管理费用、财务费用、资产减值损失、营业外支出等费用类账户的当前余额，填制结转各费用类账户余额的记账凭证，将各种费用从各费用类账户的贷方转入“本年利润”账户的借方。

2. 计算企业所得税的方法

本企业会计制度规定，资产负债的账面价值与计税基础一致，未产生暂时性差异。

应纳所得税额=应纳税所得额×25%

应纳所得税额=(利润总额+纳税调整增加额−纳税调整减少额)×25%

纳税调整增加额：税法规定允许扣除项目中，企业已计入当期费用但超过税法规定扣除标准的金额。如超过税法规定标准的职工福利费(职工工资及薪金的14%)、工会费(2%)、职工教育经费(2.5%)、业务招待费、公益性捐赠支出、广告费、业务宣传费，以及企业已计入当期损失但税法规定不允许扣除项目的金额，如税收滞纳金、罚金、罚款。纳税调整减少额：税法规定允许弥补的亏损和准予免税的项目，如前五年内未弥补亏损和国债利息收入等。

3. 填制计算应交所得税和结转所得税的记账凭证方法

根据企业所得税计算表应当填制计算本月应交所得税的记账凭证，记入“所得税费用”账户的借方，同时记入“应交税费”账户的贷方，如果有递延所得税还应记入“递延所得税”账户的借方或贷方。

然后再填制一张结转所得税费用的记账凭证，将所得税费用自“所得税费用”账户的贷方转入“本年利润”账户的借方。

4. 利润分配明细账结清账务的处理

年度终了，企业应将全年实现的净利润，自“本年利润”科目转入“利润分配——未分配利润”科目。并将“利润分配”科目下的其他有关明细科目的余额，转入“未分配利润”明细科目。利润分配结转后，“未分配利润”明细科目的贷方余额，就是累积未分配的利润数额；如为借方余额，则表示累积未弥补的亏损数额。结转后，本科目除“未分配利润”明细科目外，其他明细科目应无余额。

5. “本年利润”明细账采用的格式

本年利润明细账借方栏有：主营业务成本、营业费用、主营业务税金及附加、其他业务支出、管理费用、财务费用、营业外支出、所得税费用。贷方栏有：主营业务收入、其

他业务收入、投资收益、营业收入。本年利润明细账采用多栏式账页填写。

6. “所得税费用”明细账采用的格式

所得税费用是指企业经营利润应交纳的所得税。“所得税费用”，核算企业负担的所得税，是损益类科目；这一般不等于当期应交所得税，因为可能存在“暂时性差异”。如果只有永久性差异，则等于当期应交所得税。应对国家征税政策，月度所得税征缴采取月度汇算清缴的方法，即多退少补的政策。具体表现为：企业设立一个汇算清缴账户，并存入一定的金额，在核算出当期的所得税时税款通过汇算清缴账户结算，即使后期存在差异的情况下也会在下一个会计期间返还或者补全，“所得税费用”明细账采用三栏式明细账。

7. “应交税费——应交所得税”明细账采用的格式

应交税费是指企业根据在一定时期取得的营业收入、实现的利润等，按照现行税法规定，采用一定的计税方法计提的应交纳的各种税费。“应交税费——应交所得税” 明细账采用三栏式明细账。

8. “利润分配——未分配利润”明细账采用的格式

利润分配明细账的账簿格式没有特别规定，既可以采用三栏式，也可以采用多栏式；利润分配是指企业根据国家有关规定和企业章程、投资者的决议等，对企业当年可供分配的利润进行的分配。企业应该设置“利润分配”科目，本科目核算企业利润的分配(或亏损的弥补)和历年分配(或弥补)后的余额。利润分配科目应当设置“提取法定盈余公积”“提取任意盈余公积”“应付现金股利”“盈余公积补亏”和“未分配利润”等明细科目进行核算。

9. “盈余公积”明细账采用的格式

盈余公积是指企业从税后利润中提取形成的、存留于企业内部、具有特定用途的收益积累。盈余公积是根据其用途分为公益金和一般盈余公积两类。公益金专门用于企业职工福利设施的支出，如购建职工宿舍、托儿所、理发室等方面的支出。企业提取的盈余公积可用于弥补亏损、扩大生产经营、转增资本(或股本)或派送新股等。“盈余公积” 明细账采用三栏式的格式。

10. “应付股利” 明细账采用的格式

企业的应付股利，是指按协议规定应该支付给投资者的利润。由于企业的资金通常由投资者投入，因此，企业在生产经营过程中实现的利润，在依法纳税后，还必须向投资人分配利润。而这些利润在未付之前暂时留在企业内，构成了企业的一项负债。应付股利属于流动负债。“应付股利” 明细账采用三栏式的格式。

【任务评价】

(1) 实训结束后，针对实训过程中的表现，教师和各个小组的学生成员进行评价。

① 组员自由发言，总结自己的工作情况及与组员的配合情况，对工作的满意度进行评价。

② 组长对小组成员的工作满意度进行评价。

③ 教师对各组成员的工作进行综合分析和评价。

(2) 学生上交实训过程中的成果。

① 填制的原始凭证：损益类账户资料表、所得税计算表、本年利润结转资料表、盈余公积计算表、应付投资者利润计算表、利润分配各明细账户结转单。

② 编制的转账凭证。

③ 登记的“主营业务收入”“其他业务收入”“营业外收入”“主营业务成本”“其他业务成本”“营业税金及附加”“管理费用”“财务费用”“销售费用”“营业外支出”“本年利润”“利润分配”“所得税费用”“应交税费——应交所得税”“盈余公积”“应付股利”明细账。

(3) 完成实训报告。

(4) 做出小组的成果汇报。

① 组长总结本次任务的完成情况。

② 组长针对本次任务中存在的问题提出改进措施。

(5) 核算各项成绩，填写会计综合实训报告(见表 3-9)和会计手工综合实训考核评价记录表(见表 3-10)。

表 3-9　会计综合实训报告

<table>
<tr><td>姓　　名</td><td></td><td>学　　号</td><td></td></tr>
<tr><td>专业年级</td><td></td><td>指导教师</td><td></td></tr>
<tr><td>实训时间</td><td></td><td>实训地点</td><td></td></tr>
<tr><td>实训项目</td><td colspan="3"></td></tr>
<tr><td>实训任务</td><td colspan="3"></td></tr>
<tr><td>工作内容</td><td colspan="3"></td></tr>
<tr><td>业务流程</td><td colspan="3"></td></tr>
<tr><td>心得体会</td><td colspan="3"></td></tr>
</table>

表 3-10　会计手工综合实训考核评价记录表

<table>
<tr><td rowspan="2">工作任务序号</td><td colspan="5">结果考核(40%)</td><td colspan="8">过程考核(60%)</td><td rowspan="2">总分</td></tr>
<tr><td>考核主体</td><td>实训成果</td><td>实训报告</td><td>成果汇报</td><td>合计</td><td>考核主体</td><td>工作质量</td><td>职业态度</td><td>团队合作</td><td>考勤纪律</td><td>小计</td><td>折合分值</td><td>合计</td></tr>
<tr><td rowspan="2">具体工作任务</td><td rowspan="2">教师</td><td rowspan="2"></td><td rowspan="2"></td><td rowspan="2"></td><td rowspan="2"></td><td>教师70%</td><td></td><td></td><td></td><td></td><td></td><td></td><td></td><td rowspan="2"></td></tr>
<tr><td>小组30%</td><td></td><td></td><td></td><td></td><td></td><td></td><td></td></tr>
<tr><td colspan="6">教师评价</td><td colspan="9">自我评价</td></tr>
<tr><td colspan="6"></td><td colspan="9"></td></tr>
</table>

考核评价时间：　　　　　　　　　　　　　　　　　　　　　　教师签字：

工作任务六　其他业务的核算

【任务描述】

(1) 明确其他业务核算工作流程和岗位角色操作。

(2) 正确识别和填制其他业务核算相关经济业务的凭证。

(3) 正确登记其他业务核算相关经济业务的各种账簿。

(4) 完成其他业务核算经济业务的会计业务处理。

(5) 体验岗位角色，熏陶职业素养，激发学习欲望。

【经济业务】

经济业务 1：预借差旅费业务

12 月 2 日，管理人员张小红出差，预借差旅费 3 000 元，以现金付讫。原始凭证：附表 3-62、附表 3-63。

经济业务 2：报销差旅费业务

12 月 13 日，张小红出差回来，报销差旅费 2 200 元，退回现金 800 元。原始凭证：附表 3-64、附表 3-65、附表 3-66、附表 3-67、附表 3-68。

12 月 13 日，将现金 800 元送存银行。原始凭证：附表 3-69。

经济业务 3：预付财产保险费业务

12 月 5 日，以银行存款预付下年度财产保险费 12 000 元。原始凭证：附表 3-70、附表 3-71。

经济业务 4：对外捐款业务

12 月 14 日，通过哈市政府向农村义务教育捐款 50 000 元。原始凭证：附表 3-72、附表 3-73。

经济业务 5：支付罚款业务

12 月 15 日，支付工商行政管理局的行政罚款 30 000 元。原始凭证：附表 3-74、附表 3-75。

经济业务 6：提取备用金业务

12 月 16 日，签发现金支票，从银行提取现金 2 000 元备用。原始凭证：附表 3-76。

经济业务 7：购买办公用品业务

12 月 17 日，以现金购买办公用品花费 800 元。原始凭证：附表 3-77。

经济业务 8：偿还借款本息业务

12 月 21 日，以银行存款偿还到期的短期借款 100 000 元，利息共计 2 500 元(前期已预提利息 416.7 元)。原始凭证：附表 3-78、附表 3-79、附表 3-80、附表 3-81。

经济业务 9：报销招待费业务

12 月 24 日，以现金报销行政管理部门招待费 455 元。原始凭证：附表 3-82、附表 3-83。

经济业务 10：接受捐赠业务

12 月 25 日，接受东海公司捐赠的自产设备一套，发票价为 35 100 元。原始凭证：附

表 3-84、附表 3-85。

经济业务 11：财产清查业务

12 月 30 日，月末财产清查中，发现甲材料盘亏 750 千克，计 15 000 元，乙材料盘盈 20 千克，计 1 200 元，待批准处理(暂不考虑增值税的进项转出)。原始凭证：附表 3-86。

12 月 31 日，经审查盘亏的甲材料因自然损耗 5 000 元、非正常损失 8 000 元、保管人员过失造成的损失 2 000 元，经批准按规定处理。盘盈乙材料由本企业转销。原始凭证：附表 3-87。

【岗位流程】

经济业务 1：预借差旅费业务(见图 3-24)

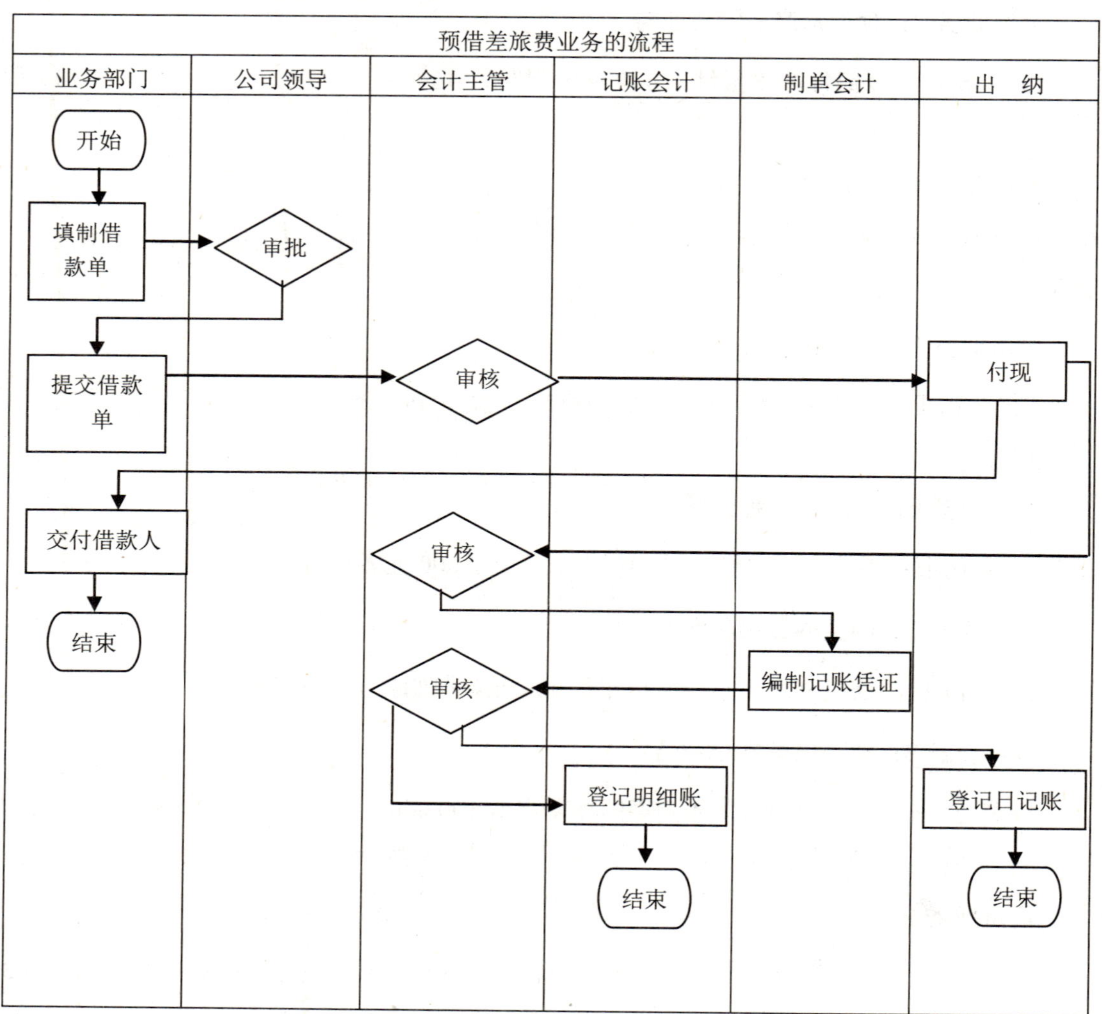

图 3-24　预借差旅费业务流程图

经济业务 2：报销差旅费业务(见图 3-25)

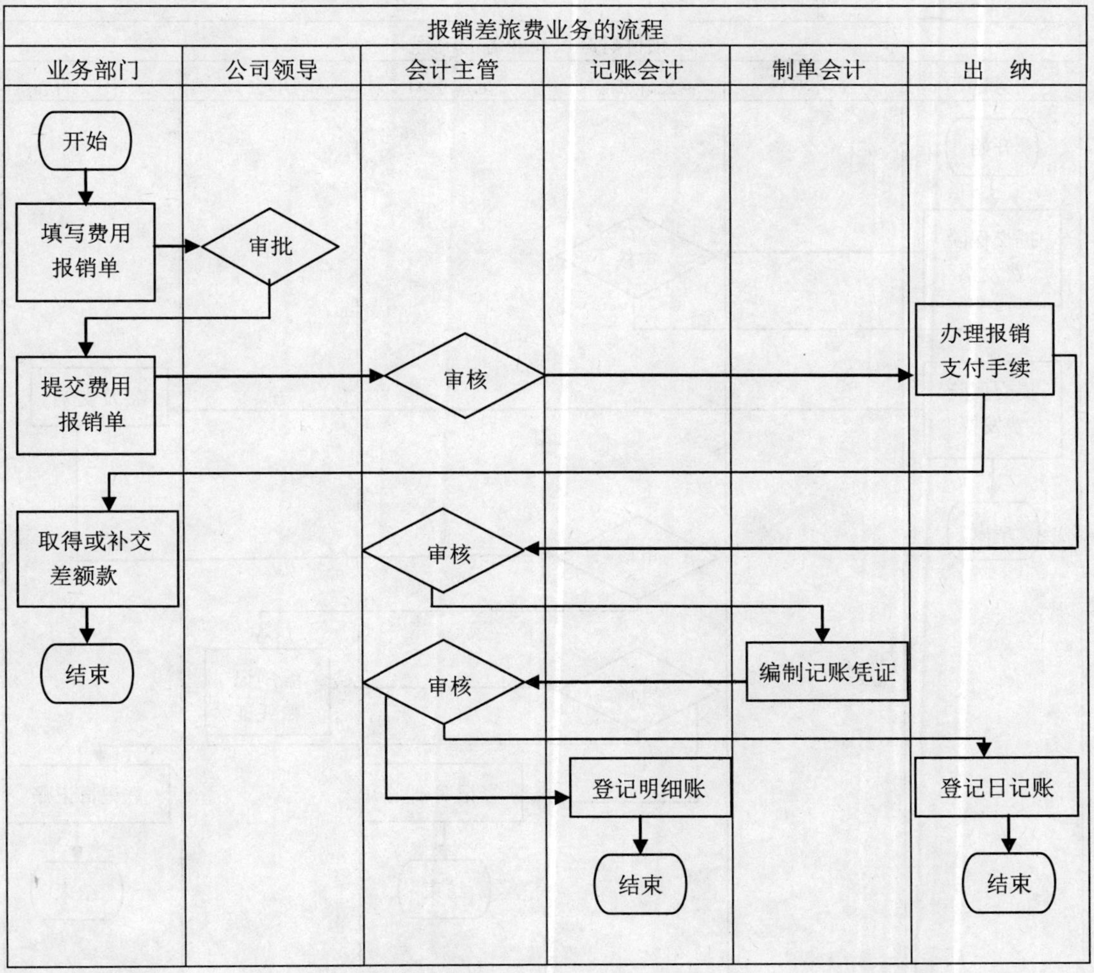

报销差旅费业务的流程					
业务部门	公司领导	会计主管	记账会计	制单会计	出　纳
开始					
填写费用报销单	审批				
提交费用报销单		审核			办理报销支付手续
取得或补交差额款		审核			
结束		审核		编制记账凭证	
			登记明细账		登记日记账
			结束		结束

图 3-25　报销差旅费业务流程图

经济业务 3：预付财产保险费业务(见图 3-26)

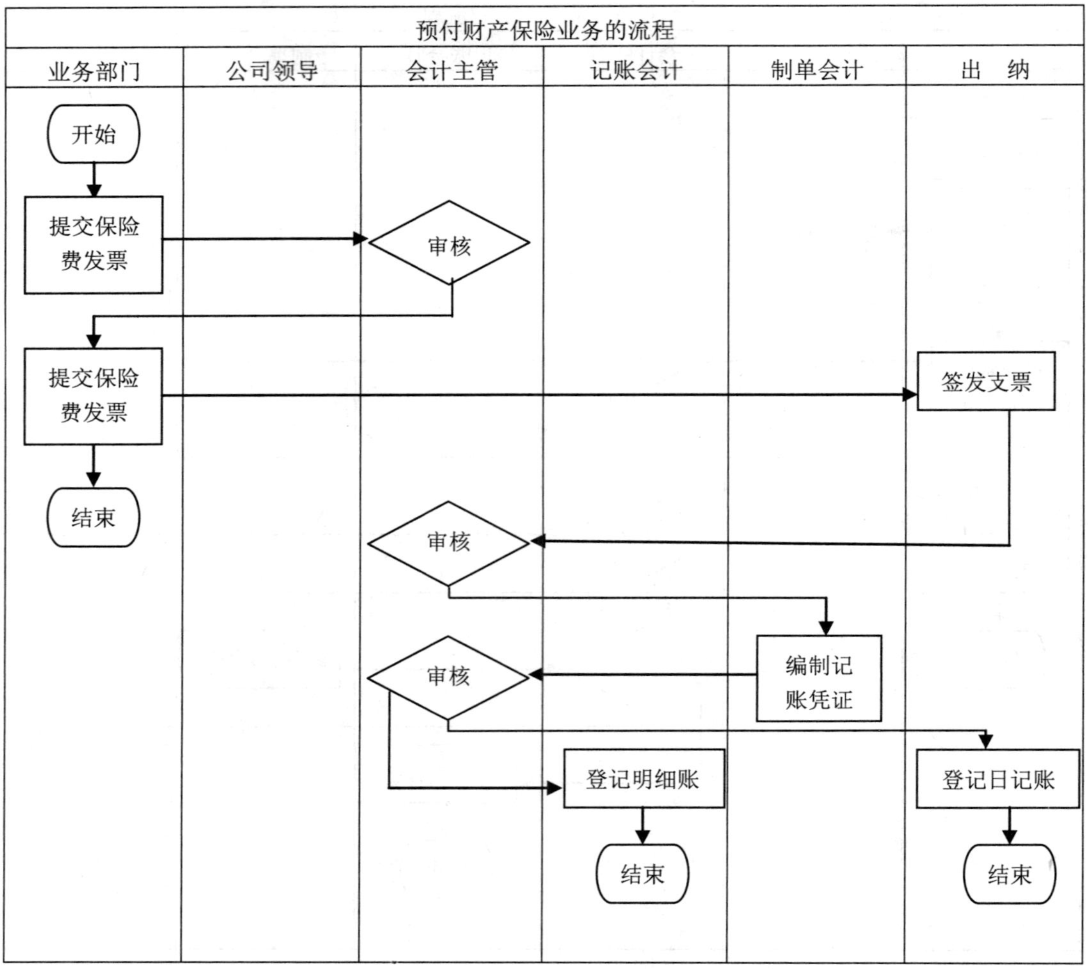

预付财产保险业务的流程					
业务部门	公司领导	会计主管	记账会计	制单会计	出　纳
开始 提交保险费发票 提交保险费发票 结束		审核 审核 审核	登记明细账 结束	编制记账凭证	签发支票 登记日记账 结束

图 3-26　预付财产保险业务流程图

经济业务 4：对外捐款业务(见图 3-27)

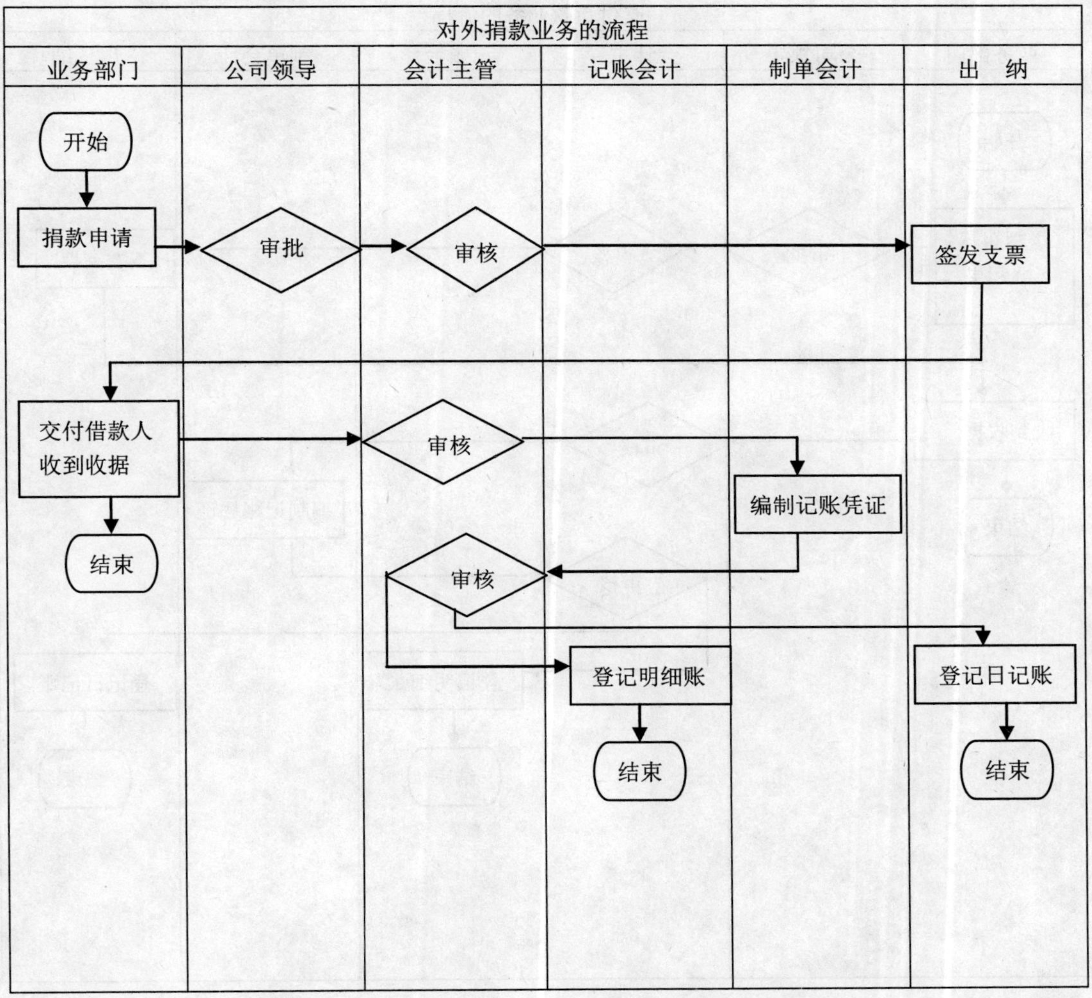

对外捐款业务的流程					
业务部门	公司领导	会计主管	记账会计	制单会计	出　纳
开始					
捐款申请	审批	审核			签发支票
交付借款人收到收据		审核		编制记账凭证	
结束		审核			
			登记明细账		登记日记账
			结束		结束

图 3-27　对外捐款业务流程图

经济业务 5：支付罚款业务(见图 3-28)

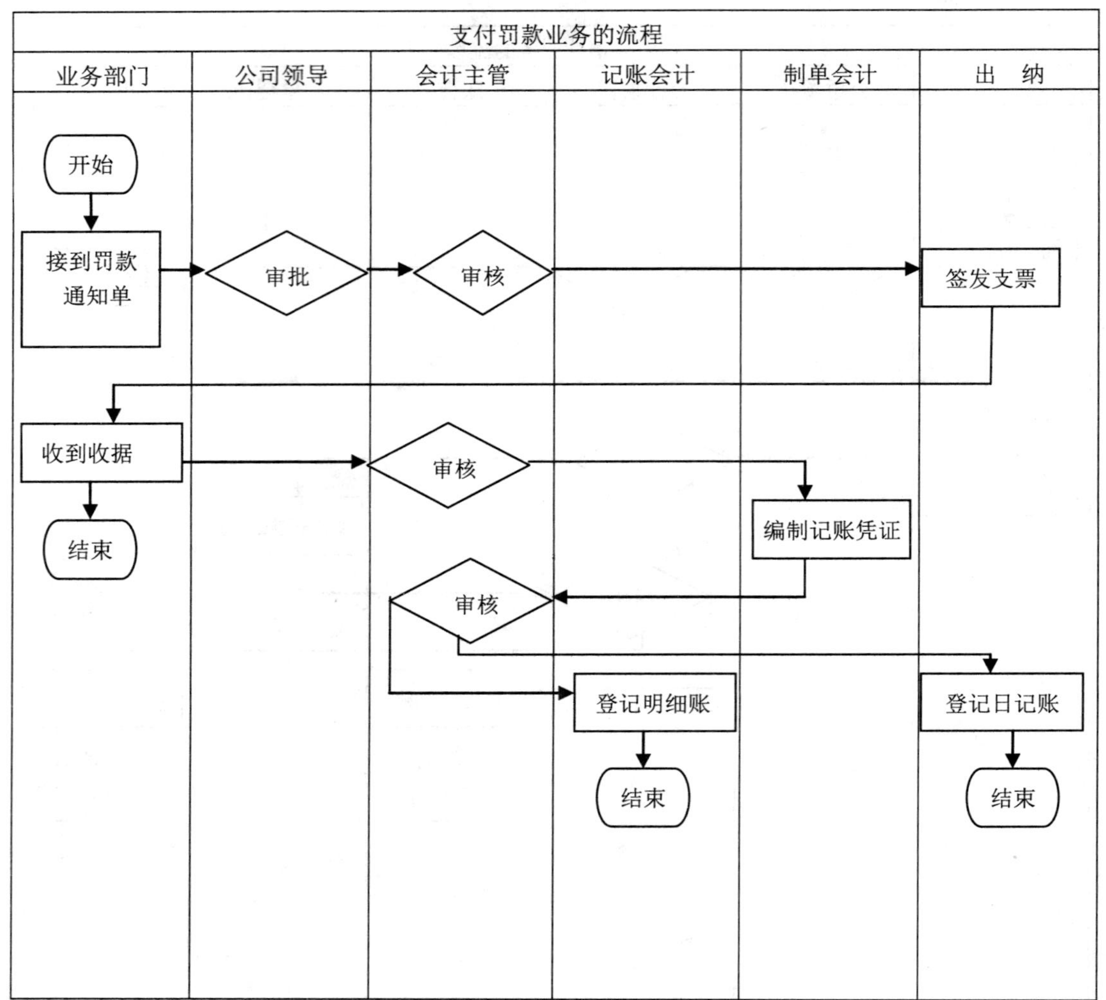

图 3-28　支付罚款业务流程图

经济业务 6：提取备用金业务(见图 3-29)

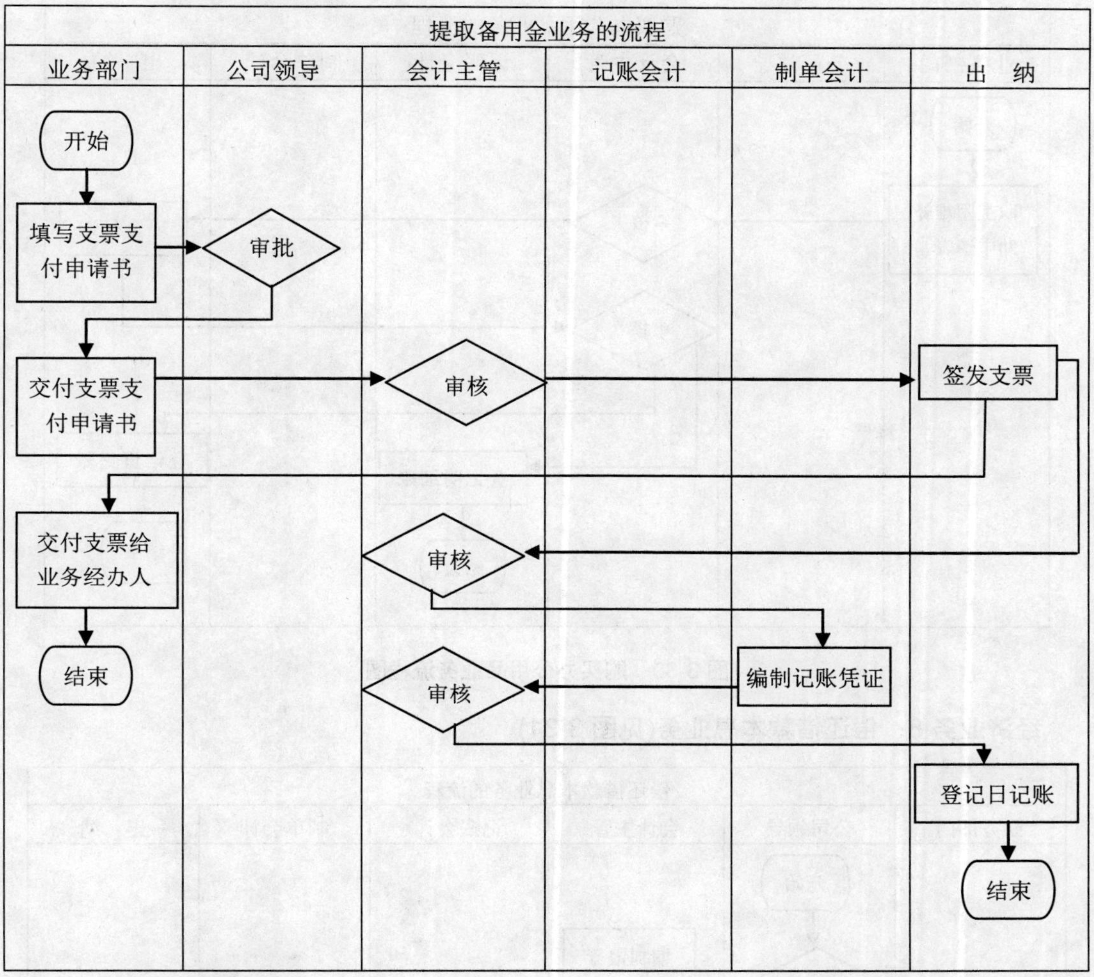

提取备用金业务的流程					
业务部门	公司领导	会计主管	记账会计	制单会计	出　纳
开始					
填写支票支付申请书	审批				
交付支票支付申请书		审核			签发支票
交付支票给业务经办人		审核			
结束		审核		编制记账凭证	
					登记日记账
					结束

图 3-29　提取备用金业务流程图

经济业务 7：购买办公用品业务(见图 3-30)

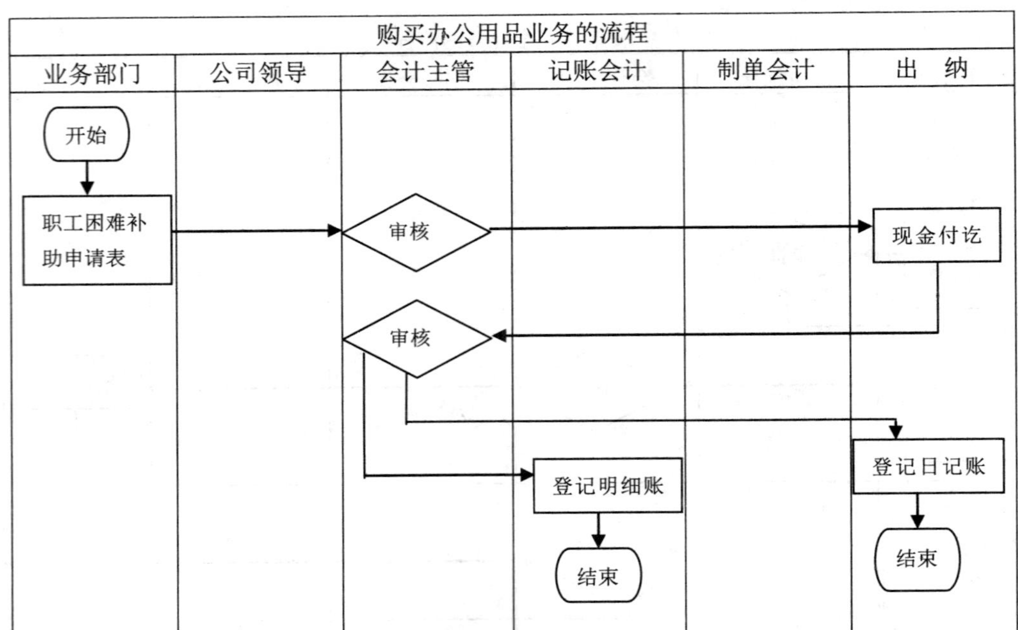

图 3-30　购买办公用品业务流程图

经济业务 8：偿还借款本息业务(见图 3-31)

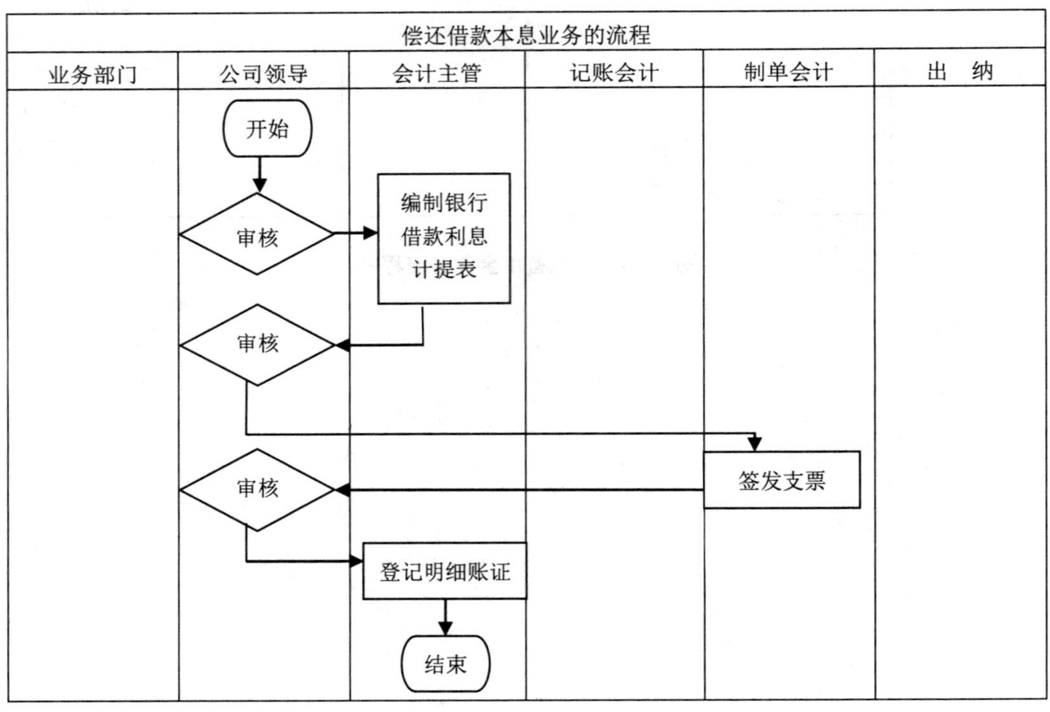

图 3-31　偿还借款本息业务流程图

经济业务 9：报销招待费业务(见图 3-32)

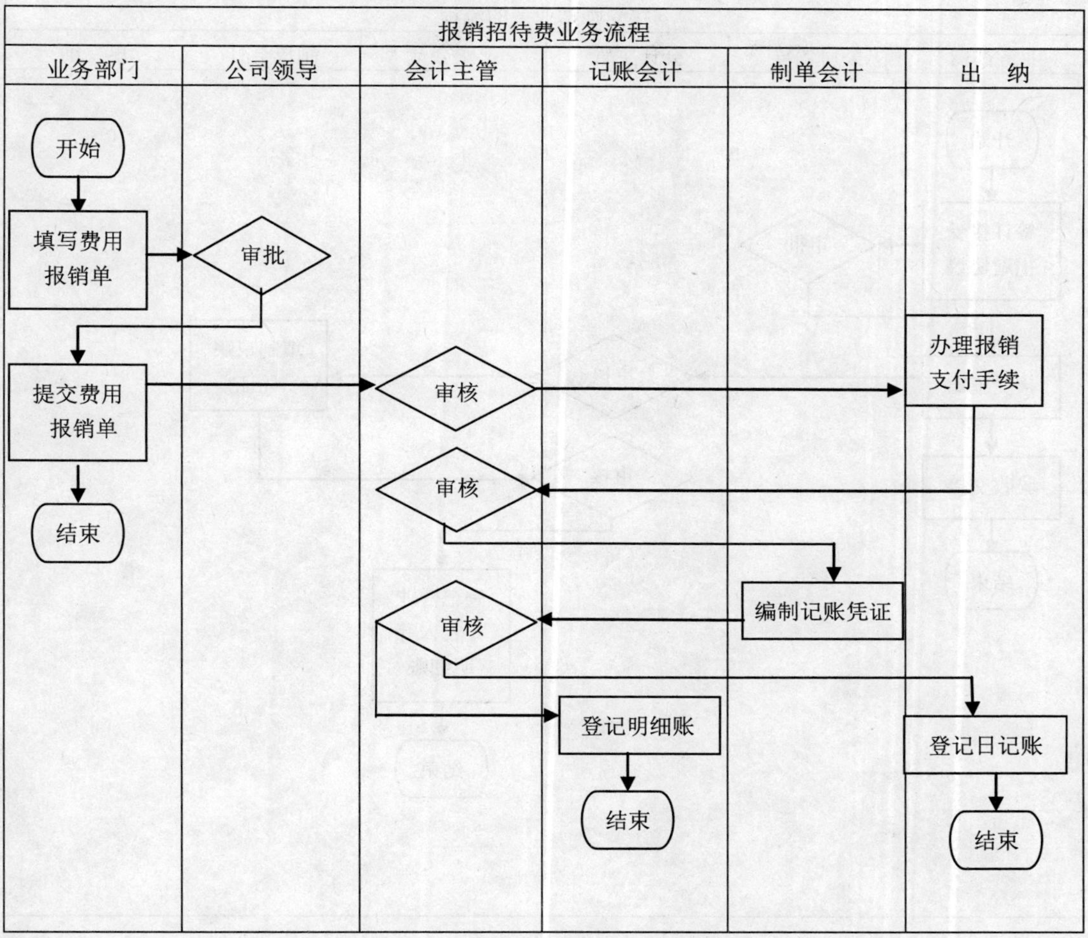

报销招待费业务流程					
业务部门	公司领导	会计主管	记账会计	制单会计	出　纳
开始					
填写费用报销单	审批				
提交费用报销单		审核			办理报销支付手续
结束		审核			
		审核		编制记账凭证	
			登记明细账		登记日记账
			结束		结束

图 3-32　报销招待费业务流程图

经济业务 10：接受捐赠业务(见图 3-33)

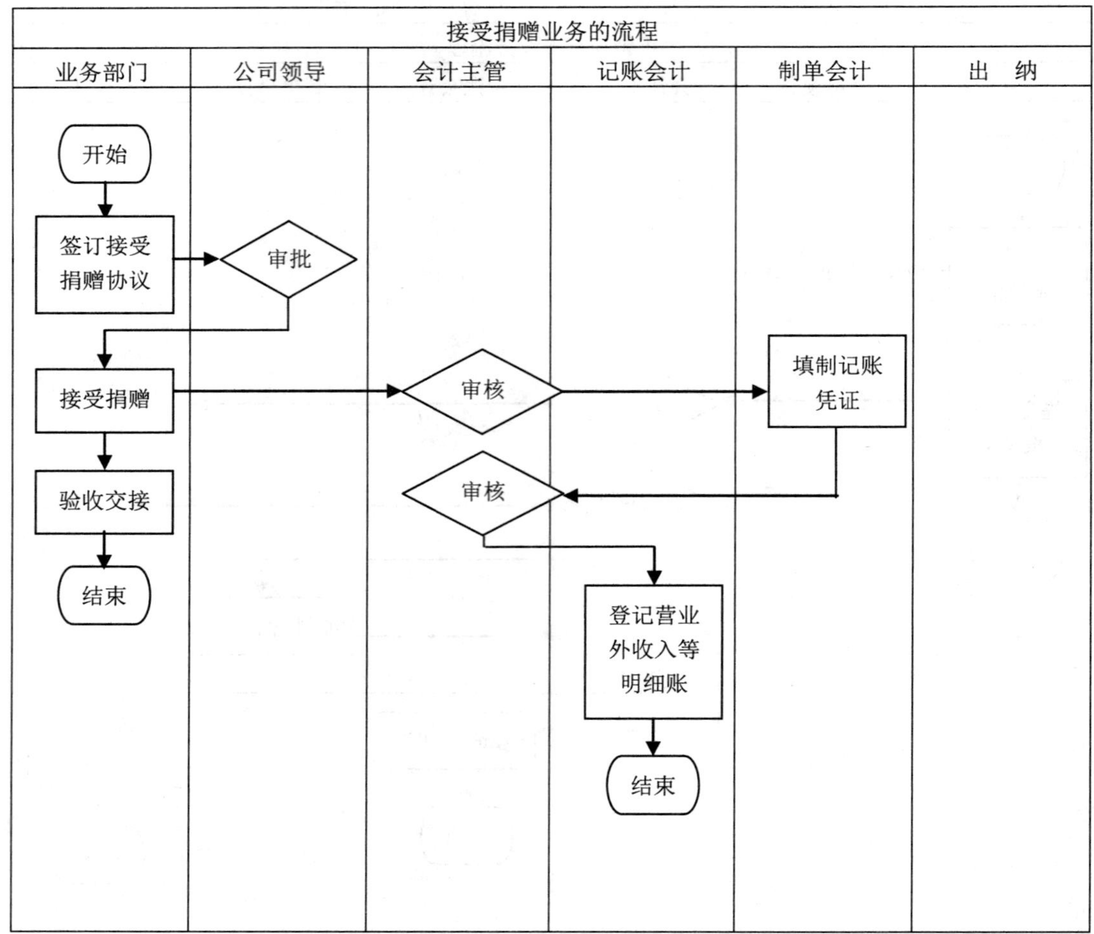

图 3-33　接受捐赠业务流程图

经济业务 11：财产清查业务(见图 3-34)

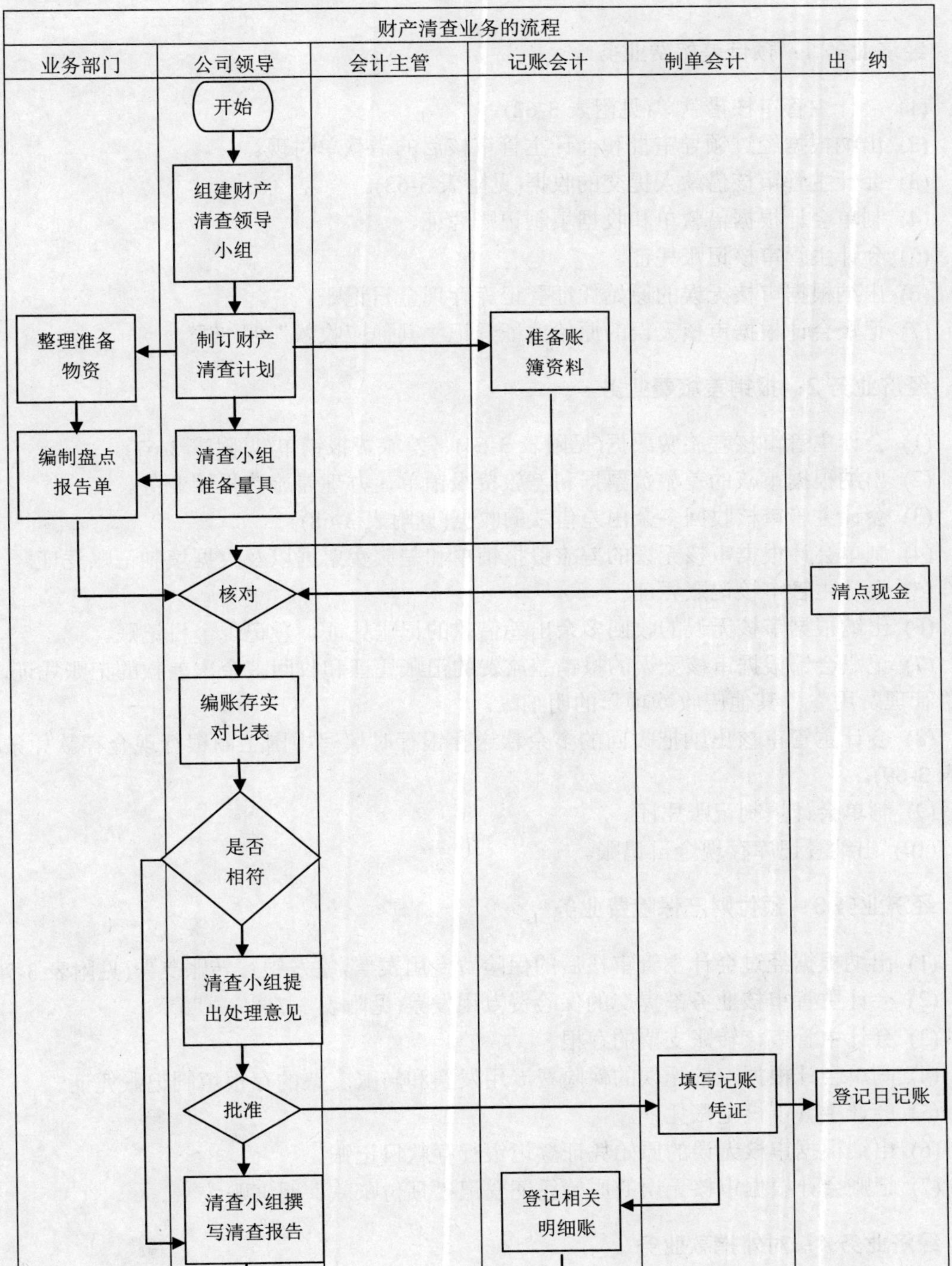

财产清查业务的流程					
业务部门	公司领导	会计主管	记账会计	制单会计	出　纳
	开始				
	组建财产清查领导小组				
整理准备物资	制订财产清查计划		准备账簿资料		
编制盘点报告单	清查小组准备量具				
	核对				清点现金
	编账存实对比表				
	是否相符				
	清查小组提出处理意见				
	批准			填写记账凭证	登记日记账
	清查小组撰写清查报告		登记相关明细账		
	结束		结束		

图 3-34　财产清查业务流程图

【操作指南】

经济业务 1：预借差旅费业务

(1) 会计主管审核借款单(见附表 3-62)。
(2) 出纳根据经过领导审批和会计主管审核后的借款单付现。
(3) 会计主管审核借款人提交的收据(见附表 3-63)。
(4) 制单会计根据借款单和收据填制记账凭证。
(5) 会计主管审核记账凭证。
(6) 出纳根据审核无误的原始凭证登记库存现金日记账。
(7) 记账会计根据审核无误的原始凭证登记“其他应收款”明细账。

经济业务 2：报销差旅费业务

(1) 会计主管审核差旅费票据(见附表 3-64)、差旅费报销单(见附表 3-67)。
(2) 出纳根据审核的差旅费票据和差旅费报销单，办理差旅费报销业务。
(3) 会计主管审核收回多余出差借款的收据(见附表 3-68)。
(4) 制单会计根据审核无误的差旅费报销单和差旅费票据以及收据填制记账凭证。
(5) 会计主管审核记账凭证。
(6) 出纳根据审核无误的收回多余出差借款的记账凭证，登记现金日记账。

(7) 记账会计根据审核无误的报销差旅费的记账凭证和收回多余出差款的记账凭证，登记“管理费用”“其他应收款项”的明细账。

(8) 会计主管审核出纳把收回的多余款送存银行时填写中国工商银行现金存款凭条(见附表 3-69)。

(9) 制单会计填制记账凭证。
(10) 出纳登记库存现金日记账。

经济业务 3：预付财产保险费业务

(1) 出纳根据经过会计主管审核后的保险费专用发票，签发银行转账支票(见附表 3-70)。
(2) 会计主管审核业务部提交的保险费专用发票(见附表 3-71)。
(3) 会计主管审核转账支票的存根。
(4) 制单会计根据审核无误的保险费专用发票和转账支票的存根填制记账凭证。
(5) 会计主管审核记账凭证。
(6) 出纳根据审核无误的原始凭证登记银行存款日记账。
(7) 记账会计根据审核无误的原始凭证登记“预付账款”明细账。

经济业务 4：对外捐款业务

(1) 会计主管审核业务部提交的捐款申请。
(2) 出纳根据经过会计主管审核后的捐款申请，签发银行转账支票(见附表 3-72)。
(3) 会计主管审核收据(见附表 3-73)。

(4) 制单会计根据审核无误的收据和转账支票的存根填制记账凭证。

(5) 会计主管审核记账凭证。

(6) 出纳根据审核无误的原始凭证登记银行存款日记账。

(7) 记账会计根据审核无误的原始凭证登记“营业外支出”明细账。

经济业务 5：支付罚款业务

(1) 会计主管审核业务部提交的罚款通知。

(2) 出纳根据经过会计主管审核后的罚款申请，签发银行转账支票(见附表 3-74)。

(3) 会计主管审核非税收一般缴款书的收据(见附表 3-75)。

(4) 制单会计根据审核无误的收据和转账支票的存根填制记账凭证。

(5) 会计主管审核记账凭证。

(6) 出纳根据审核无误的原始凭证登记银行存款日记账。

(7) 记账会计根据审核无误的原始凭证登记“营业外支出”明细账。

经济业务 6：提取备用金业务

(1) 出纳填制支票付款申请书，经部门主管和单位主管领导审批后，签发支票(见附表 3-76)，并登记支票登记簿。

(2) 会计主管审核现金支票存根。

(3) 制单会计根据审核无误的现金支票存根填制记账凭证。

(4) 出纳根据审核无误的记账凭证及其所附的现金支票存根，登记现金日记账和银行存款日记账。

经济业务 7：购买办公用品业务

(1) 会计主管审核购买办公用品的商业统一发票(见附表 3-77)。

(2) 制单会计根据审核无误的商业统一发票填制记账凭证。

(3) 会计主管审核记账凭证。

(4) 出纳根据审核无误的记账凭证及商业发票存根，登记现金日记账。

(5) 记账会计根据审核无误的记账凭证及商业发票存根，登记“管理费用”明细账。

经济业务 8：偿还借款本息业务

(1) 会计主管审核中国工商银行特种转账贷方凭证(见附表 3-78)、利息转账专用传票(见附表 3-79)。

(2) 记账会计根据审核无误的中国工商银行特种转账贷方凭证和利息转账专用传票编制银行借款利息计提表(见附表 3-80)。

(3) 会计主管审核银行借款利息计提表。

(4) 出纳根据审核无误的中国工商银行特种转账贷方凭证、利息转账专用传票和借款利息计提表签发支票(见附表 3-81)。

(5) 会计主管审核支票存根。

(6) 记账会计根据审核无误的记账凭证登记“财务费用”“应付利息”“短期借款”明

细账。

经济业务 9：报销招待费业务

(1) 会计主管审核招待费发票(见附表 3-82)、费用报销单(见附表 3-83)。

(2) 出纳根据审核的招待费发票和费用报销单，办理报销手续，支付现金报销的业务招待费。

(3) 会计主管审核票据。

(4) 制单会计根据审核无误的票据填制记账凭证。

(5) 会计主管审核记账凭证。

(6) 出纳根据审核无误的记账凭证，登记现金日记账。

(7) 记账会计根据审核无误的记账凭证登记“管理费用”的明细账。

经济业务 10：接受捐赠业务

(1) 会计主管审核接受捐赠的增值税专用发票(见附表 3-84)、固定资产验收交接单(见附表 3-85)。

(2) 制单会计根据审核无误的票据填制记账凭证。

(3) 会计主管审核记账凭证。

(4) 记账会计根据审核无误的记账凭证登记“营业外收入”等明细账。

经济业务 11：财产清查业务

(1) 记账会计填写财产清查报告单(见附表 3-86)中盘亏的数量和金额。

(2) 会计主管审核财产清查报告单及处理意见(见附表 3-87)。

(3) 制单会计根据审核无误的财产清查报告单填制材料盘亏的记账凭证，根据审批后的盘亏处理意见填制记账凭证。

(4) 会计主管审核记账凭证。

(5) 记账会计根据审核无误的材料盘亏的记账凭证及其所附的财产清查报告单，登记“待处理财产损溢”“原材料”“其他应收款”“营业外支出”等明细账。

【实训指导】

1. 借款单的填写说明及有关规定

(1) 填写说明。

公司或个人借款必须填写借款单，借款单所列相关内容必须填写清楚，项目要逐一填写完整，不得有空缺；借款单位、借款事由必须具体详细；“借款金额”大小写要填写一致；“还款日期”“批准还款日期”要填写到日。

(2) 有关规定。

① 凡因公借支票、实际支付金额不得超过借款单金额。空白支票，必须在 “收款人签字”栏中加注不确定收款单位名称标记。支票存根收款单位名称填写与票据联的收款单位名称完全一致。原则上应当天将支票存根送交财务部，特殊情况第二天要向财务部说明

原因，支票存根送交财务部时间最长不得超过 3 日，与支票相关的单据送交财务部时间不得超过借款单所注明的还款日期。

② 出差借款，出差人员返回以后 5 日内到财务部结算，交回余款，不得拖欠。

③ 所借支票和现金，财务部会计人员须在还款日到期前 5 日，第一次电话通知借款人。超过 3 天仍未还款，财务会计第二次电话通知借款人，两天后仍未还款，会计人员填写执行通知单，交批准领导签字批准后转人力资源部执行扣款并处以借款人和批准领导每人 150 元罚款。

④ 财务人员必须按规定的借款流程操作执行，否则处以会计人员 200 元罚款、财务部长 100 元罚款、分管副总 100 元罚款。

⑤ 借款期限最长为 30 天，如不能按时归还欠款，在财务人员第二次通知归还欠款时，重新办理借款单，只限两次(含上次)，连续两次不能归还的，由总经理审批处理。

⑥ 借款单一式三份，财务、借款人、批准领导各一份。

2. 日常费用报销需要注意的事项

日常费用主要包括差旅费、电话费、交通费、办公费、低值易耗品购置费、业务招待费、培训费等。在一个预算期间，各项费用的累计支出原则上不得超出预算。

(1) 遵循“实事求是，准确无误”的原则，有明确的发生原因、费用项目、发生时间、地点、金额及报销人、审批人。

(2) 报销的费用项目、报销标准和报销审批程序符合企业制度的规定。

(3) 报销人取得相应的报销单据，且报销单据上面的经办人、验收证明(复核)人、审批人签名齐全，报销单据所附原始凭证应是税务机关认可的合法、完整、有效凭证。

(4) 报销单据的填写及原始凭证的粘贴需符合会计工作基本规范的要求。

(5) 报销单据应根据费用性质填写，严格按单据要求项目认真写，注明附件张数，简述费用内容或事由，力求整洁美观，不得随意涂改。

(6) 报销单各项目应填写完整，大小写金额一致，并经部门领导有效批准。

(7) 有实物的报销单据需列出实物明细表并由验收人验收后在发票背面签名确认，低值易耗品等需入库的实物单据还应附入库单。

出租车票据需注明业务发生时间、起止地点、人物事件等资料，每张出租车票背面需有主管领导签字确认。

(8) 招待费的报销单据需注明其招待人员及人数并附用餐费作为餐费发票的附件。

3. 差旅费报销单填写标准

(1) 《差旅费报销单》各项目应据实填写，必须从此单据中列出详细行程。此单据中没有列出行程的车费、住宿费不准报销。

(2) 如报销他人补助款项的，必须由该人员确认签名。

(3) 该报销单据必须用蓝色或黑色墨水笔填写，不准有涂改的痕迹。

(4) 部门经理负责审阅本部门人员报销凭证的真实性，是指各部门经理在审核的单据上要注明：“已核”或“属实”字样，并同时签名和写上日期。

(5) 财务部负责审核报销凭证的合法性和金额的精确性，并签署详细的审核意见。

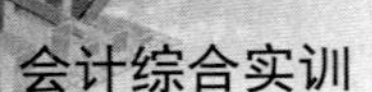

(6) 签字时须用蓝色或黑色墨水笔，其他颜色的笔无效。

4. 备用金的范围

(1) 采购员零星采购备用金。
(2) 个人因公出差零星开支备用。
(3) 经常性的零星开支备用金。
(4) 项目兼任财务人员备用金。
(5) 其他备用金。

5. “其他应收款”明细账采用的格式

“其他应收款”是企业应收款项的另一重要组成部分。“其他应收款”账户用于核算企业除应收票据、应收账款、预付账款等以外的其他各种应收、暂付款项。“其他应收款”主要包括：应收的各种赔款、罚款；应收出租包装物租金；应向职工收取的各种垫付款项；备用金；存出保证金，如租入包装物支付的押金；预付账款转入；其他各种应收、暂付款项。在“其他应收款”账户下，应按其他应收款的项目分类，并按不同的债务人设置三栏式明细账。

6. “营业外支出”明细账采用的格式

营业外支出是企业发生的与其日常活动无直接关系的各项损失，主要包括非流动资产处置损失、公益性捐赠支出、盘亏损失、非常损失、罚款支出等。该科目一般可按营业外支出项目进行明细核算，设置多栏式明细账。

7. “财务费用”明细账采用的格式

“财务费用”科目核算企业为筹集生产经营所需资金而发生的费用，包括利息支出、汇兑损失以及相关的手续费等。该科目应按费用项目设置三栏式明细账，若费用项目不多的企业也可设置多栏式明细账，并按费用项目设置专栏进行明细分类核算。

8. “应付利息”明细账采用的格式

应付利息是指企业按照合同约定应支付的利息，包括吸收存款、分期付息到期还本的长期借款，企业债券等应支付的利息。本科目可按存款人或债权人进行明细核算。应付利息与应计利息的区别为：应付利息属于借款，应计利息属于企业存款。该科目一般设置三栏式明细账。

9. “营业外收入”明细账采用的格式

营业外收入是指企业确认与企业生产经营活动没有直接关系的各种收入。营业外收入并不是由企业经营资金耗费所产生的，不需要企业付出代价，实际上是一种纯收入，不需要与有关费用进行配比。因此，在会计核算上，应当严格区分营业外收入与营业收入。通俗地讲，除企业营业执照中规定的主营业务以及附属的其他业务之外的所有收入均视为营业外收入。一般采用贷方多栏式明细账格式进行分类核算。

10. “待处理财产损溢”明细账采用的格式

“待处理财产损溢”科目，核算公司在清查财产过程中查明的各种财产物资的盘盈、盘亏和毁损。本科目下设置“待处理非流动资产损溢”和“待处理流动资产损溢”两个明细科目。查明原因之前，盘盈时贷记本科目、盘亏时借记本科目。 待处理财产损益是资产类账户，设置三栏式明细账登记。

【任务评价】

(1) 实训结束后，针对实训过程中的表现，教师和各个小组的学生成员进行评价。

① 组员自由发言，总结自己的工作情况及与组员的配合情况，对工作的满意度进行评价。

② 组长对小组成员的工作满意度进行评价。

③ 教师对各组成员的工作进行综合分析和评价。

(2) 学生上交实训过程中的成果。

① 填制的原始凭证：借款单、收据、转账支票、现金支票。

② 编制的收付转记账凭证。

③ 登记的银行存款日记账。

④ 登记“其他应收款”“库存现金”“管理费用”“银行存款”“预付账款”“营业外支出”“营业外收入”“短期借款”“财务费用”“应付利息”“固定资产”“原材料”“待处理财产损溢”明细账。

(3) 完成实训报告。

(4) 做出小组的成果汇报。

① 组长总结本次任务的完成情况。

② 组长提出本次任务中存在的问题及改进措施。

(5) 核算各项成绩，填写会计综合实训报告(见表 3-11)和会计手工综合实训考核评价记录表(见表 3-12)。

表 3-11　会计综合实训报告

姓　　名		学　　号	
专业年级		指导教师	
实训时间		实训地点	
实训项目			
实训任务			
工作内容			
业务流程			
心得体会			

表 3-12　会计手工综合实训考核评价记录表

<table>
<tr><td rowspan="2">工作任务序号</td><td colspan="5">结果考核(40%)</td><td colspan="8">过程考核(60%)</td><td>总分</td></tr>
<tr><td>考核主体</td><td>实训成果</td><td>实训报告</td><td>成果汇报</td><td>合计</td><td>考核主体</td><td>工作质量</td><td>职业态度</td><td>团队合作</td><td>考勤纪律</td><td>小计</td><td>折合分值</td><td>合计</td><td></td></tr>
<tr><td rowspan="2">具体工作任务</td><td rowspan="2">教师</td><td rowspan="2"></td><td rowspan="2"></td><td rowspan="2"></td><td rowspan="2"></td><td>教师70%</td><td></td><td></td><td></td><td></td><td></td><td></td><td></td><td rowspan="2"></td></tr>
<tr><td>小组30%</td><td></td><td></td><td></td><td></td><td></td><td></td><td></td></tr>
<tr><td colspan="6">教师评价</td><td colspan="9">自我评价</td></tr>
<tr><td colspan="6"></td><td colspan="9"></td></tr>
</table>

考核评价时间：　　　　　　　　　　　　　　　　　　　　教师签字：

项目四

成本计算

工作任务一　职工薪酬核算

【任务描述】

(1) 明确职工薪酬工作流程和岗位角色操作。

(2) 正确识别和填制职工薪酬相关经济业务的凭证。

(3) 正确登记职工薪酬相关经济业务的各种账簿。

(4) 完成职工薪酬经济业务的会计业务处理。

(5) 体验岗位角色，熏陶职业素养，激发学习欲望。

【经济业务】

经济业务 1：发放职工工资业务

12 月 10 日，发放职工工资 85 000 元(通过银行转入职工个人储蓄账户)。原始凭证：附表 4-1、附表 4-2、附表 4-3。

经济业务 2：现金支付生活苦难补助业务

12 月 25 日，以现金支付本厂职工王辉生活困难补助费 200 元。原始凭证：附表 4-4。

经济业务 3：分配工资业务

12 月 31 日，分配本月工资，生产 A 产品工人工资 30 000 元，生产 B 产品工人工资 20 000 元，车间管理人员工资 5 000 元，公司行政管理人员工资 16 000 元，销售人员工资 14 000 元。原始凭证：附表 4-5。

经济业务 4：计提福利费业务

12 月 31 日，生产部门计提福利费 7 000 元、车间部门计提福利费 700 元、管理部门计提福利费 2 240 元、销售部门计提福利费 1 960 元。原始凭证：附表 4-6。

【岗位流程】

经济业务 1：发放职工工资业务(见图 4-1)

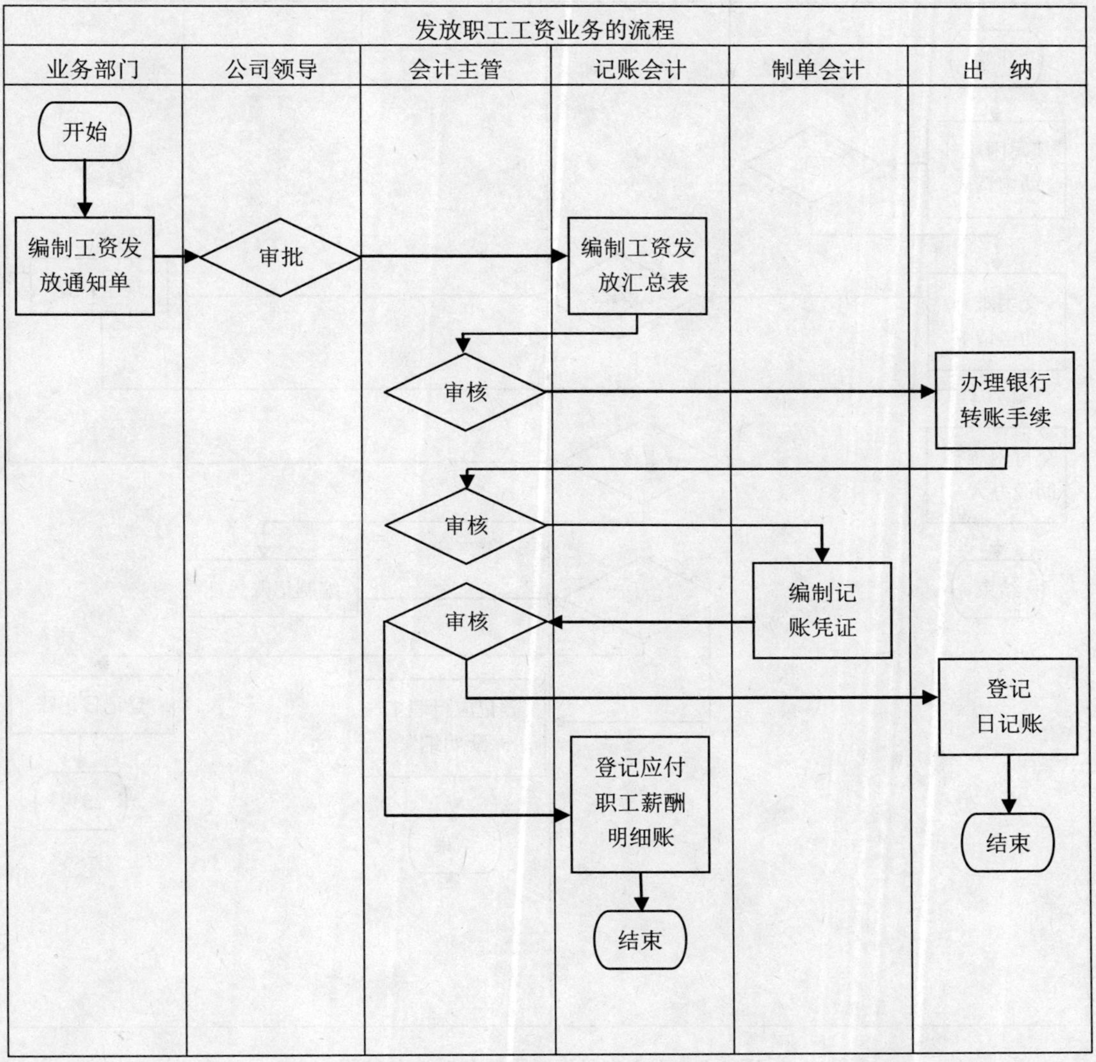

发放职工工资业务的流程					
业务部门	公司领导	会计主管	记账会计	制单会计	出　纳
开始					
编制工资发放通知单	审批		编制工资发放汇总表		
		审核			办理银行转账手续
		审核		编制记账凭证	
		审核			登记日记账
			登记应付职工薪酬明细账		结束
			结束		

图 4-1　发放职工工资业务流程

经济业务 2：现金支付生活困难补助业务(见图 4-2)

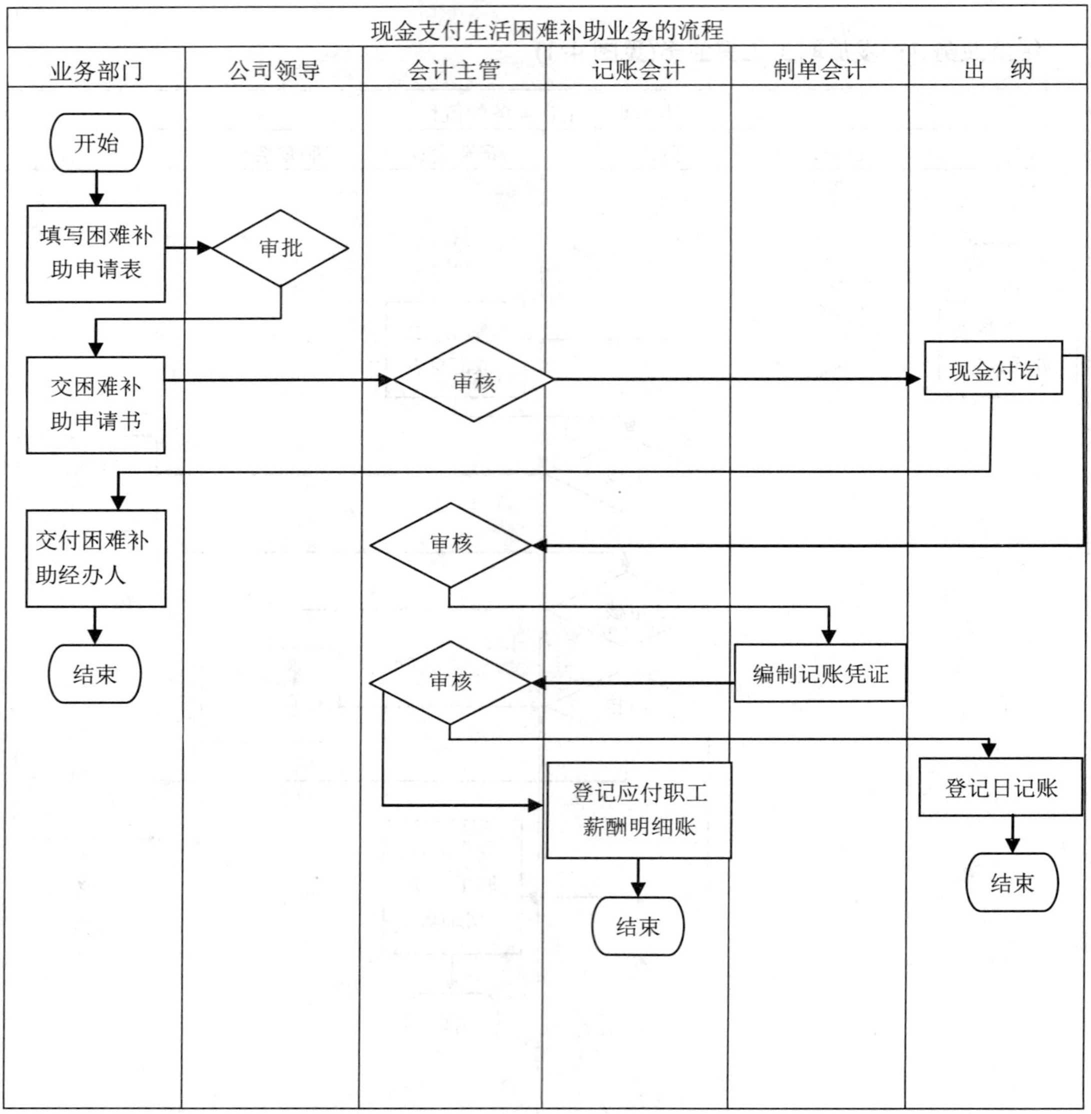

现金支付生活困难补助业务的流程

业务部门	公司领导	会计主管	记账会计	制单会计	出　纳
开始 填写困难补助申请表 交困难补助申请书 交付困难补助经办人 结束	审批	审核 审核 审核	登记应付职工薪酬明细账 结束	编制记账凭证	现金付讫 登记日记账 结束

图 4-2　现金支付生活困难补助业务流程

经济业务 3：分配工资业务(见图 4-3)

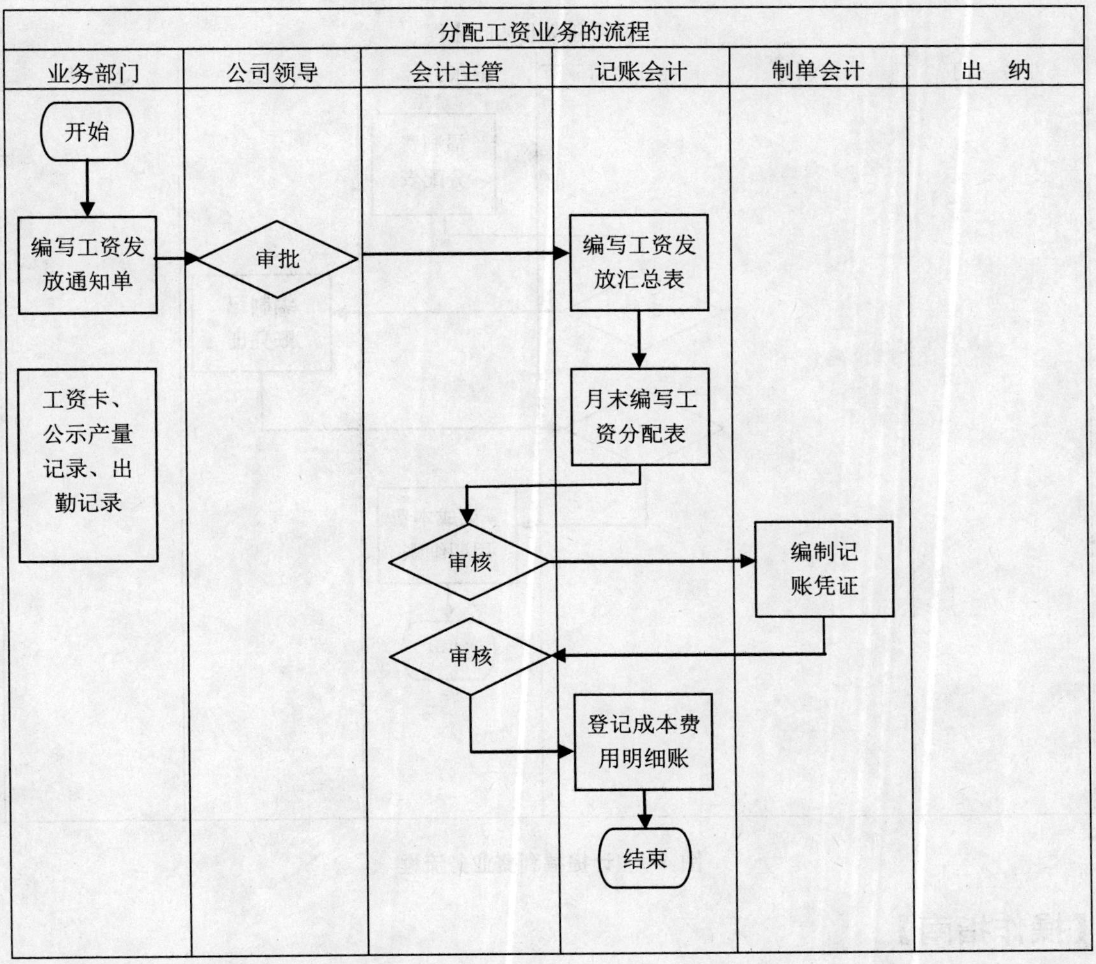

分配工资业务的流程					
业务部门	公司领导	会计主管	记账会计	制单会计	出　纳
开始					
编写工资发放通知单	审批		编写工资发放汇总表		
工资卡、公示产量记录、出勤记录			月末编写工资分配表		
		审核		编制记账凭证	
		审核	登记成本费用明细账		
			结束		

图 4-3　分配工资业务流程

经济业务 4：计提福利费业务(见图 4-4)

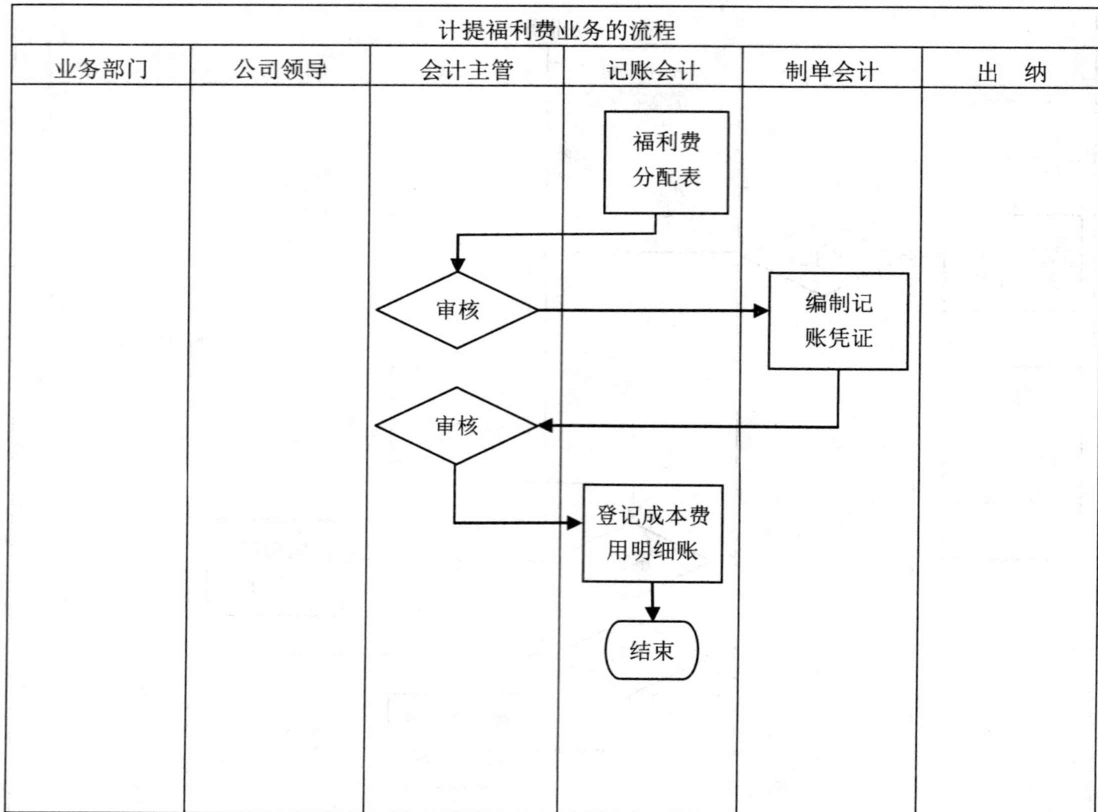

图 4-4　计提福利费业务流程

【操作指南】

经济业务 1：发放职工工资业务

(1) 出纳根据领导审批后的考勤表、产量记录、发放工资等通知单编制工资发放汇总表(见附表 4-1)。

(2) 会计主管审核编制工资发放汇总表。

(3) 出纳到银行办理转账手续(见附表 4-2)。

(4) 会计主管审核转账支票的存根。

(5) 制单会计根据审核后的存根和企业人员工资代发凭证(见附表 4-3)编制记账凭证。

(6) 会计主管审核记账凭证。

(7) 出纳根据审核无误的记账凭证和原始凭证登记银行存款日记账。

(8) 记账会计根据审核无误的记账凭证和原始凭证登记应付职工薪酬明细账。

经济业务 2：现金支付生活困难补助业务

(1) 会计主管审核业务部经领导审批的职工困难补助申请表(见附表 4-4)。
(2) 出纳现金付讫。
(3) 会计主管审核代现金收据(见附表 4-4)。
(4) 制单会计根据审核后的职工困难补助申请表(代现金收据)编制记账凭证。
(5) 会计主管审核记账凭证。
(6) 出纳根据审核无误的记账凭证和原始凭证登记银行存款日记账。
(7) 记账会计根据审核无误的记账凭证和原始凭证登记应付职工薪酬明细账。

经济业务 3：分配工资业务

(1) 记账会计根据审批无误的工资发放汇总表编制工资费用分配表(见附表 4-5)。
(2) 会计主管审核工资费用分配表。
(3) 制单会计根据审核无误的工资费用分配表填制记账凭证。
(4) 会计主管审核记账凭证。
(5) 记账会计根据审核无误的记账凭证和工资费用分配表登记“生产成本”“制造费用”“管理费用”“销售费用”“应付职工薪酬”明细账。

经济业务 4：计提福利费业务

(1) 会计主管审核记账会计编写的福利费分配表(见附表 4-6)。
(2) 制单会计根据审核无误的福利费分配表填制记账凭证。
(3) 会计主管审核记账凭证。
(4) 记账会计根据审核无误的记账凭证和福利费分配表登记“生产成本”“制造费用”“管理费用”“销售费用”“应付职工薪酬”明细账。

【实训指导】

1. 工资发放表的计算方法

(1) 计算和填列应付工资。

应付工资=基本工资+奖金+岗位津贴+加班加点工资−病事假缺勤扣款

(2) 计算和填列代扣款项。

根据有关部门转来的“扣款通知单”计算填列各项代扣款项。代扣款项是职工个人负担、由企业代扣代缴的费用，如个人所得税、社会保险、住房公积金、职工借款等。代扣款项应在发放工资时从应付工资中扣除并予以结转。

(3) 计算和填列实发工资。

实发工资=应付工资−代扣款项

2. 工资费用分配表的编制方法

(1) 根据工资发放汇总表中各部门的工资确定应借账户名称和成本项目。

(2) 根据本月工资发放汇总表中“应付工资”栏内的数据填列到工资费用分配表“分配金额”栏的相应各行。

3. “应付职工薪酬”明细账采用的格式

应付职工薪酬是企业根据有关规定应付给职工的各种薪酬，按照“工资、奖金、津贴、补贴”“职工福利”“社会保险费”“住房公积金”“工会经费”“职工教育经费”“解除职工劳动关系补偿”“非货币性福利”“其他与获得职工提供的服务相关的支出”等应付职工薪酬项目进行明细核算。一般设置三栏式明细账。

【任务评价】

(1) 实训结束后，针对实训过程中的表现，教师和各个小组的学生成员进行评价。

① 组员自由发言，总结自己的工作情况及与组员的配合情况，对工作的满意度进行评价。

② 组长对小组成员的工作满意度进行评价。

③ 教师对各组成员的工作进行综合分析和评价。

(2) 学生上交实训过程中的成果。

① 填制的原始凭证：转账支票。

② 编制的记账凭证：收付转记账凭证。

③ 登记的银行存款日记账和库存现金日记账。

④ 登记的“应付职工薪酬”“库存现金”“生产成本”“制造费用”“管理费用”“销售费用”明细账。

(3) 完成实训报告。

(4) 作出小组的成果汇报。

① 组长总结本次任务的完成情况。

② 组长提出本次任务中存在的问题及改进措施。

(5) 核算各项成绩，填写会计综合实训报告(见表 4-1)和会计手工综合实训考核评价记录表(见表 4-2)。

表 4-1　会计综合实训报告

姓　　名		学　　号	
专业年级		指导教师	
实训时间		实训地点	
实训项目			
实训任务			
工作内容			
业务流程			
心得体会			

表 4-2　会计手工综合实训考核评价记录表

<table>
<tr><td rowspan="2">工作任务序号</td><td colspan="5">结果考核(40%)</td><td colspan="8">过程考核(60%)</td><td>总分</td></tr>
<tr><td>考核主体</td><td>实训成果</td><td>实训报告</td><td>成果汇报</td><td>合计</td><td>考核主体</td><td>工作质量</td><td>职业态度</td><td>团队合作</td><td>考勤纪律</td><td>小计</td><td>折合分值</td><td>合计</td><td></td></tr>
<tr><td rowspan="2">具体工作任务</td><td rowspan="2">教师</td><td rowspan="2"></td><td rowspan="2"></td><td rowspan="2"></td><td rowspan="2"></td><td>教师70%</td><td></td><td></td><td></td><td></td><td></td><td></td><td></td><td rowspan="2"></td></tr>
<tr><td>小组30%</td><td></td><td></td><td></td><td></td><td></td><td></td><td></td></tr>
<tr><td colspan="6">教师评价</td><td colspan="9">自我评价</td></tr>
<tr><td colspan="6"></td><td colspan="9"></td></tr>
</table>

考核评价时间：　　　　　　　　　　　　　　　　教师签字：

工作任务二　水电、维修等费用核算

【任务描述】

(1) 明确水电、维修等费用工作流程和岗位角色操作。
(2) 正确识别和填制水电、维修等费用相关经济业务的凭证。
(3) 正确登记水电、维修等相关经济业务的各种账簿。
(4) 完成水电、维修等经济业务的会计业务处理。
(5) 体验岗位角色，熏陶职业素养，激发学习欲望。

【经济业务】

经济业务 1：支付设备维修费业务

12 月 3 日，以银行存款支付生产车间设备维修费 5 380 元。原始凭证：附表 4-7、附表 4-8。

经济业务 2：支付电费业务

12 月 12 日，用银行存款支付本月电费 15 000 元，增值税 2 550 元。其中，生产 A 产品耗用 5 000 元，生产 B 产品耗用 6 000 元，生产车间照明耗用 2 500 元，行政管理部门耗用 1 500 元。原始凭证：附表 4-9、附表 4-10、附表 4-11。

经济业务 3：支付水费业务

12 月 13 日，用银行存款支付本月水费 5 000 元，增值税 650 元。其中，生产 A 产品耗用 2 000 元，生产 B 产品耗用 1 500 元，生产车间耗用 1 000 元，行政管理部门耗用 500 元。原始凭证：附表 4-12、附表 4-13、附表 4-14。

经济业务 4：支付电话费业务

12 月 25 日，支付本月电话费 540 元。原始凭证：附表 4-15、附表 4-16。

【岗位流程】

经济业务 1：支付设备维修费业务(见图 4-5)

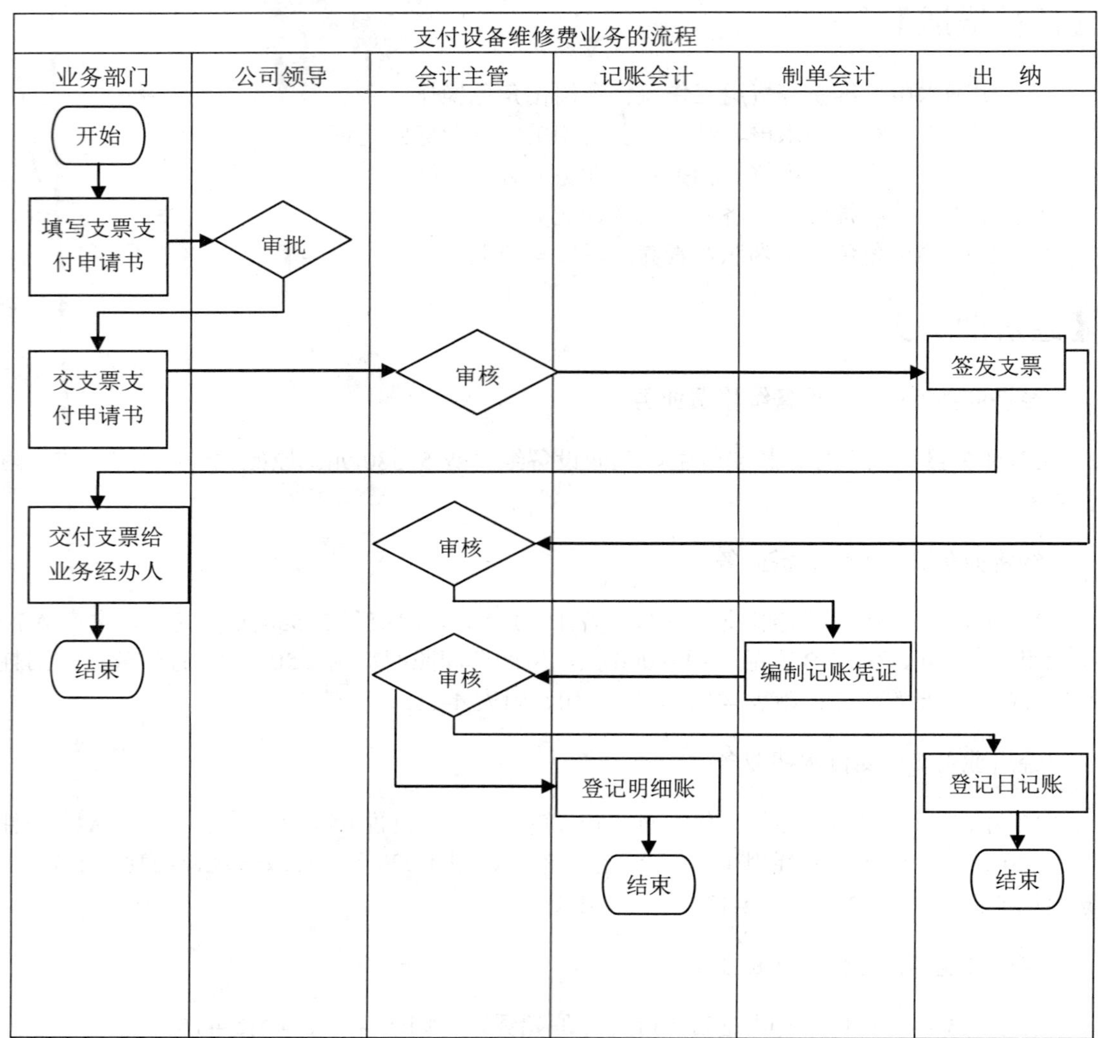

图 4-5 支付设备维修费业务流程

经济业务 2：支付电费业务(见图 4-6)

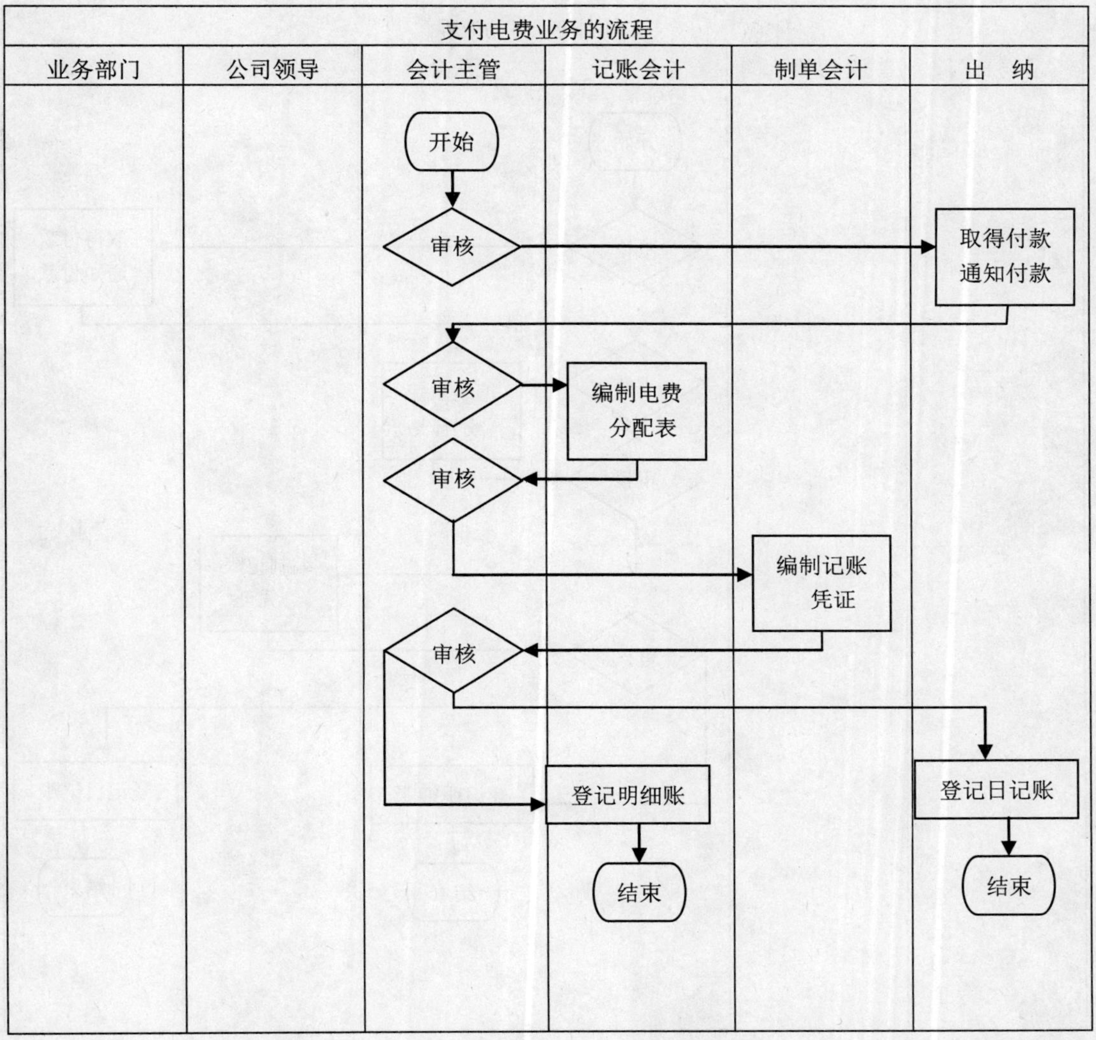

支付电费业务的流程					
业务部门	公司领导	会计主管	记账会计	制单会计	出　纳
		开始			
		审核			取得付款通知付款
		审核	编制电费分配表		
		审核			
				编制记账凭证	
		审核			
			登记明细账		登记日记账
			结束		结束

图 4-6　支付电费业务流程

经济业务 3：支付水费业务(见图 4-7)

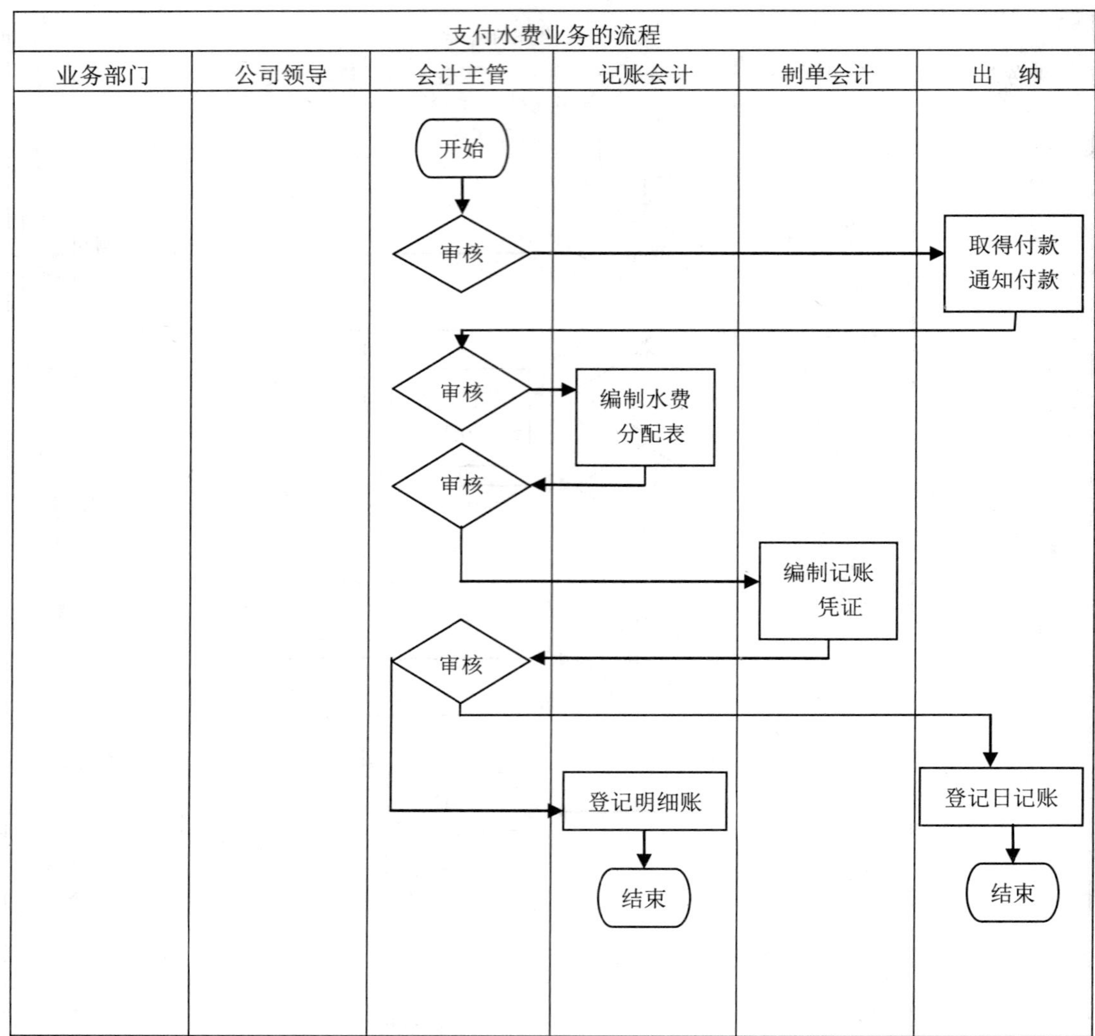

图 4-7 支付水费业务流程

经济业务 4：支付电话费业务(见图 4-8)

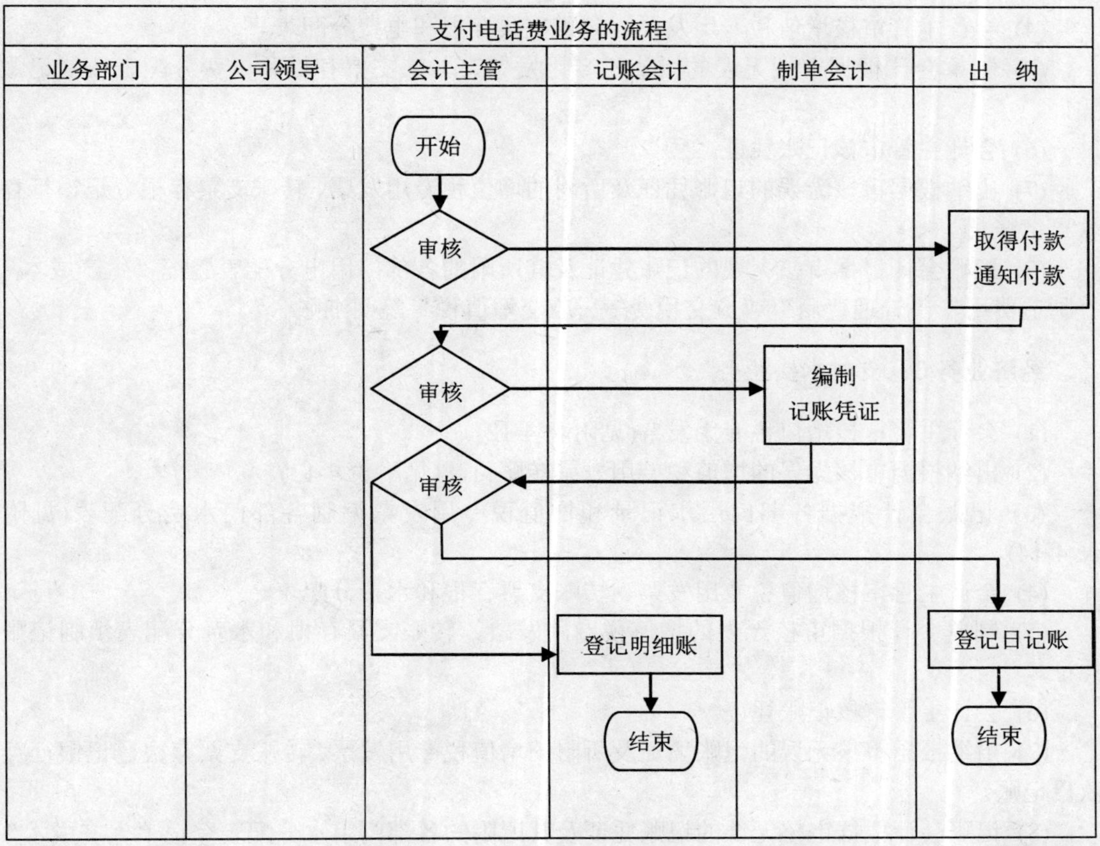

支付电话费业务的流程					
业务部门	公司领导	会计主管	记账会计	制单会计	出　纳
		开始			
		审核			取得付款 通知付款
		审核		编制 记账凭证	
		审核			
			登记明细账		登记日记账
			结束		结束

图 4-8　支付电话费业务流程

【操作指南】

经济业务 1：支付设备维修费业务

(1) 会计主管审核经领导批准的由业务部根据需要购买的修理材料的发票(见附表 4-7)。
(2) 出纳根据审核无误的支票支付申请书、发票，签发转账支票(见附表 4-8)。
(3) 会计主管审核转账支票存根。
(4) 制单会计根据审核无误的发票、支票存根填制记账凭证。
(5) 会计主管审核记账凭证。
(6) 出纳根据审核无误的记账凭证登记银行存款日记账。
(7) 记账会计根据审核无误的记账凭证登记“制造费用”明细账。

经济业务 2：支付电费业务

(1) 会计主管审核增值税专用发票(见附表 4-9)。
(2) 出纳根据审核无误的增值税专用发票转账付款(见附表 4-10)。

(3) 记账会计根据各部门用电记录和增值税专用发票编制各部门电费分配表(见附表 4-11)。

(4) 会计主管审核增值税专用发票、转账支票存根和电费分配表。

(5) 制单会计根据审核无误的增值税专用发票、转账支票存根和电费分配表填制记账凭证。

(6) 会计主管审核记账凭证。

(7) 出纳根据审核无误的记账凭证及所附的增值税专用发票、转账支票存根登记银行存款日记账。

(8) 记账会计根据审核无误的记账凭证及其所附的各部门用电分配表登记“生产成本”“制造费用”“管理费用”“应交税费——应交增值税”等明细账。

经济业务 3：支付水费业务

(1) 会计主管审核增值税专用发票(见附表 4-12)。

(2) 出纳根据审核无误的增值税专用发票转账付款(见附表 4-13)。

(3) 记账会计根据各部门用水记录和增值税专用发票编制各部门水费分配表(见附表 4-14)。

(4) 会计主管审核增值税专用发票、转账支票存根和水费分配表。

(5) 制单会计根据审核无误的增值税专用发票、转账支票存根和水费分配表填制记账凭证。

(6) 会计主管审核记账凭证。

(7) 出纳根据审核无误的记账凭证及所附的增值税专用发票、转账支票存根登记银行存款日记账。

(8) 记账会计根据审核无误的记账凭证及其所附的各部门用水分配表登记“生产成本”“制造费用”“管理费用”“应交税费——应交增值税”等明细账。

经济业务 4：支付电话费业务

(1) 会计主管审核电信公司专用收据(见附表 4-15)。

(2) 出纳根据审核无误的收据转账付款(见附表 4-16)。

(3) 会计主管审核收据、转账支票存根。

(4) 制单会计根据审核无误的收据、转账支票存根填制记账凭证。

(5) 会计主管审核记账凭证。

(6) 出纳根据审核无误的记账凭证及所附的收据、转账支票存根登记银行存款日记账。

(7) 记账会计根据审核无误的记账凭证登记“管理费用”明细账。

【实训指导】

(1) 增值税是价外税，支付的增值税不能计入各部门负担的电费中。

(2) 增值税是价外税，支付的增值税不能计入各部门负担的水费中。

注：本工作任务相应账户的明细账均在之前介绍过。

【任务评价】

(1) 实训结束后，针对实训过程中的表现，教师和各个小组的学生成员进行评价。

① 组员自由发言，总结自己的工作情况及与组员的配合情况，对工作的满意度进行评价。

② 组长对小组成员的工作满意度进行评价。

③ 教师对各组成员的工作进行综合分析和评价。

(2) 学生上交实训过程中的成果。

① 填制的原始凭证：转账支票。

② 编制的记账凭证：收付转记账凭证。

③ 登记的银行存款日记账。

④ 登记的“生产成本”“制造费用”“管理费用”“应交税费”明细账。

(3) 完成实训报告。

(4) 作出小组的成果汇报。

① 组长总结本次任务的完成情况。

② 组长提出本次任务中存在的问题及改进措施。

(5) 核算各项成绩，填写会计综合实训报告(见表 4-3)和会计手工综合实训考核评价记录表(见表 4-4)。

表 4-3 会计综合实训报告

姓　　名		学　　号	
专业年级		指导教师	
实训时间		实训地点	
实训项目			
实训任务			
工作内容			
业务流程			
心得体会			

表 4-4　会计手工综合实训考核评价记录表

<table>
<tr><td rowspan="2">工作任务序号</td><td colspan="5">结果考核(40%)</td><td colspan="8">过程考核(60%)</td><td rowspan="2">总分</td></tr>
<tr><td>考核主体</td><td>实训成果</td><td>实训报告</td><td>成果汇报</td><td>合计</td><td>考核主体</td><td>工作质量</td><td>职业态度</td><td>团队合作</td><td>考勤纪律</td><td>小计</td><td>折合分值</td><td>合计</td></tr>
<tr><td rowspan="2">具体工作任务</td><td rowspan="2">教师</td><td rowspan="2"></td><td rowspan="2"></td><td rowspan="2"></td><td rowspan="2"></td><td>教师70%</td><td></td><td></td><td></td><td></td><td></td><td rowspan="2"></td><td rowspan="2"></td><td rowspan="2"></td></tr>
<tr><td>小组30%</td><td></td><td></td><td></td><td></td><td></td></tr>
<tr><td colspan="6">教师评价</td><td colspan="9">自我评价</td></tr>
<tr><td colspan="6"></td><td colspan="9"></td></tr>
</table>

考核评价时间：　　　　　　　　　　　　　　　　　　　　教师签字：

工作任务三　分配制造费用核算

【任务描述】

(1) 明确分配制造费用核算工作流程和岗位角色操作。
(2) 正确识别和填制分配制造费用核算相关经济业务的凭证。
(3) 正确登记并分配制造费用核算等相关经济业务的各种账簿。
(4) 完成分配制造费用核算等经济业务的会计业务处理。
(5) 体验岗位角色，熏陶职业素养，激发学习欲望。

【经济业务】

经济业务：分配制造费用的核算

12 月 31 日，将本月发生的制造费用按生产工人工资比例分配转入 A、B 产品制造成本。原始凭证：附表 4-17、附表 4-18。

【岗位流程】

经济业务：分配制造费用的核算(见图 4-9)

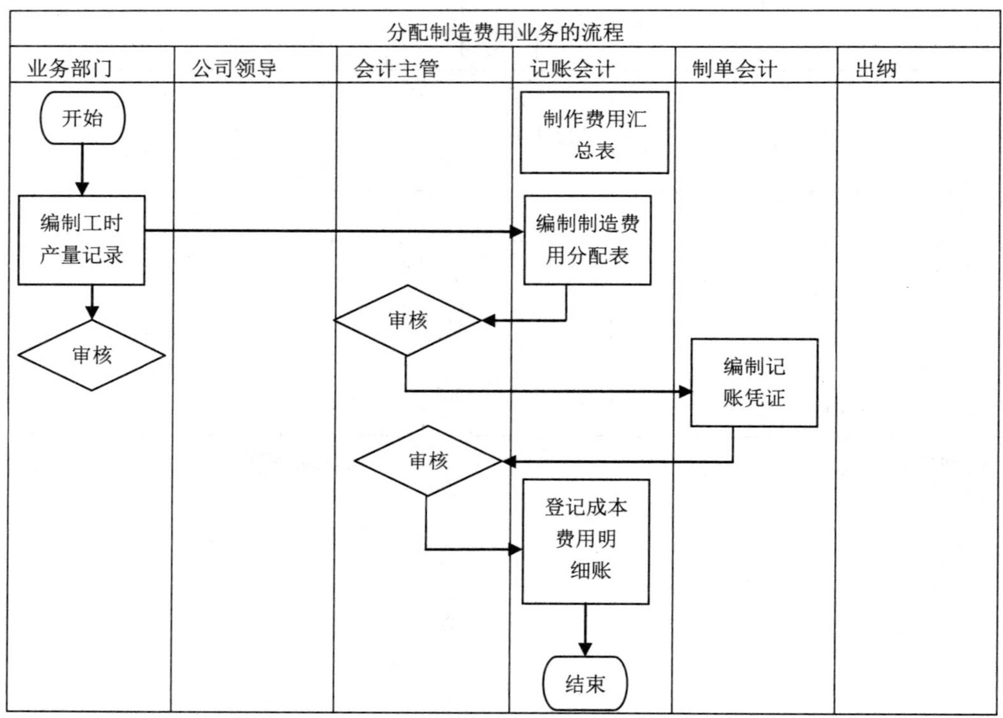

图 4-9　分配制造费用业务流程

【操作指南】

经济业务：分配制造费用的核算

(1) 记账会计根据制造费用汇总表(见附表4-17)编制制造费用分配表(见附表4-18)。

(2) 会计主管审核制造费用分配表。

(3) 记账会计根据审核无误的制造费用分配表填制记账凭证。

(4) 会计主管审核记账凭证。

(5) 记账会计根据审核无误的记账凭证及制造费用分配表登记“生产成本”“制造费用”明细账。

【实训指导】

制造费用分配表编制步骤如下。

(1) 根据制造费用明细账当前的借方余额数，确定本月应分配的制造费用，并将其填列到表中的“分配金额”列的合计行。

(2) 根据工资统计表，将生产各种产品工人的工资填列到表中的“分配标准”列。

(3) 按生产产品工人工资比例分配的方法，计算制造费用的分配率及各产品应承担的费用分配额。

注：本工作任务相应账户的明细账均在之前已介绍。

【任务评价】

(1) 实训结束后，针对实训过程中的表现，教师和各个小组的学生成员进行评价。

① 组员自由发言，总结自己的工作情况及与组员的配合情况，对工作的满意度进行评价。

② 组长对小组成员的工作满意度进行评价。

③ 教师对各组成员的工作进行综合分析和评价。

(2) 学生上交实训过程中的成果。

① 填制的原始凭证：制造费用分配表。

② 编制的记账凭证：转账凭证。

③ 登记的“生产成本”“制造费用”明细账。

(3) 完成实训报告。

(4) 作出小组的成果汇报。

① 组长总结本次任务的完成情况。

② 组长提出本次任务中存在的问题及改进措施。

(5) 核算各项成绩，填写会计综合实训报告(见表4-5)和会计手工综合实训考核评价记录表(见表4-6)。

表 4-5　会计综合实训报告

姓　　名		学　　号	
专业年级		指导教师	
实训时间		实训地点	
实训项目			
实训任务			
工作内容			
业务流程			
心得体会			

表 4-6　会计手工综合实训考核评价记录表

<table>
<tr><td rowspan="2">工作任务序号</td><td colspan="5">结果考核(40%)</td><td colspan="8">过程考核(60%)</td><td>总分</td></tr>
<tr><td>考核主体</td><td>实训成果</td><td>实训报告</td><td>成果汇报</td><td>合计</td><td>考核主体</td><td>工作质量</td><td>职业态度</td><td>团队合作</td><td>考勤纪律</td><td>小计</td><td>折合分值</td><td>合计</td><td></td></tr>
<tr><td rowspan="2">具体工作任务</td><td rowspan="2">教师</td><td rowspan="2"></td><td rowspan="2"></td><td rowspan="2"></td><td rowspan="2"></td><td>教师70%</td><td></td><td></td><td></td><td></td><td></td><td></td><td></td><td rowspan="2"></td></tr>
<tr><td>小组30%</td><td></td><td></td><td></td><td></td><td></td><td></td><td></td></tr>
<tr><td colspan="6">教师评价</td><td colspan="9">自我评价</td></tr>
<tr><td colspan="6"></td><td colspan="9"></td></tr>
</table>

考核评价时间：　　　　　　　　　　　　　　　　教师签字：

工作任务四　结转完工产品成本核算

【任务描述】

(1) 明确结转完工产品成本核算工作流程和岗位角色操作。
(2) 正确识别和填制结转完工产品成本核算相关经济业务的凭证。
(3) 正确登记结转完工产品成本核算相关经济业务的各种账簿。
(4) 完成结转完工产品成本核算等经济业务的会计业务处理。
(5) 体验岗位角色，熏陶职业素养，激发学习欲望。

【经济业务】

经济业务：结转完工产品成本

12 月 31 日，本月 A 产品投产 4 000 件，B 产品 5 000 件，月末全部完工入库，结转生产成本。原始凭证：附表 4-19、附表 4-20。

【岗位流程】

经济业务：结转完工产品成本(见图 4-10)

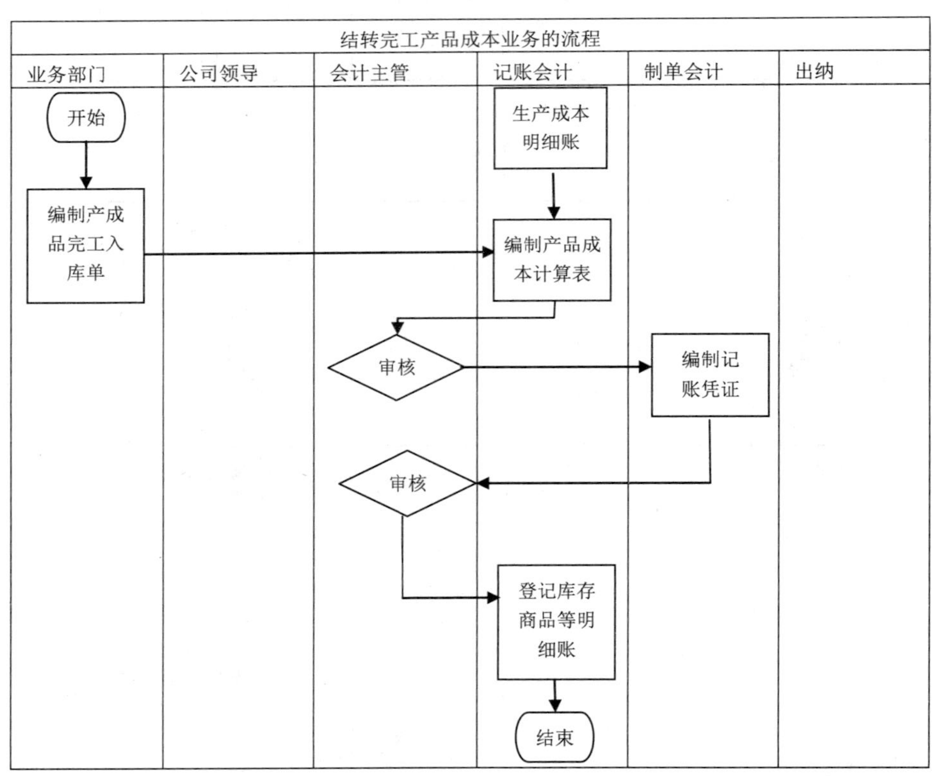

图 4-10　结转完工产品成本流程

【操作指南】

经济业务：结转完工产品成本

(1) 记账会计根据产成品完工入库单(见附表 4-19)、生产成本明细账编制产品成本计算表(见附表 4-20)。

(2) 会计主管审核产品成本计算表。

(3) 制单会计根据审核无误的产成品完工入库单和成本计算表填制记账凭证。

(4) 会计主管审核记账凭证。

(5) 记账会计根据审核无误的记账凭证及所附的原始凭证登记“生产成本”“库存商品”等明细账。

【实训指导】

产品成本计算表填制的三种基本方法如下。

(1) 品种法：以产品品种作为成本核算对象，归集和分配生产成本，计算产品成本的一种方法。它适用于单步骤、大量生产的企业。

(2) 分批法：以产品的批别作为成本核算对象，归集和分配生产成本，计算产品成本的一种方法。它适用于单件、小批生产的企业。

(3) 分步法：以生产过程中各个加工步骤作为成本核算对象，归集和分配生产成本，计算产品成本的一种方法。它适用于大量大批、多步骤生产的企业。

注：本工作任务相应账户的明细账均在之前已介绍。

【任务评价】

(1) 实训结束后，针对实训过程中的表现，教师和各个小组的学生成员进行评价。

① 组员自由发言，总结自己的工作情况及与组员的配合情况，对工作的满意度进行评价。

② 组长对小组成员的工作满意度进行评价。

③ 教师对各组成员的工作进行综合分析和评价。

(2) 学生上交实训过程中的成果。

① 填制的原始凭证：产品成本计算表。

② 编制的记账凭证：转账凭证。

③ 登记的“生产成本”“库存商品”明细账。

(3) 完成实训报告。

(4) 作出小组的成果汇报。

① 组长总结本次任务的完成情况。

② 组长提出本次任务中存在的问题及改进措施。

(5) 核算各项成绩，填写会计综合实训报告(见表 4-7)和会计手工综合实训考核评价记录表(见表 4-8)。

表 4-7　会计综合实训报告

姓　　名		学　　号	
专业年级		指导教师	
实训时间		实训地点	
实训项目			
实训任务			
工作内容			
业务流程			
心得体会			

表 4-8　会计手工综合实训考核评价记录表

<table>
<tr><td rowspan="2">工作任务序号</td><td colspan="5">结果考核(40%)</td><td colspan="8">过程考核(60%)</td><td rowspan="2">总分</td></tr>
<tr><td>考核主体</td><td>实训成果</td><td>实训报告</td><td>成果汇报</td><td>合计</td><td>考核主体</td><td>工作质量</td><td>职业态度</td><td>团队合作</td><td>考勤纪律</td><td>小计</td><td>折合分值</td><td>合计</td></tr>
<tr><td rowspan="2">具体工作任务</td><td rowspan="2">教师</td><td rowspan="2"></td><td rowspan="2"></td><td rowspan="2"></td><td rowspan="2"></td><td>教师70%</td><td></td><td></td><td></td><td></td><td></td><td></td><td></td><td rowspan="2"></td></tr>
<tr><td>小组30%</td><td></td><td></td><td></td><td></td><td></td><td></td><td></td></tr>
<tr><td colspan="6">教师评价</td><td colspan="9">自我评价</td></tr>
<tr><td colspan="6"></td><td colspan="9"></td></tr>
</table>

考核评价时间：　　　　　　　　　　　　　　　　　　　　　　教师签字：

项目五

期末会计事项处理

工作任务一　期末账项调整
工作任务二　期末对账与结账

工作任务一　期末账项调整

【任务描述】

(1) 明确期末账项调整工作流程和岗位角色操作。
(2) 正确识别和填制期末账项调整相关经济业务的凭证。
(3) 正确登记期末账项调整相关经济业务的各种账簿。
(4) 完成期末账项调整经济业务的会计业务处理。
(5) 体验岗位角色，熏陶职业素养，激发学习欲望。

【经济业务】

经济业务 1：计算本月的营业税金及附加业务

12 月 31 日，按本月产品应缴纳的增值税，分别按 7%和 3%计算产品应缴纳的城市维护建设税及教育费附加。原始凭证：附表 5-1。

经济业务 2：预提借款利息业务

12 月 31 日，预提本月应负担的短期借款利息 666.7 元。原始凭证：附表 5-2。

经济业务 3：摊销财产保险费

12 月 31 日，摊销本月应负担的财产保险费 1 000 元。其中，生产车间 800 元，公司行政管理部门 200 元。原始凭证：附表 5-3。

【岗位流程】

经济业务 1：计算本月的营业税金及附加业务(见图 5-1)

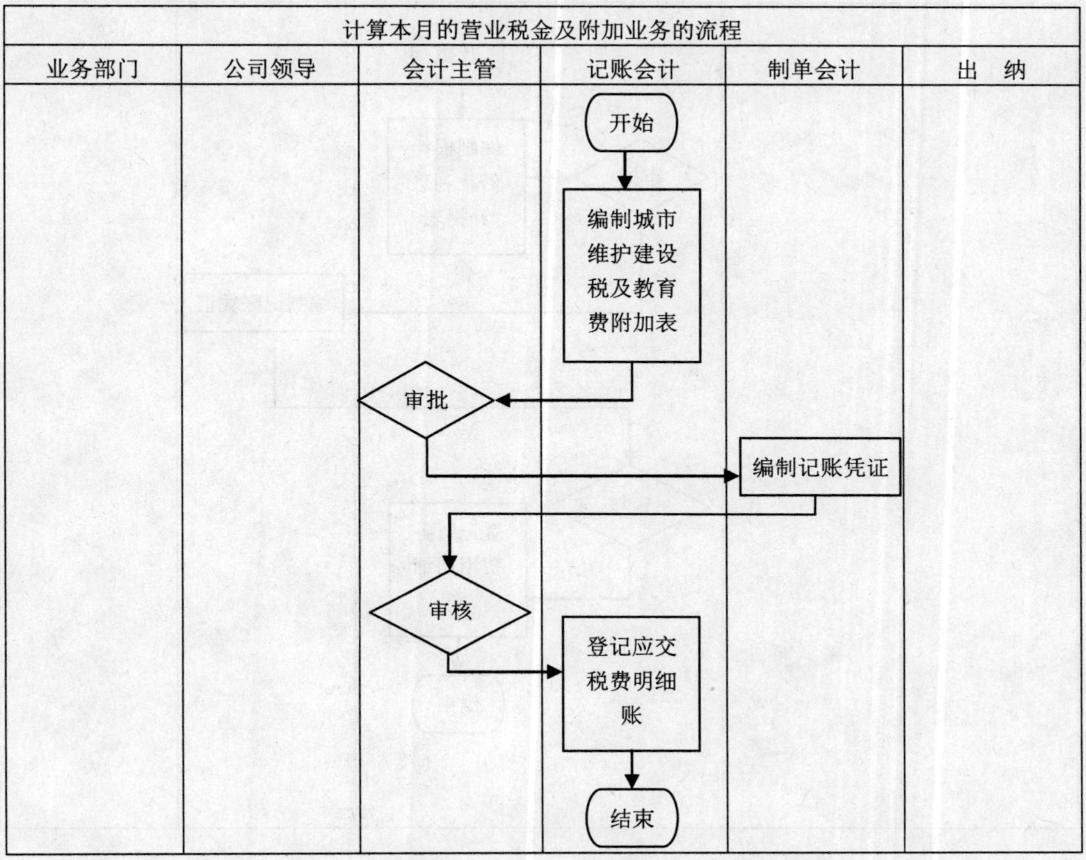

计算本月的营业税金及附加业务的流程					
业务部门	公司领导	会计主管	记账会计	制单会计	出　纳
			开始		
			编制城市维护建设税及教育费附加表		
		审批			
				编制记账凭证	
		审核			
			登记应交税费明细账		
			结束		

图 5-1　计算本月的营业税金及附加业务流程图

经济业务 2：预提借款利息业务(见图 5-2)

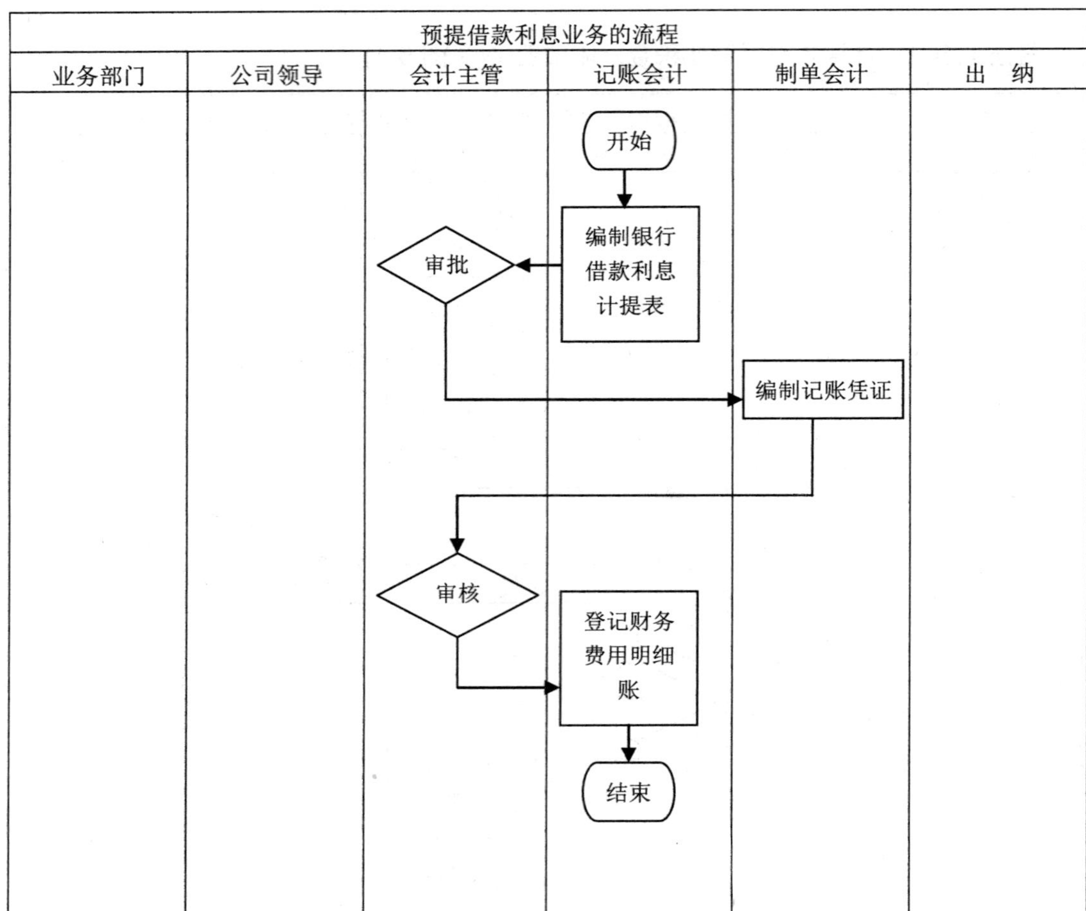

图 5-2　预提借款利息业务流程图

经济业务 3：摊销财产保险费业务(见图 5-3)

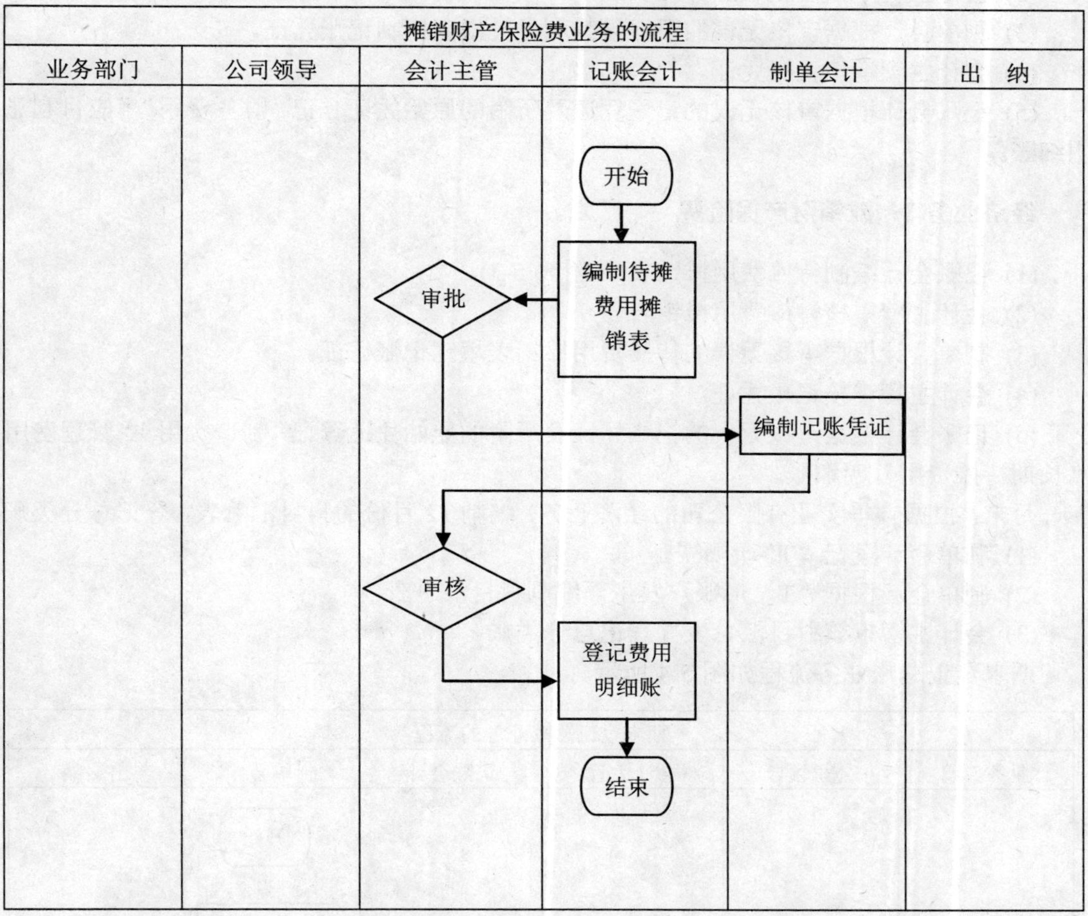

摊销财产保险费业务的流程					
业务部门	公司领导	会计主管	记账会计	制单会计	出　纳
			开始		
		审批	编制待摊费用摊销表		
				编制记账凭证	
		审核			
			登记费用明细账		
			结束		

图 5-3　摊销财产保险费业务流程图

【操作指南】

经济业务 1：计算本月的营业税金及附加业务

(1) 制单会计根据本月应缴纳的增值税编制城市维护建设税及教育费附加计算表(见附表 5-1)。

(2) 会计主管审核城市维护建设税及教育费附加计算表。

(3) 制单会计根据审核无误的进账单填制记账凭证。

(4) 会计主管审核记账凭证。

(5) 记账会计根据审核无误的记账凭证登记“应交税费”和“营业税金及附加”明细账。

经济业务 2：预提借款利息业务

(1) 记账会计根据企业与银行签订的借款合同计算借款利息，编制银行借款利息计提表

(见附表 5-2)。

(2) 会计主管审核借款利息计提表。

(3) 制单会计根据审核无误的银行借款利息计提表填制记账凭证。

(4) 会计主管审核记账凭证。

(5) 记账会计根据审核无误的记账凭证及所附的原始凭证登记“财务费用”“应付利息”明细账。

经济业务 3：摊销财产保险费

(1) 记账会计编制待摊费用摊销表(见附表 5-3)。

(2) 会计主管审核待摊费用摊销表。

(3) 制单会计根据审核无误的待摊费用摊销表填制记账凭证。

(4) 会计主管审核记账凭证。

(5) 记账会计根据审核无误的记账凭证及所附的原始凭证登记“制造费用”“管理费用”“长期待摊费用”明细账。

月末，根据方华实业有限公司的经济业务，编制 12 月份的科目汇总表，登记总分类账。

(1) 制单会计登记“T”形账户。

(2) 制单会计根据“T”形账户发生额编制科目汇总表。

(3) 会计主管审核科目汇总表并登记总分类账。

期末登记总账业务流程如图 5-4 所示。

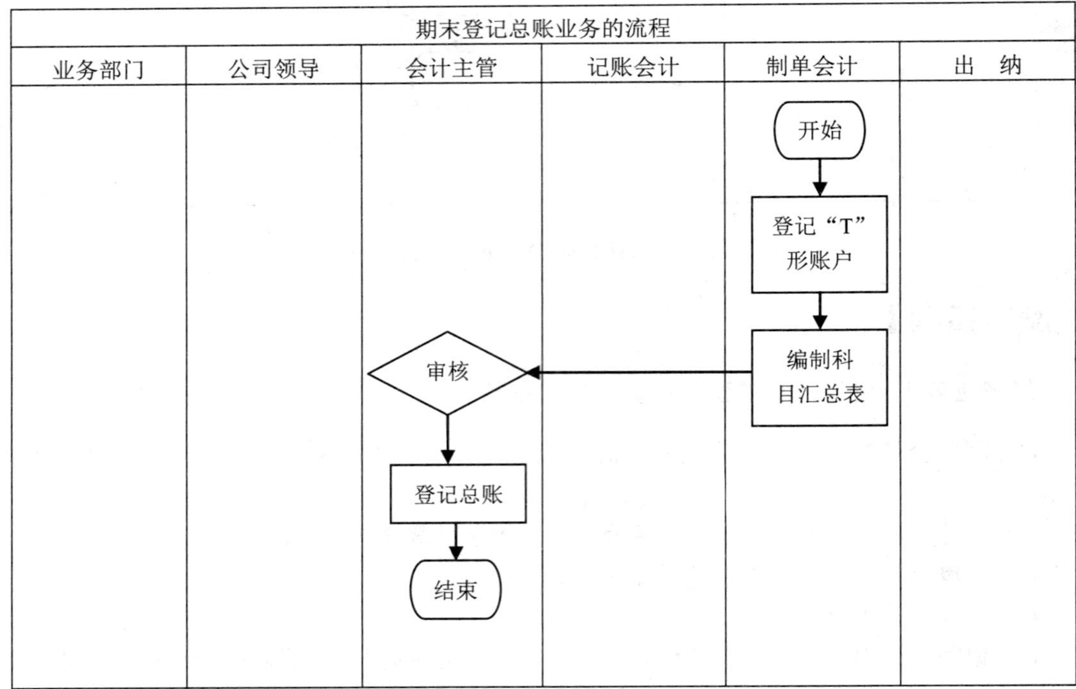

图 5-4　期末登记总账业务流程图

【实训指导】

1. 账项调整的目的和依据

账项调整的目的是为了正确地分期计算损益，即正确地划分相邻会计期间的收入和费用，使应属报告期的收入和成本费用相配比，以便正确地结算各期的损益和考核各会计期间的财务成果。

持续经营和会计分期是会计核算的两个前提条件(会计假设)。基于这两个前提条件，会计核算要求遵循配比原则和权责发生制基础。即将某一会计期间的成本费用与其有关的收入相互配合比较，以正确计算该期的损益。但在日常账簿中，本期实际收到的收入或付出的费用，有些作为本期收入费用入账，有些则因未确定所属期未能入账，而有些本期虽未实际收到的收入或付出的费用，其归属期应属本期，也尚未入账，这就需要按照权责发生制的要求，将应属本期的收入、费用调整入账，才能确认本期的收入、付出的费用，使之做出有意义的配合比较，从而确定本期的损益。

2. 科目汇总表编制方法

科目汇总表的编制是科目汇总表核算程序的一项重要工作，它是根据一定时期内的全部记账凭证，按科目作为归类标志进行编制的。

其编制过程和方法如下。

首先，将汇总期内各项经济业务所涉及的会计科目填制在“会计科目”栏。为了便于登记总分类账，会计科目的排列顺序应与总分类账上的会计科目的顺序一致。

然后，根据汇总期内的全部记账凭证，按会计科目分别加总借方发生额和贷方发生额，并将其填列在相应会计科目行的“借方金额”和“贷方金额”栏。

最后，将汇总完毕的所有会计科目的借方发生额和贷方发生额汇总，进行发生额的试算平衡。

科目汇总表编制的时间，应根据经济业务量的多少而定，可选择 3 天、5 天、10 天、15 天或 1 个月。

3. 登记总账的方法

总账的登记一般有两种方法：可以直接根据各种记账凭证逐笔进行，也可以把各种记账凭证先行汇总，编制成汇总记账凭证或科目汇总表后再据以登记。

(1) 采用记账凭证核算形式登记总账，直接根据记账凭证定期(3 天、5 天或 10 天)登记，在这种核算形式下，应当尽可能地根据原始凭证编制原始凭证汇总表，根据原始凭证汇总表和原始凭证填制记账凭证，根据记账凭证登记总账。

(2) 采用科目汇总表形式登记总账，可以根据定期汇总编制的科目汇总表登记总账。科目汇总表是根据每月发生的全部记账凭证，按科目作为归类标志进行编制的。

常用的一般是根据科目汇总表登记总账。

4. “应付利息”明细账采用的格式

应付利息是指企业按照合同约定应支付的利息，包括吸收存款、分期付息到期还本的长期借款、企业债券等应支付的利息。本科目可按存款人或债权人进行明细核算，一般设置三栏式明细账。

5. “财务费用”明细账采用的格式

“财务费用”科目核算企业为筹集生产经营所需资金而发生的费用，包括利息支出(减利息收入)、汇兑损失(减汇兑收益)以及相关的手续费等。该科目应按费用项目设置三栏式明细账，若费用项目不多的企业也可设置多栏式明细账，并按费用项目设置专栏进行明细分类核算。

【任务评价】

(1) 实训结束后，针对实训过程中的表现，教师和各个小组的学生成员进行评价。

① 组员自由发言，总结自己的工作情况及与组员的配合情况，对工作的满意度进行评价。

② 组长对小组成员的工作满意度进行评价。

③ 教师对各组成员的工作进行综合分析和评价。

(2) 学生上交实训过程中的成果。

① 填制的原始凭证：销售产品成本汇总计算表、城市维护建设税及教育费附加表。

② 编制的记账凭证：收付转记账凭证。

③ 登记的银行存款日记账。

④ 登记“主营业务收入”“其他业务收入”“主营业务成本”“其他业务成本”“营业税金及附加”“库存商品”“应交税费——应交增值税(销项税)”明细账。

⑤ 登记总账。

(3) 完成实训报告。

(4) 作出小组的成果汇报。

① 组长总结本次任务的完成情况。

② 组长提出本次任务中存在的问题及改进措施。

(5) 核算各项成绩，填写会计综合实训报告(见表 5-1)和会计手工综合实训考核评价记录表(见表 5-2)。

表 5-1　会计综合实训报告

姓　　名		学　　号	
专业年级		指导教师	
实训时间		实训地点	
实训项目			
实训任务			
工作内容			
业务流程			
心得体会			

表 5-2　会计手工综合实训考核评价记录表

<table>
<tr><td rowspan="2">工作任务序号</td><td colspan="5">结果考核(40%)</td><td colspan="8">过程考核(60%)</td><td>总分</td></tr>
<tr><td>考核主体</td><td>实训成果</td><td>实训报告</td><td>成果汇报</td><td>合计</td><td>考核主体</td><td>工作质量</td><td>职业态度</td><td>团队合作</td><td>考勤纪律</td><td>小计</td><td>折合分值</td><td>合计</td><td></td></tr>
<tr><td rowspan="2">具体工作任务</td><td rowspan="2">教师</td><td rowspan="2"></td><td rowspan="2"></td><td rowspan="2"></td><td rowspan="2"></td><td>教师70%</td><td></td><td></td><td></td><td></td><td></td><td></td><td></td><td rowspan="2"></td></tr>
<tr><td>小组30%</td><td></td><td></td><td></td><td></td><td></td><td></td><td></td></tr>
<tr><td colspan="6">教师评价</td><td colspan="9">自我评价</td></tr>
<tr><td colspan="6"></td><td colspan="9"></td></tr>
</table>

考核评价时间：　　　　　　　　　　　　　　　　　　教师签字：

工作任务二　期末对账与结账

【任务描述】

(1) 明确期末对账与结账工作流程和岗位角色操作。
(2) 账证核对、账账核对、账实核对。
(3) 对总分类账、明细分类账、日记账进行月结、年结，将年末余额结转下年。
(4) 体验岗位角色，熏陶职业素养，激发学习欲望。

【经济业务】

经济业务 1：对账

2015 年 12 月 31 日，对账。

经济业务 2：结账

2015 年 12 月 31 日，结账。

【岗位流程】

经济业务 1：对账(见图 5-5 至图 5-7)

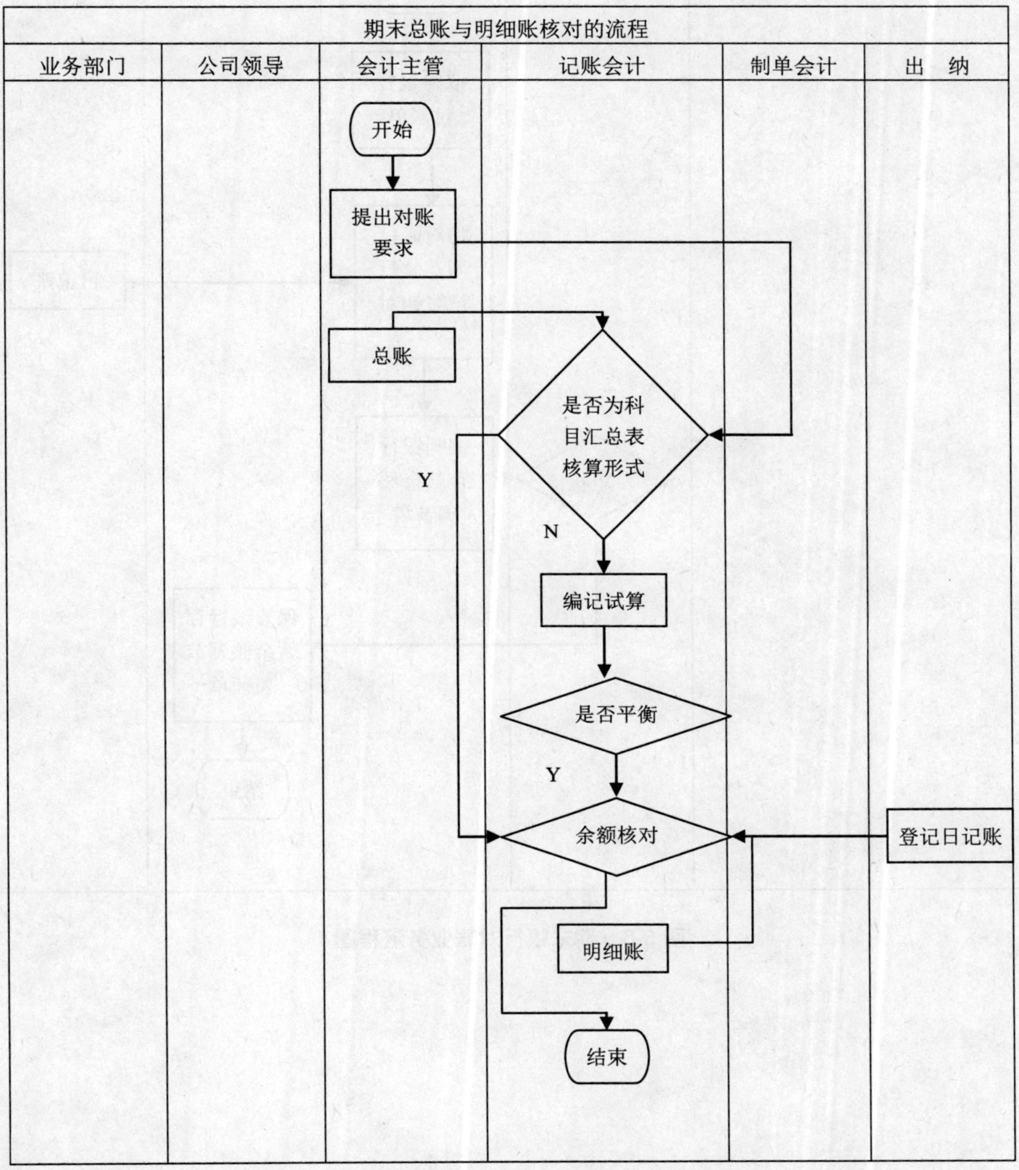

期末总账与明细账核对的流程

业务部门	公司领导	会计主管	记账会计	制单会计	出　纳

开始
提出对账要求
总账
是否为科目汇总表核算形式
Y
N
编记试算
是否平衡
Y
余额核对
登记日记账
明细账
结束

图 5-5　期末总账与明细账核对业务流程图

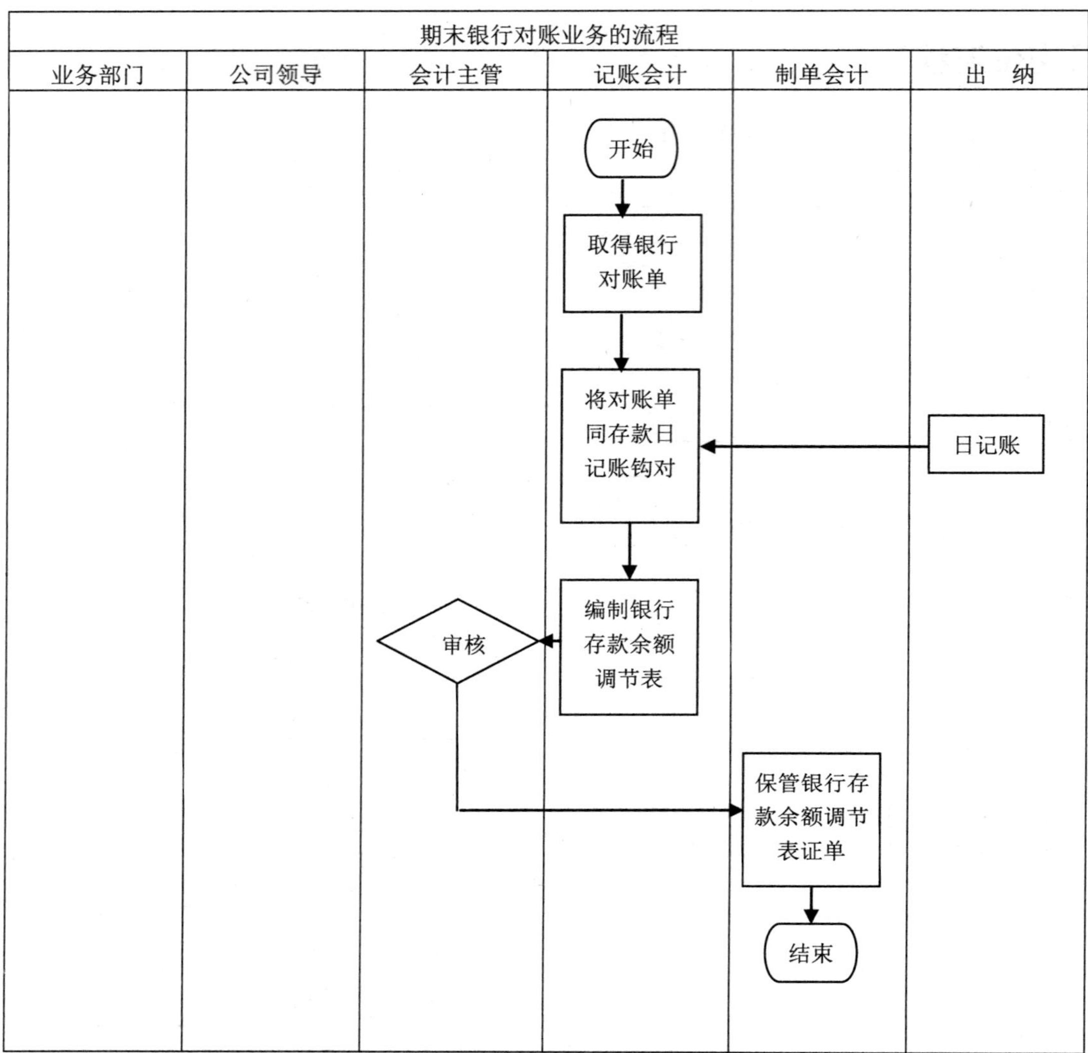

图 5-6　期末银行对账业务流程图

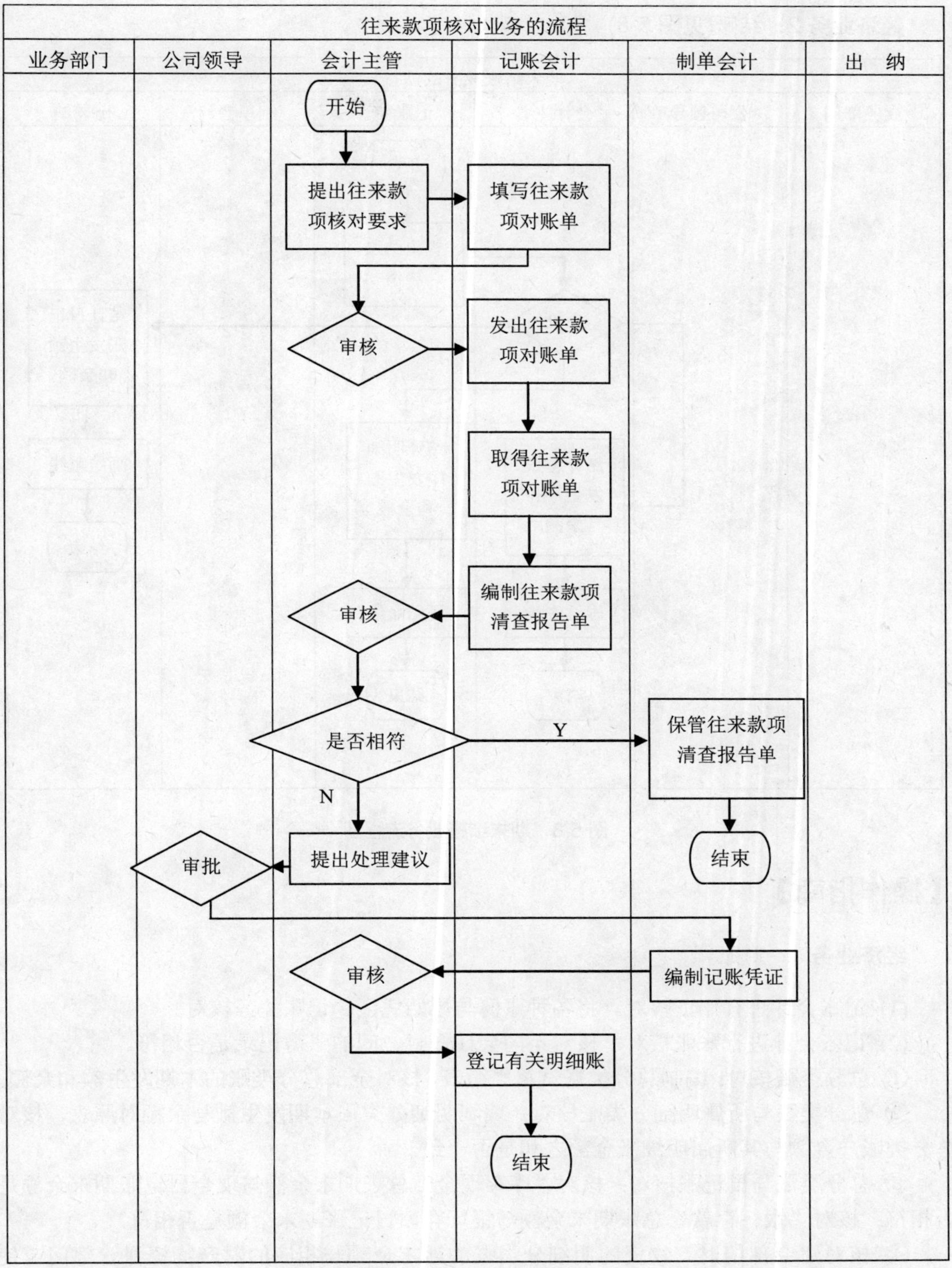

<table>
<tr><th colspan="6">往来款项核对业务的流程</th></tr>
<tr><th>业务部门</th><th>公司领导</th><th>会计主管</th><th>记账会计</th><th>制单会计</th><th>出　纳</th></tr>
<tr><td></td><td></td><td>开始
提出往来款项核对要求
审核
审核
是否相符（Y→保管往来款项清查报告单；N→提出处理建议）
提出处理建议
审核</td><td>填写往来款项对账单
发出往来款项对账单
取得往来款项对账单
编制往来款项清查报告单
登记有关明细账
结束</td><td>保管往来款项清查报告单
结束
编制记账凭证</td><td></td></tr>
<tr><td></td><td>审批</td><td></td><td></td><td></td><td></td></tr>
</table>

图 5-7　往来款项核对业务流程图

经济业务 2：结账(见图 5-8)

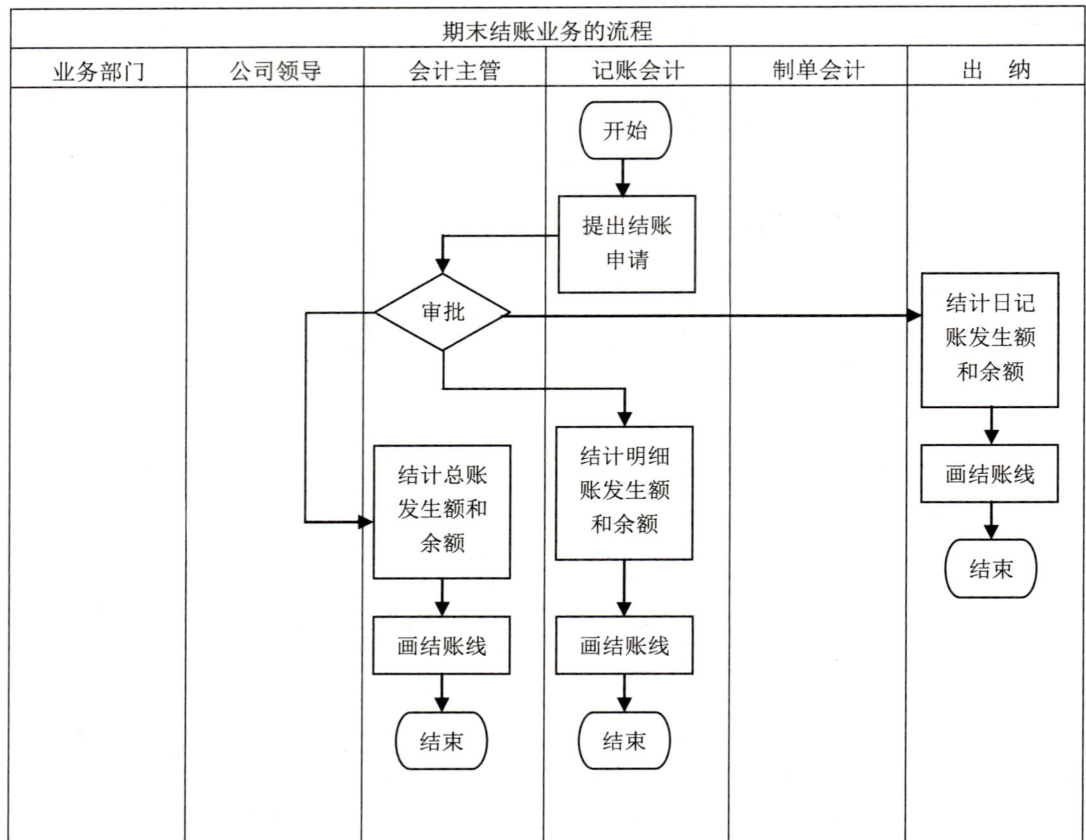

图 5-8　期末结账业务流程图

【操作指南】

经济业务 1：对账

(1) 记账会计进行账证核对。将各种账簿与原始凭证、记账凭证核对。

(2) 记账会计进行账账核对。核对不同会计账簿之间的账簿记录是否相符。

① 总分类账核对：编制总分类账试算平衡表，核对全部总分类账的本期发生额和余额。

② 总分类账与所属明细分类账核对：编制明细分类账本期发生额与余额对照表，核对总分类账户金额与其所属明细账金额之和是否一致。

③ 总分类账与日记账核对：核对“库存现金”总账期末余额与现金日记账期末余额是否相符；核对“银行存款”总账期末余额与银行存款日记账期末余额是否相符。

④ 核对财会部门财产物资的明细分类账的期末余额与相应的财产物资保管部门或使用部门的明细分类账、卡片记载的期末结存数额是否相符。

(3) 账实核对。

① 库存现金清查：主要是通过现金盘点进行。清查人员通过监盘库存现金，填写现金盘点表，然后再将盘点表同现金日记账进行比较，编制现金盘存报告单。

② 银行存款的清查：主要是通过银行存款日记账与银行对账单进行核对，编制银行存款余额调节表进行比较。

③ 实物资产的清查：一般通过盘点或技术估算的方法进行，在清查时需要填写实物资产盘存报告单，然后再编制账存实存对比表。

④ 往来款项的清查：主要是通过询证的方法进行，也就是向债权、债务单位或个人寄送往来款项对账单，将各种应收、应付款项的明细分类账账面余额与债权、债务单位或个人进行核对，在收到回函以后编制往来款项清查报告单。

(4) 制单会计编制记账凭证。

(5) 会计主管审核记账凭证。

(6) 记账会计根据审核无误的记账凭证及所附原始凭证登记相关明细账与日记账。

经济业务 2：结账

(1) 会计主管对总分类账进行结账，主要包括月结、年结，并将其年末余额结转下年。

(2) 记账会计对明细分类账进行结账，主要包括月结、年结，并将其年末余额结转下年。

(3) 出纳对日记账进行结账，主要包括月结、年结，并将其年末余额结转下年。

【实训指导】

1. 总分类账核对方法

全部账户期初借方余额合计数=全部账户期初贷方余额合计数

全部账户本期借方发生额合计数=全部账户本期贷方发生额合计数

全部账户期末借方余额合计数=全部账户期末贷方余额合计数

2. 总分类账与所属明细分类账核对方法

某一总账本期发生额=其所属明细账本期发生额之和

某一总账余额=其所属明细账余额之和

3. 银行存款余额调节表的操作方法

记账会计取得银行对账单并同银行存款日记账进行核对，将银行对账单和银行存款日记账逐笔进行钩对，找出未达账项。

记账会计编制银行存款余额调节表。

银行存款日记账调节后的余额=日记账余额+银行已收企业未收-银行已付企业未付

银行对账单调节后的余额=对账单余额+企业已收银行未收-企业已付银行未付

会计主管审核银行存款余额调节表，审核后交制单会计保管。

4. 结账的方法

(1) 对不需按月结计本期发生额的账户，如各项应收、应付款明细账和各项财产物资明细账等，每次记账以后，都要随时结出余额，每月最后一笔余额即为月末余额。月末结账时，只需要在最后一笔经济业务记录之下通栏划单红线，不需要再结计一次余额。

(2) 库存现金、银行存款日记账和需要按月结计发生额的收入、费用等明细账，每月结账时，要在最后一笔经济业务记录下面通栏划单红线，结出本月发生额和余额，在摘要栏内注明“本月合计”字样，并在下面通栏划单红线。

(3) 需要结计本年累计发生额的某些明细账户，每月结账时，应在“本月合计”行下结出自年初起至本月末止的累计发生额，登记在月份发生额下面，在摘要栏内注明“本年累计”字样，并在下面通栏划单红线。12 月末的“本年累计”就是全年累计发生额，全年累计发生额下通栏划双红线。

(4) 总账账户平时只需结出月末余额。年终结账时，为了全面反映全年各项资金运动情况，要将所有总账账户结出全年发生额和年末余额，在摘要栏内注明“本年合计”字样，并在合计数下通栏划双红线。

(5) 年度终了结账时，有余额的账户，要将其余额结转下年，并在摘要栏注明“结转下年”字样；在下一会计年度新建有关会计账户的第一行余额栏内填写上年结转的余额，并在摘要栏注明“上年结转”字样。即将有余额账户的余额直接记入新账余额栏内，不需要编制记账凭证，也不必将余额再记入本年账户的借方或贷方。

【任务评价】

(1) 实训结束后，针对实训过程中的表现，教师和各个小组的学生成员进行评价。

① 组员自由发言，总结自己的工作情况及与组员的配合情况，对工作的满意度进行评价。

② 组长对小组成员的工作满意度进行评价。

③ 教师对各组成员的工作进行综合分析和评价。

(2) 学生上交实训过程中的成果。

① 填制的原始凭证：销售产品成本汇总计算表、城市维护建设税及教育费附加表。

② 编制的记账凭证：收付转记账凭证。

③ 登记的银行存款日记账。

④ 登记“主营业务收入”“其他业务收入”“主营业务成本”“其他业务成本”“营业税金及附加”“库存商品”“应交税费——应交增值税(销项税)”明细账。

⑤ 登记总账。

(3) 完成实训报告。

(4) 作出小组的成果汇报。

① 组长总结本次任务的完成情况。

② 组长提出本次任务中存在的问题及改进措施。

(5) 核算各项成绩，填写会计综合实训报告(见表 5-3)和会计手工综合实训考核评价记录表(见表 5-4)。

表 5-3　会计综合实训报告

<table>
<tr><td>姓　　名</td><td></td><td>学　　号</td><td></td></tr>
<tr><td>专业年级</td><td></td><td>指导教师</td><td></td></tr>
<tr><td>实训时间</td><td></td><td>实训地点</td><td></td></tr>
<tr><td>实训项目</td><td colspan="3"></td></tr>
<tr><td>实训任务</td><td colspan="3"></td></tr>
<tr><td>工作内容</td><td colspan="3"></td></tr>
<tr><td>业务流程</td><td colspan="3"></td></tr>
<tr><td>心得体会</td><td colspan="3"></td></tr>
</table>

表 5-4　会计手工综合实训考核评价记录表

<table>
<tr><th rowspan="2">工作任务序号</th><th colspan="5">结果考核(40%)</th><th colspan="8">过程考核(60%)</th><th rowspan="2">总分</th></tr>
<tr><th>考核主体</th><th>实训成果</th><th>实训报告</th><th>成果汇报</th><th>合计</th><th>考核主体</th><th>工作质量</th><th>职业态度</th><th>团队合作</th><th>考勤纪律</th><th>小计</th><th>折合分值</th><th>合计</th></tr>
<tr><td rowspan="2">具体工作任务</td><td rowspan="2">教师</td><td rowspan="2"></td><td rowspan="2"></td><td rowspan="2"></td><td rowspan="2"></td><td>教师70%</td><td></td><td></td><td></td><td></td><td></td><td></td><td></td><td rowspan="2"></td></tr>
<tr><td>小组30%</td><td></td><td></td><td></td><td></td><td></td><td></td><td></td></tr>
<tr><td colspan="6">教师评价</td><td colspan="9">自我评价</td></tr>
<tr><td colspan="6"></td><td colspan="9"></td></tr>
</table>

考核评价时间：　　　　　　　　　　　　　　　　教师签字：

项目六

会计报表的编制和分析

工作任务一　会计报表的编制
工作任务二　财务分析

工作任务一　会计报表的编制

【任务描述】

(1) 明确期末会计报表工作流程和岗位角色操作。
(2) 编制资产负债表。
(3) 编制利润表。
(4) 编制现金流量表。
(5) 体验岗位角色，熏陶职业素养，激发学习欲望。

【经济业务】

经济业务 1：编制资产负债表

2015 年 12 月末编制资产负债表。

经济业务 2：编制利润表和所有者权益变动表

2015 年 12 月末编制利润表和所有者权益变动表。

经济业务 3：编制现金流量表

2015 年 12 月末编制现金流量表。

【岗位流程】

会计报表编制业务(见图 6-1)。

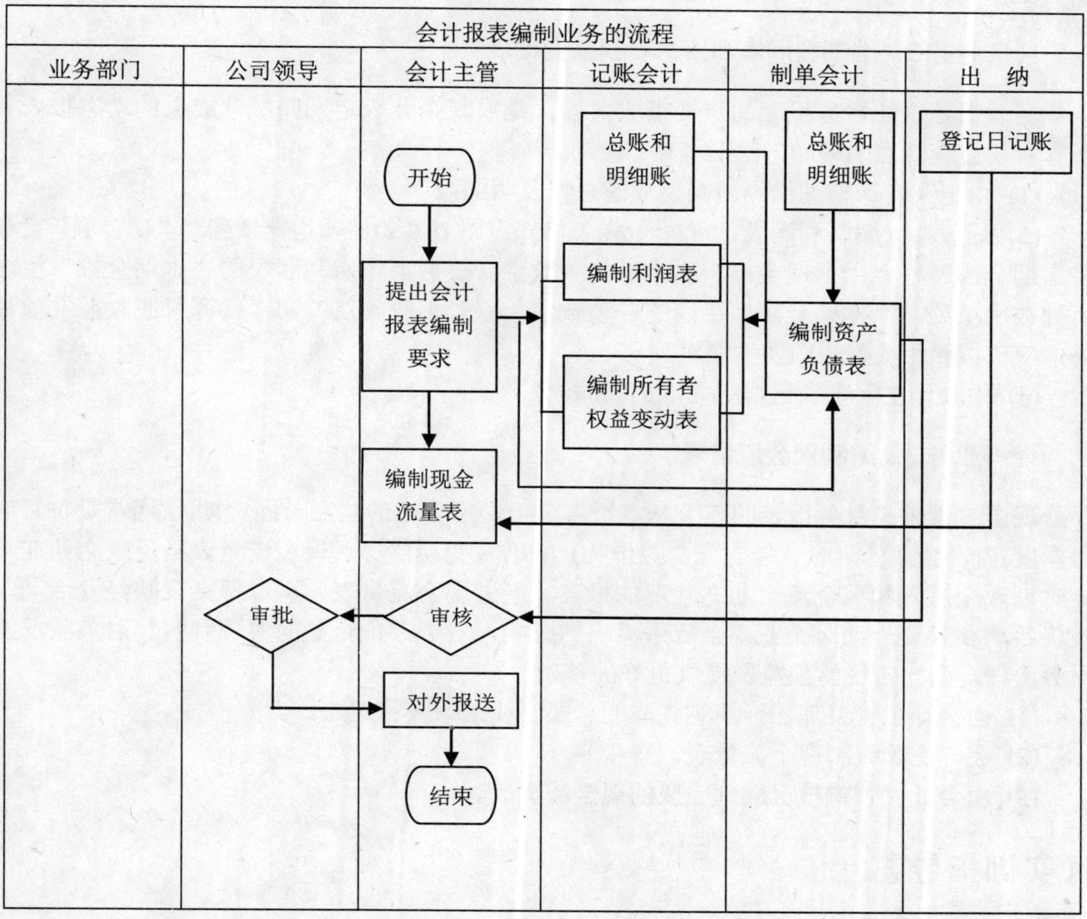

会计报表编制业务的流程

业务部门　公司领导　会计主管　记账会计　制单会计　出　纳

开始
提出会计报表编制要求
总账和明细账
编制利润表
编制所有者权益变动表
总账和明细账
编制资产负债表
登记日记账
编制现金流量表
审核
审批
对外报送
结束

图 6-1　会计报表编制业务流程图

【操作指南】

经济业务 1：编制资产负债表

资产负债表是反映企业在某一特定日期财务状况的会计报表，它表明权益在某一特定日期所拥有或控制的经济资源、所承担的现有义务和所有者对净资产的要求。其报表功用除了防止企业内部出错、明确经营方向、防止弊端外，也可让所有阅读者于最短时间内了解企业经营状况。资产负债表主要反映资产、负债和所有者权益三方面的内容，以平衡式“资产=负债+所有者权益”作为报表的编制基础。

(1) 由制单会计整理已经填制完成的总账及明细账。

(2) 制单会计编制资产负债表。

资产负债表(样表格式见附表 6-1)编制包括“年初余额”填列和“期末余额”填列。“年初余额”栏内的各项数字，根据上年末资产负债表的“期末余额”栏内所列数字填列，“期末余额”栏内的各项数字，根据总账记明细账填列。

(3) 由会计主管审核已编制完成的资产负债表。

经济业务 2：编制利润表和所有者权益变动表

利润表是企业财务报表的重要组成内容，是反映企业一定期间经营成果的动态报表。所有者权益变动表的编制方法此处略。

(1) 由记账会计整理已经填制完成的总账及明细账。

(2) 记账会计编制利润表。利润表(样表格式见附表 6-2)各项均需填列“本期金额”栏和“上期金额”栏。“上期金额”栏内的各项数字，根据上年末利润表的“本期金额”栏内所列数字填列，“本期金额”栏内的各项数字，除“每股收益”和“稀释每股收益”项目外，应该按照相关账户的发生额填列。

(3) 由会计主管审核已编制完成的利润表。

经济业务 3：编制现金流量表

现金流量表是财务报表的三个基本报告之一，所表达的是在一固定期间(通常是每月或每季度)内，企业的现金 (包含现金等价物) 的增减变动情形。现金流量表是反映企业在一定时期现金流入和现金流出动态状况的报表。通过现金流量表，可以概括反映经营活动、投资活动和筹资活动对企业现金流进流出的影响，对于评价企业的实现利润、财务状况及财务治理，要比传统的损益表提供更好的基础。

(1) 由会计主管整理已经填制完成的总账、明细账及日记账。

(2) 会计主管编制现金流量表。

(3) 由会计主管审核已编制完成的现金流量表。

【实训指导】

1. 资产负债表各项目的填制方法

会计报表的编制，主要是通过对日常会计核算记录的数据归集、整理，使之成为有用的财务信息。我国企业资产负债表各项目数据主要通过以下几种方式取得。

(1) 根据总账科目余额直接填列。资产负债表大部分项目都是根据有关总账账户的余额直接填列，如“应收票据”项目，根据“应收票据”总账科目的期末余额直接填列；“短期借款”项目，根据“短期借款”总账科目的期末余额直接填列。“交易性金融资产”“工程物资”“递延所得税资产”“短期借款”“交易性金融负债”“应付票据”“应付职工薪酬”“应交税费”“递延所得税负债”“预计负债”“实收资本”“资本公积”“盈余公积”等，都在此项之内。

(2) 根据总账科目余额计算填列。如“货币资金”项目，根据“库存现金”“银行存款”“其他货币资金”科目的期末余额合计数计算填列。

(3) 根据明细科目余额计算填列。如“应收账款”项目，应根据“应收账款”“预收

账款”两个科目所属的有关明细科目的期末借方余额计算后填列；“应付账款”项目，根据“应付账款”“预付账款”科目所属相关明细科目的期末贷方余额计算填列。

(4) 根据总账科目和明细科目余额分析计算填列。如“长期借款”项目，根据“长期借款”总账科目期末余额，扣除“长期借款”科目所属明细科目中反映的、将于一年内到期的长期借款部分，分析计算填列。

(5) 根据科目余额减去其备抵项目后的净额填列。如“存货”项目，根据“存货”科目的期末余额，减去“存货跌价准备”备抵科目余额后的净额填列；又如，“无形资产”项目，根据“无形资产”科目的期末余额，减去“无形资产减值准备”与“累计摊销”备抵科目余额后的净额填列。

2. 利润表各项目填制的方法

(1) “主营业务收入”项目，反映企业经营主要业务所取得的收入总额。本项目应根据“主营业务收入”科目的发生额分析填列。

(2) “主营业务成本”项目，反映企业经营主要业务发生的实际成本。本项目应根据“主营业务成本”科目的发生额分析填列。

(3) “主营业务税金及附加”项目，反映企业经营主要业务应负担的营业税、消费税、城市维护建设税、资源税、土地增值税和教育费附加等。本项目应根据“主营业务税金及附加”科目的发生额分析填列。

(4) “其他业务利润”项目，反映企业除主营业务以外取得的收入，减去所发生的相关成本、费用以及相关税金及附加等的支出后的净额。本项目应根据“其他业务收入”“其他业务支出”科目的发生额分析填列。

(5) “销售费用”项目，反映企业在销售商品和商品流通企业在购入商品等过程中发生的费用。本项目应根据“销售费用”科目的发生额分析填列。

(6) “管理费用”项目，反映企业发生的管理费用。本项目应根据“管理费用”科目的发生额分析填列。

(7) “财务费用”项目，反映企业发生的财务费用。本项目应根据“财务费用”科目的发生额分析填列。

(8) “投资收益”项目，反映企业以各种方式对外投资所取得的收益。本项目应根据“投资收益”科目的发生额分析填列；如为投资损失，以“-”号填列。

(9) “补贴收入”项目，反映企业取得的各种补贴收入以及退回的增值税等。本项目应根据“补贴收入”科目的发生额分析填列。

(10) “营业外收入”项目和“营业外支出”项目，反映企业发生的与其生产经营无直接关系的各项收入和支出。这两个项目应分别根据“营业外收入”科目和“营业外支出”科目的发生额分析填列。

(11) “利润总额”项目，反映企业实现的利润总额。如为亏损总额，以“-”号填列。

(12) “所得税”项目，反映企业按规定从本期损益中减去的所得税。本项目应根据“所得税”科目的发生额分析填列。

(13) “净利润”项目，反映企业实现的净利润。如为净亏损，以“-”号填列。

3. 现金流量表的编制方法

(1) 确定补充资料的“现金及现金等价物的净增加额”。

现金的期末余额=资产负债表“货币资金”期末余额

现金的期初余额=资产负债表“货币资金”期初余额

现金及现金等价物的净增加额=现金的期末余额-现金的期初余额

一般企业很少有现金等价物，故该公式未考虑此因素，如有则应填列。

(2) 确定主表的“筹资活动产生的现金流量净额”。

吸收投资所收到的现金=(实收资本或股本期末数-实收资本或股本期初数)+(应付债券期末数-应付债券期初数)

借款收到的现金=(短期借款期末数-短期借款期初数)+(长期借款期末数-长期借款期初数)

收到的其他与筹资活动有关的现金，如投资人未按期缴纳股权的罚款现金收入等。

偿还债务所支付的现金=(短期借款期初数-短期借款期末数)+(长期借款期初数-长期借款期末数)(剔除利息)+(应付债券期初数-应付债券期末数)(剔除利息)

分配股利、利润或偿付利息所支付的现金=应付股利借方发生额+利息支出+长期借款利息+在建工程利息+应付债券利息-预提费用中“计提利息”贷方余额-票据贴现利息支出

支付的其他与筹资活动有关的现金，如发生筹资费用所支付的现金、融资租赁所支付的现金、减少注册资本所支付的现金(收购本公司股票，退还联营单位的联营投资等)、企业以分期付款方式购建固定资产，除首期付款支付的现金以外的其他各期所支付的现金等。

(3) 确定主表的“投资活动产生的现金流量净额”。

收回投资所收到的现金=(短期投资期初数-短期投资期末数)+(长期股权投资期初数-长期股权投资期末数)+(长期债权投资期初数-长期债权投资期末数)

该公式中，如期初数小于期末数，则在投资所支付的现金项目中核算。

取得投资收益所收到的现金=利润表投资收益-(应收利息期末数-应收利息期初数)-(应收股利期末数-应收股利期初数)

处置固定资产、无形资产和其他长期资产所收回的现金净额=“固定资产清理”的贷方余额+(无形资产期末数-无形资产期初数)+(其他长期资产期末数-其他长期资产期初数)

收到的其他与投资活动有关的现金，如收回融资租赁设备本金等。

购建固定资产、无形资产和其他长期资产所支付的现金=(在建工程期末数-在建工程期初数)(剔除利息)+(固定资产期末数-固定资产期初数)+(无形资产期末数-无形资产期初数)+(其他长期资产期末数-其他长期资产期初数)

上述公式中，如期末数小于期初数，则在处置固定资产、无形资产和其他长期资产所收回的现金净额项目中核算。

投资所支付的现金=(短期投资期末数-短期投资期初数)+(长期股权投资期末数-长期股权投资期初数)(剔除投资收益或损失)+(长期债权投资期末数-长期债权投资期初数)(剔除投资收益或损失)。该公式中，如期末数小于期初数，则在收回投资所收到的现金项目中核算。

支付的其他与投资活动有关的现金，如投资未按期到位的罚款。

4. 所有者权益变动表各项目填列的方法

(1) “上年年末余额”项目。

反映企业上年资产负债表中实收资本(或股本)、资本公积、盈余公积、未分配利润的年末余额。

(2) “会计政策变更”和“前期差错更正”项目。

(3) “本年增减变动额”项目。

“净利润”项目，反映企业当年实现的净利润(或净亏损)金额，并对应列在“未分配利润”栏。

“其他综合收益”项目，反映企业当年直接计入所有者权益的利得和损失金额。

“所有者投入和减少资本”项目，反映企业当年所有者投入的资本和减少的资本。其中：“所有者投入资本”项目，反映企业接受投资者投入形成的实收资本(或股本)和资本溢价(或股本溢价)，并对应列在“实收资本”和“资本公积”栏。

“利润分配”下各项目，反映当年对所有者(或股东)分配的利润(或股利)金额和按照规定提取的盈余公积金额，并对应列在“未分配利润”和“盈余公积”栏。

“所有者权益内部结转”下各项目，反映不影响当年所有者权益总额的所有者权益各组成部分之间当年的增减变动，包括资本公积转增资本(或股本)、盈余公积转增资本(或股本)、盈余公积弥补亏损等项目的金额。

【任务评价】

(1) 实训结束后，针对实训过程中的表现，教师和各个小组的学生成员进行评价。

① 组员自由发言，总结自己的工作情况及与组员的配合情况，对工作的满意度进行评价。

② 组长对小组成员的工作满意度进行评价。

③ 教师对各组成员的工作进行综合分析和评价。

(2) 学生上交实训过程中的成果。

① 填制的资产负债表。

② 编制的利润表。

③ 编制的现金流量表。

(3) 完成实训报告。

(4) 做出小组的成果汇报。

① 组长总结本次任务的完成情况。

② 组长提出本次任务中存在的问题及改进措施。

(5) 核算各项成绩，填写会计综合实训报告(见表 6-1)和会计手工综合实训考核评价记录表(见表 6-2)。

表 6-1　会计综合实训报告

姓　　名		学　　号	
专业年级		指导教师	
实训时间		实训地点	
实训项目			
实训任务			
工作内容			
业务流程			
心得体会			

表 6-2　会计手工综合实训考核评价记录表

<table>
<tr><td rowspan="2">工作任务序号</td><td colspan="5">结果考核(40%)</td><td colspan="8">过程考核(60%)</td><td>总分</td></tr>
<tr><td>考核主体</td><td>实训成果</td><td>实训报告</td><td>成果汇报</td><td>合计</td><td>考核主体</td><td>工作质量</td><td>职业态度</td><td>团队合作</td><td>考勤纪律</td><td>小计</td><td>折合分值</td><td>合计</td><td></td></tr>
<tr><td rowspan="2">具体工作任务</td><td rowspan="2">教师</td><td rowspan="2"></td><td rowspan="2"></td><td rowspan="2"></td><td rowspan="2"></td><td>教师70%</td><td></td><td></td><td></td><td></td><td></td><td></td><td></td><td rowspan="2"></td></tr>
<tr><td>小组30%</td><td></td><td></td><td></td><td></td><td></td><td></td><td></td></tr>
<tr><td colspan="6">教师评价</td><td colspan="9">自我评价</td></tr>
<tr><td colspan="6"></td><td colspan="9"></td></tr>
</table>

考核评价时间：　　　　　　　　　　　　　　　　　　　　　　教师签字：

工作任务二　财 务 分 析

【任务描述】

(1) 明确期末财务分析工作流程和岗位角色操作。
(2) 财务分析。
(3) 体验岗位角色，熏陶职业素养，激发学习欲望。

【经济业务】

经济业务：财务分析

偿债能力分析。
营运能力分析。
获利能力分析。
发展能力分析。
综合财务分析。

【岗位流程】

账务会计业务(见图 6-2)。

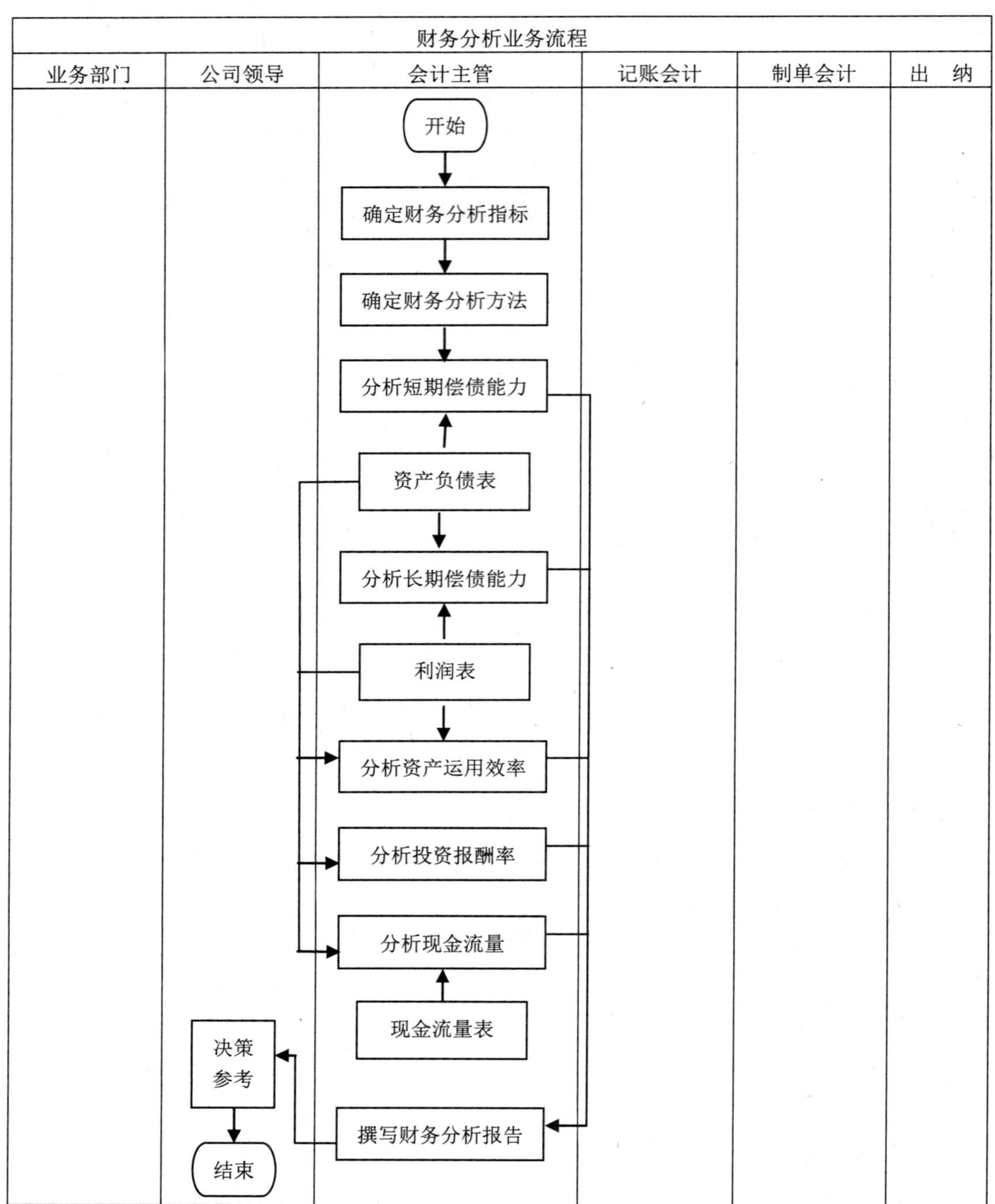

图 6-2 财务分析业务流程图

【操作指南】

经济业务：财务分析

(1) 由会计主管带队组成财务分析小组，确定每位小组成员的工作，布置工作任务。

(2) 查询和撰写企业的简介，收集同行的资料，查询企业某年的资产负债表、利润表和现金流量表，确定偿债能力的分析指标数据；查找企业内部相关资料等信息；最后集中汇总。

(3) 编辑整理汇总的资料。

(4) 各个财务指标的计算。

① 流动比率、速动比率、现金比率和现金流动负债比率等指标的计算。

② 流动资产、非流动资产及总资产三个方面的营运能力指标的计算。

③ 收入、资产、融资等指标的计算。

④ 营业收入增长率和三年营业收入平均增长率、营业利润增长率和净利润增长率等指标的计算。

⑤ 净资产收益率、销售净利率、资产周转率和权益乘数指标的计算。

(5) 对相关指标计算结果进行分析，并写出该公司的分析报告。

【实训指导】

财务分析指标、公式和分析方法如表 6-3 所示。

表 6-3　财务分析指标、公式和分析方法

项　目	指　标	公　式	分析方法
盈利能力分析	销售净利率	销售净利率=(净利润÷销售收入)×100%	该比率越大，企业的盈利能力越强
	资产净利率	资产净利率=(净利润÷总资产)×100%	该比率越大，企业的盈利能力越强
	权益净利率	权益净利率=(净利润÷股东权益)×100%	该比率越大，企业的盈利能力越强
	总资产报酬率	总资产报酬率=(利润总额+利息支出)/平均资产总额×100%	该比率越大，企业的盈利能力越强
	营业利润率	营业利润率=(营业利润÷营业收入)×100%	该比率越大，企业的盈利能力越强
	成本费用利润率	成本费用利润率=(利润总额÷成本费用总额)×100%	该比率越大，企业的经营效益越高
盈利质量分析	全部资产现金回收率	全部资产现金回收率=(经营活动现金净流量÷平均资产总额)×100%	与行业平均水平相比进行分析
	盈利现金比率	盈利现金比率=(经营现金净流量÷净利润)×100%	该比率越大，企业盈利质量越强，其值一般应大于 1
	销售收现比率	销售收现比率=(销售商品或提供劳务收到的现金÷主营业务收入净额)×100%	数值越大表明销售收现能力越强，销售质量越高
偿债能力分析	净营运资本	净营运资本=流动资产−流动负债=长期资本−长期资产	对比企业连续多期的数值，进行比较分析
	流动比率	流动比率=流动资产÷流动负债	与行业平均水平相比进行分析
	速动比率	速动比率=速动资产÷流动负债	与行业平均水平相比进行分析

续表

项 目	指 标	公 式	分析方法
偿债能力分析	现金比率	现金比率=(货币资金+交易性金融资产)÷流动负债	与行业平均水平相比进行分析
	现金流量比率	现金流量比率=经营活动现金流量÷流动负债	与行业平均水平相比进行分析
	资产负债率	资产负债率=(总负债÷总资产)×100%	该比值越低，企业偿债越有保障，贷款越安全
	产权比率与权益乘数	产权比率=总负债÷股东权益，权益乘数=总资产÷股东权益	产权比率越低，企业偿债越有保障，贷款越安全
	利息保障倍数	利息保障倍数=息税前利润÷利息费用=(净利润+利息费用+所得税费用)÷利息费用	利息保障倍数越大，利息支付越有保障
	现金流量利息保障倍数	现金流量利息保障倍数=经营活动现金流量÷利息费用	现金流量利息保障倍数越大，利息支付越有保障
	现金流量债务比	经营现金流量债务比=(经营活动现金流量÷债务总额)×100%	比率越高，偿还债务总额的能力越强
营运能力分析	应收账款周转率	应收账款周转次数=销售收入÷应收账款 应收账款周转天数=365÷(销售收入÷应收账款) 应收账款与收入比=应收账款÷销售收入	与行业平均水平相比进行分析
	存货周转率	存货周转次数=销售收入÷存货 存货周转天数=365÷(销售收入÷存货) 存货与收入比=存货÷销售收入	与行业平均水平相比进行分析
	流动资产周转率	流动资产周转次数=销售收入÷流动资产 流动资产周转天数=365÷(销售收入÷流动资产) 流动资产与收入比=流动资产÷销售收入	与行业平均水平相比进行分析
	净营运资本周转率	净营运资本周转次数=销售收入÷净营运资本 净营运资本周转天数=365÷(销售收入÷净营运资本) 净营运资本与收入比=净营运资本÷销售收入	与行业平均水平相比进行分析
	非流动资产周转率	非流动资产周转次数=销售收入÷非流动资产 非流动资产周转天数=365÷(销售收入÷非流动资产) 非流动资产与收入比=非流动资产÷销售收入	与行业平均水平相比进行分析
	总资产周转率	总资产周转次数=销售收入÷总资产 总资产周转天数=365÷(销售收入÷总资产) 总资产与收入比=总资产÷销售收入	与行业平均水平相比进行分析
发展能力分析	股东权益增长率	股东权益增长率=(本期股东权益增加额÷股东权益期初余额)×100%	对比企业连续多期的数值，分析发展趋势

续表

项　目	指　标	公　式	分析方法
发展能力分析	资产增长率	资产增长率=(本期资产增加额÷资产期初余额)×100%	对比企业连续多期的数值，分析发展趋势
	销售增长率	销售增长率=(本期营业收入增加额÷上期营业收入)×100%	对比企业连续多期的数值，分析发展趋势
	净利润增长率	净利润增长率=(本期净利润增加额÷上期净利润)×100%	对比企业连续多期的数值，分析发展趋势
	营业利润增长率	营业利润增长率=(本期营业利润增加额÷上期营业利润)×100%	对比企业连续多期的数值，分析发展趋势

【任务评价】

(1) 实训结束后，针对实训过程中的表现，教师和各个小组的学生成员进行评价。

① 组员自由发言，总结自己的工作情况及与组员的配合情况，对工作的满意度进行评价。

② 组长对小组成员的工作满意度进行评价。

③ 教师对各组成员的工作进行综合分析和评价。

(2) 学生上交实训过程中的成果：企业财务分析报告。

(3) 完成实训报告。

(4) 做出小组的成果汇报。

① 组长总结本次任务的完成情况。

② 组长提出本次任务中存在的问题及改进措施。

(5) 核算各项成绩，填写会计综合实训报告(见表 6-4)和会计手工综合实训考核评价记录表(见表 6-5)。

表 6-4　会计综合实训报告

姓　　名		学　　号	
专业年级		指导教师	
实训时间		实训地点	
实训项目			
实训任务			
工作内容			
业务流程			
心得体会			

表 6-5　会计手工综合实训考核评价记录表

<table>
<tr><td rowspan="2">工作任务序号</td><td colspan="5">结果考核(40%)</td><td colspan="8">过程考核(60%)</td><td rowspan="2">总分</td></tr>
<tr><td>考核主体</td><td>实训成果</td><td>实训报告</td><td>成果汇报</td><td>合计</td><td>考核主体</td><td>工作质量</td><td>职业态度</td><td>团队合作</td><td>考勤纪律</td><td>小计</td><td>折合分值</td><td>合计</td></tr>
<tr><td rowspan="2">具体工作任务</td><td rowspan="2">教师</td><td rowspan="2"></td><td rowspan="2"></td><td rowspan="2"></td><td rowspan="2"></td><td>教师70%</td><td></td><td></td><td></td><td></td><td></td><td></td><td></td><td rowspan="2"></td></tr>
<tr><td>小组30%</td><td></td><td></td><td></td><td></td><td></td><td></td><td></td></tr>
<tr><td colspan="6">教师评价</td><td colspan="9">自我评价</td></tr>
<tr><td colspan="6"></td><td colspan="9"></td></tr>
</table>

考核评价时间：　　　　　　　　　　　　　　　　教师签字：

项目七

电算化操作

一、实验目的

通过计算机操作，使学生全面了解和掌握会计软件的工作流程、操作步骤和操作技巧，达到熟练掌握运用计算机进行会计处理的目的。同时可将计算机操作产生的会计处理结果与手工操作所产生的会计处理结果进行比较，检验核算的准确程度，学生更能从中体验两者的优缺点。

二、实验要求

本实验选择用友软件，先根据实验企业提供的相关信息进行账套的建立、基础信息的设置，再由发生的经济业务编制记账凭证，按照操作程序的提示，进行审核、记账、结账，最后形成报表等计算机会计处理。

不同的财务软件，其操作程序和功能大致上是一样的，只是在录入经济业务时的界面有所不同。

三、实验准备

财务处理系统应用前的准备工作主要包括：会计资料的准备、人员分工的准备和系统运行环境的准备。

1. 会计资料的准备

以手工实验资料为准，结合本单位账务处理的实际情况，选定适合本企业的功能和设置方法。

2. 人员分工的准备

人员分工的目的是为了避免与业务无关的人员或防止无权限的人员对系统进行非法操作；通过使用人员姓名和密码的设置以及操作权限和职责范围的限定，防止使用人员越权操作，从而确保会计人员各司其职。

从逻辑上划分，企业实施会计电算化后，操作使用人员的岗位可大体分为：系统主管、制单员(或凭证录入员)、审核员、记账员和系统维护员。系统主管主要负责系统的初始化设置、系统的使用和运行管理工作；制单员(凭证录入员)主要负责编制凭证或手工凭证录入计算机系统；审核员的主要职责是审核进入计算机系统凭证的合法性和正确性；记账员的主要工作是完成对合法凭证的后续处理工作；系统维护员是确保系统正常运行的主要技术人员，主要职责是处理系统运行过程中发生的各类硬、软件故障。在实际企业应用中，可根据实际情况一岗设多人，也可一人兼多岗，但制单员和审核员不能由一个人担任，以体现企业内部牵制原则。

3. 系统运行环境的准备

会计电算化软件作为计算机应用软件的一种，其运行需要计算机硬件和系统软件的支

持，具体来看主要包括以下三个方面。

(1)　计算机硬件环境的准备。在一般系统中，PC 机、打印机和 UPS 等硬件设备是最基本的。在网络系统中，还需要各类网络通信设备。不同的系统应根据系统总体规划方案的要求进行硬件系统配置。

(2)　系统软件的准备。主要是指操作系统软件和汉字系统。

目前国内商品化单用户账务处理系统运行于 DOS、WINDOWS 等环境下，一般财务人员易于掌握；多用户账务处理系统目前使用者不多；网络账务处理系统的用户正在迅速增加。汉字系统是能够方便地处理汉字信息的操作系统。

(3)　数据库运行环境的准备。目前的财务会计软件一般都是基于某一数据库管理系统开发的，软件的运行需要该数据库运行环境的支持，国内大部分会计软件产品中都带有此运行环境。

四、操作程序

(一)建立会计核算体系

操作提示：打开“系统管理”，用“Admin”登录，无口令。

建议先将计算机的系统日期进行更改，以免系统出现问题不能继续操作。

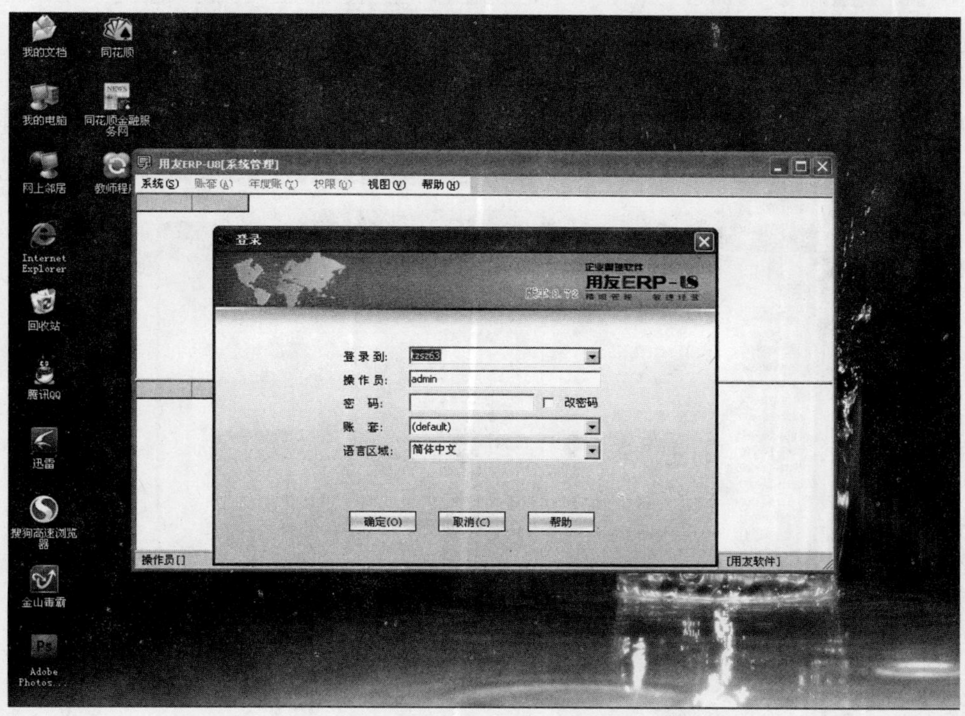

1. 设置操作员及其权限

操作提示：单击【权限】菜单→【用户】→在“用户管理”窗口单击【增加】→录入相关信息→录入完后单击【增加】表示保存。

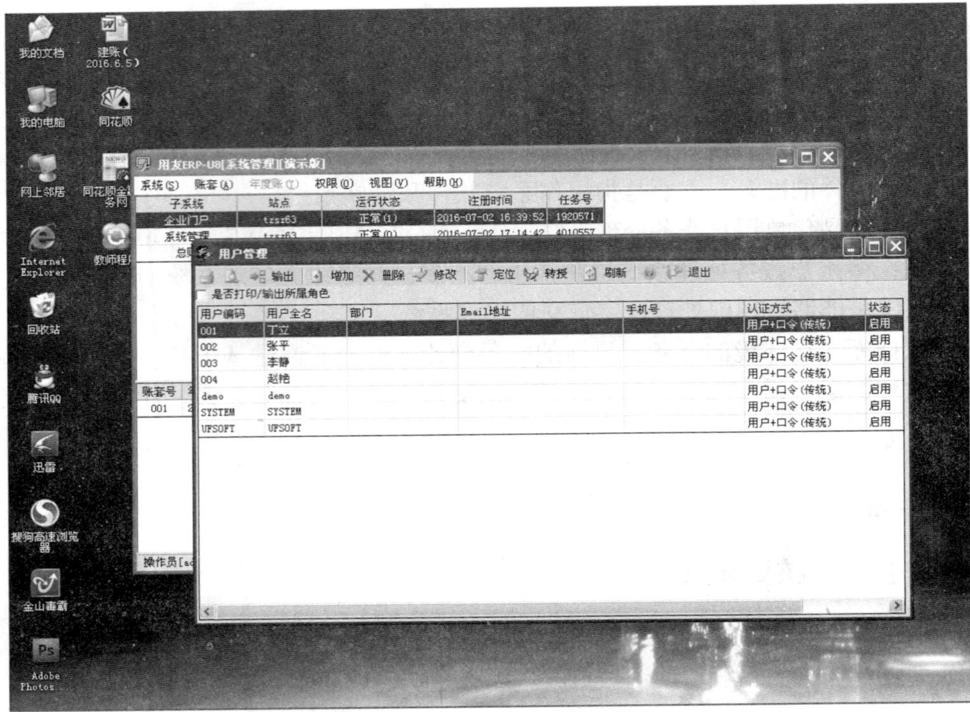

操作提示：单击【权限】菜单下的权限为操作员赋予相关权限。

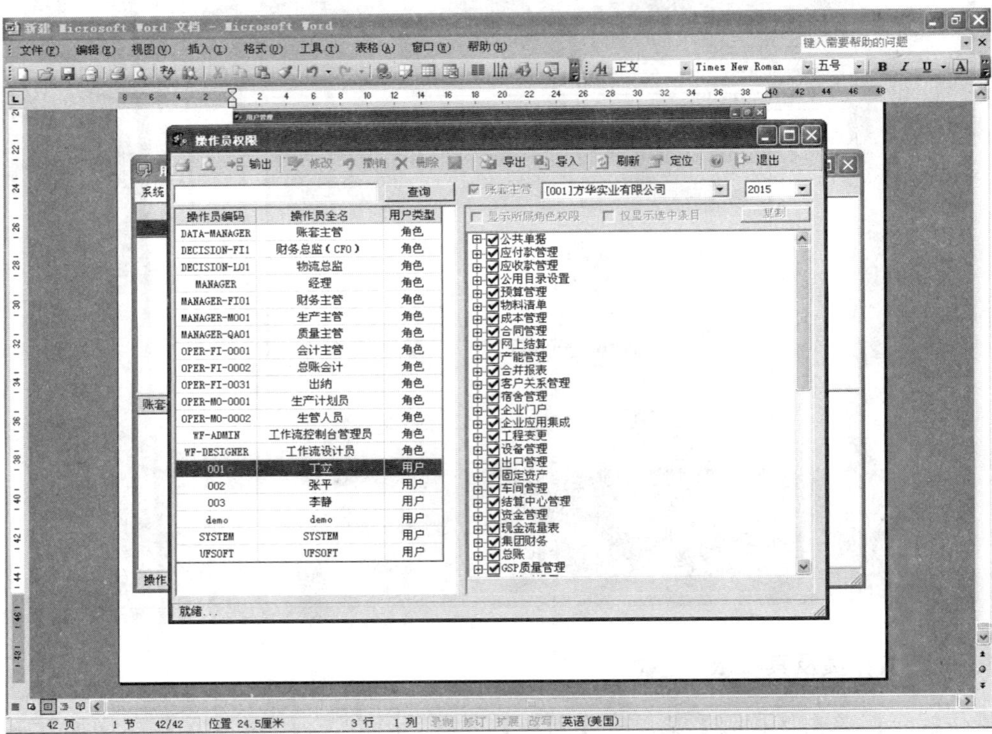

2. 建立账套

打开“账套”菜单，根据所给资料和系统创建账套向导，建立新账套，启用“总账”系统，启用日期为2015年12月1日。

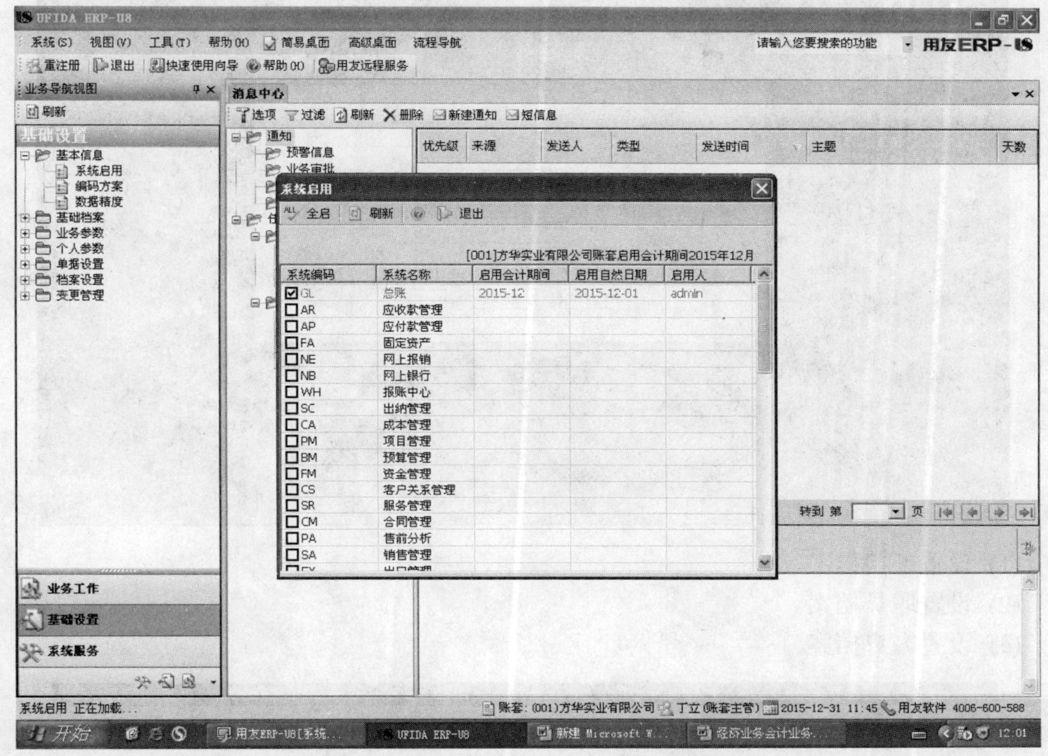

设置的编码方案级次不能超过最大级数；若需要删除级长，必须从最末级开始删除；本操作待建账完毕在“企业应用平台”→基础信息→基本信息中也可进行修改。

如果新建账套未设置完整，可通过账套主管身份登录“系统管理”进行账套的修改，灰色字的信息则不好修改。

(二)总账基础信息设置

新建账套创建以后，需要对公用的基础信息进行统一设置，因此，企业根据实际情况及业务要求，先手工整理出一份基础资料(见第五部分的实验资料)，将这些资料按照系统的要求录入系统中，以便顺利完成系统的初始建账工作。

操作提示：退出“系统管理”，以账套主管身份进入“企业应用平台”，登录账套，请选择正确的账套及使用日期，打开“设置”标签，进行“部门档案”“职员档案”“客户档案”“供应商档案”的设置(资料见第五部分)。

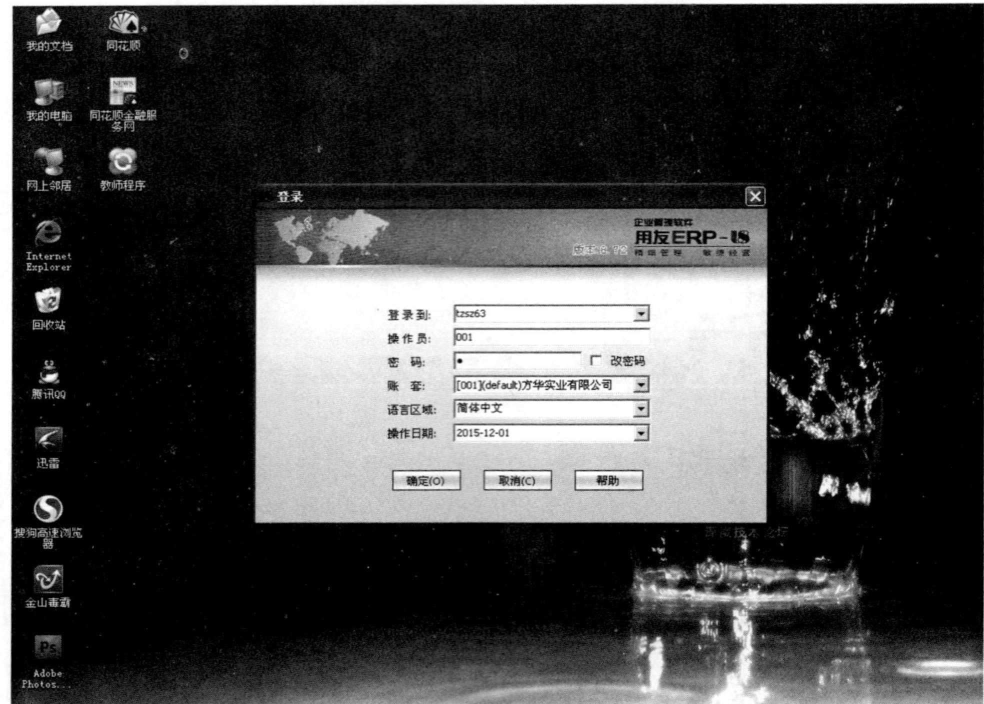

(1) 设置部门档案。

(2) 设置职员档案。

(3) 设置客户档案。

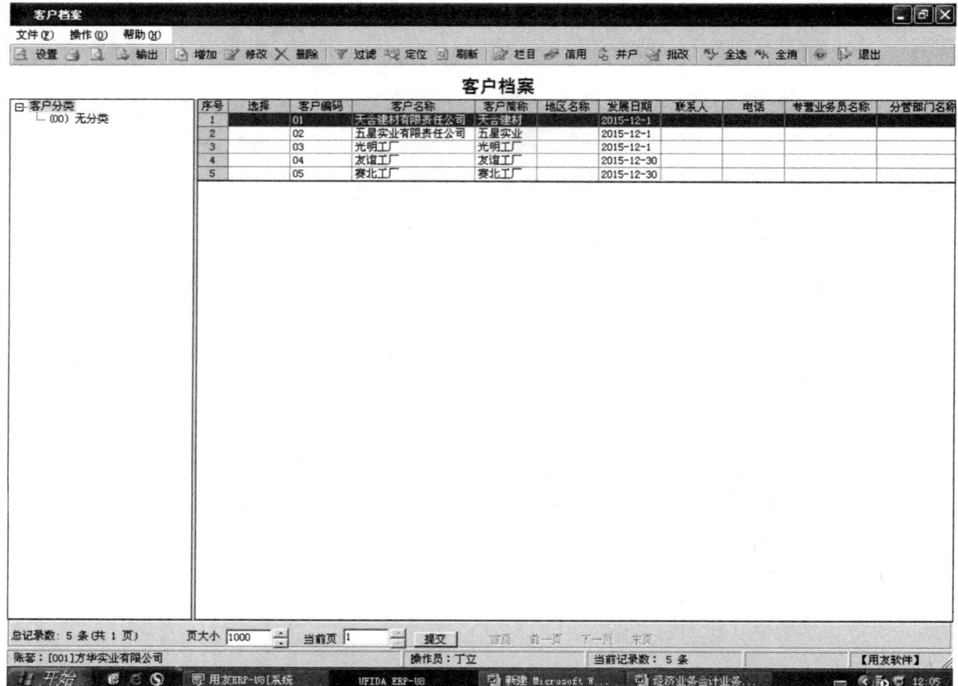

(4) 设置供应商档案等。

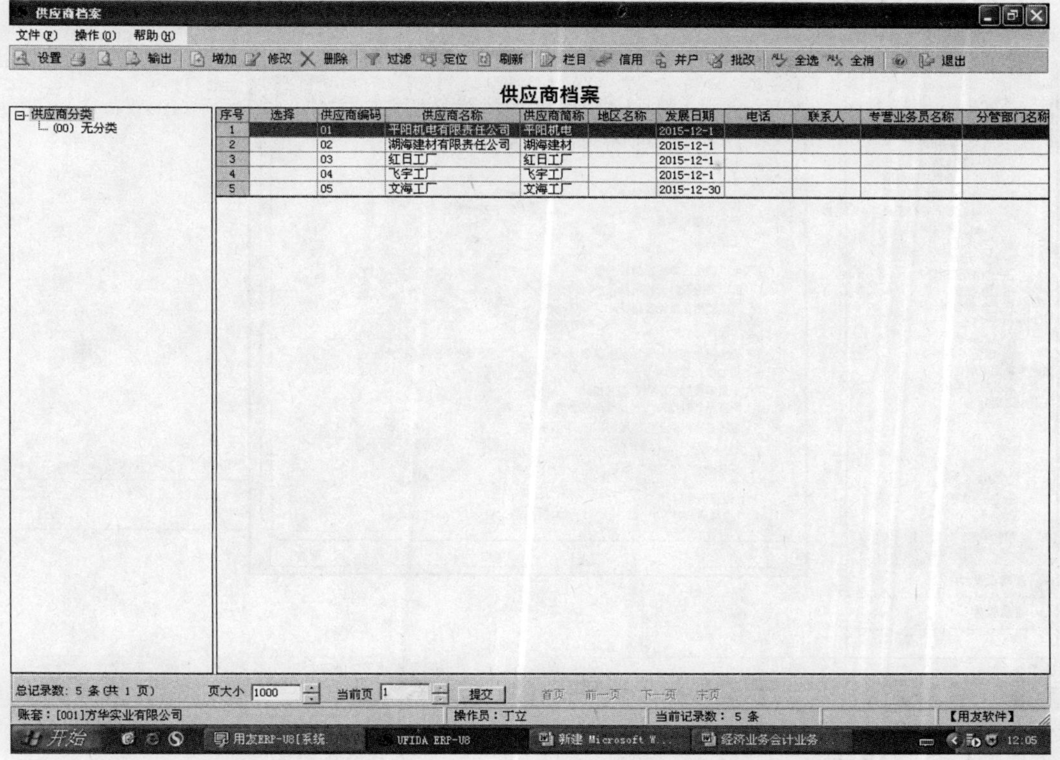

(三)会计核算基础信息

退出“系统管理”，以账套主管身份进入“企业应用平台”，登录账套，请选择正确的账套及使用日期。

1. 设置参数，选项中的参数修改

(1) 选择“总账”→“设置”→“选项”命令，打开“选项”对话框并切换到“凭证”选项卡，选中“制单序时控制”“资金往来赤子控制”“批量审核凭证进行合法性校验”“凭证编号方式-系统编号”参数。

(2) “账簿”“凭证打印”“预算控制”“会计日历”“其他”选项卡均按系统默认值。

2. 设置会计科目

财务软件一般都提供了符合国家会计制度规定的一级会计科目，如果所选会计科目基本与所选行业会计制度规定一致，则建立账套时选择“预制会计科目”，这样只需对不同的会计科目进行修改，对缺少的会计科目进行增加，对不需要的会计科目进行删除。

注意：增加的会计科目编码长度及每段位数要符合编码规则；已有数据的科目不能修改科目性质；如果科目已录入期初余额或已制单，则不能删除；非末级会计科目不能删除。

3. 指定科目

如果所选会计科目与所选行业会计制度规定基本一致，则建立账套时选择“预制会计科目”，这样只需对不同的会计科目进行修改，对缺少的会计科目进行增加，对不需要的进行删除。

操作提示。

(1) 在“总账”→“基础档案”→“财务”→“会计科目”菜单中设置会计科目(根据第五部分表格增设或修改有关科目)，特别注意某些科目的辅助核算功能。

(2) 设置指定科目，指定“现金总账科目”和“银行总账科目”。操作：单击主界面的“设置”的“会计科目”的“编辑”菜单下“指定科目”，设置“1001”为“现金总账科目”，“1002”为“银行存款总账科目”。如果没有指定科目，则出纳无权签字。

会计科目

科目级长 4-2-2-2-2　　科目个数 217

全部 | 资产 | 负债 | 共同 | 权益 | 成本 | 损益

级次	科目编码	科目名称	外币币种	辅助核算	银行科目	现金科目	计量单位	余额方向	受控系统	是否封存	银行
1	1001	库存现金				Y		借			
1	1002	银行存款			Y			借			Y
2	100201	工行存款			Y			借			Y
1	1003	存放中央银行款项						借			
1	1011	存放同业						借			
1	1012	其他货币资金						借			
1	1021	结算备付金						借			
1	1031	存出保证金						借			
1	1101	交易性金融资产						借			
1	1111	买入返售金融资产						借			
1	1121	应收票据		客户往来				借			
1	1122	应收账款		客户往来				借			
1	1123	预付账款		供应商往来				借			
1	1131	应收股利						借			
1	1132	应收利息						借			
1	1201	应收代位追偿款						借			
1	1211	应收分保账款						借			
1	1212	应收分保合同准备金						借			
1	1221	其他应收款						借			
1	1231	坏账准备						贷			
1	1301	贴现资产						借			
1	1302	拆出资金						借			
1	1303	贷款						借			
1	1304	贷款损失准备						贷			
1	1311	代理兑付证券						借			
1	1321	代理业务资产						借			
1	1401	材料采购						借			

4. 设置凭证类别

操作提示：在“基础档案”→“财务”→“凭证类别”菜单中设置，本实验选择“收、付、转”凭证类别。其中：收→借方必有；付→贷方必有；转→借贷必无。

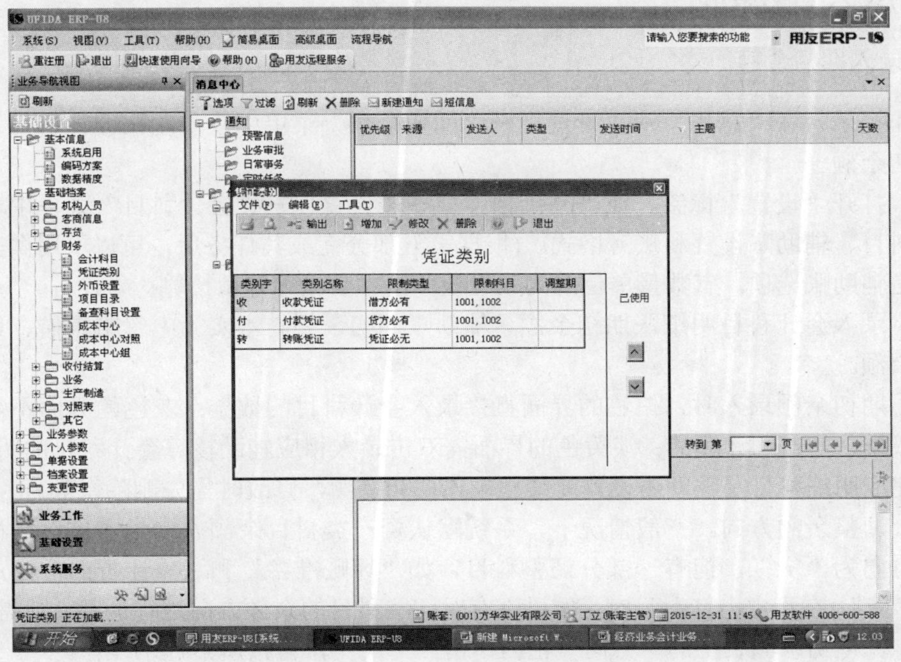

凭证类别

类别字	类别名称	限制类型	限制科目	调整期
收	收款凭证	借方必有	1001, 1002	
付	付款凭证	贷方必有	1001, 1002	
转	转账凭证	凭证必无	1001, 1002	

5. 设置结算方式

操作提示：“基础档案→收付结算→结算方式”菜单中设置。

(四)录入期初余额

1. 录入期初余额

操作提示：在“总账”→“设置”→“期初余额”菜单中录入总账会计科目及辅助核算的期初余额。

(1) 打开“设置”标签，在“基础档案”→“设置”→“会计科目”菜单中增加或修改会计科目、辅助账设置和账簿格式。(根据第五部分完成其任务后，可以不用做其工作，括号内是辅助账选项，有数量单位的为数量核算，本实验无外币核算)

(2) 录入会计科目明细账期初余额、辅助账期初余额。本实验中忽略累借、累贷，直接录入余额。

(3) 期初余额录入时，白色的界面直接录入会计科目的数据；灰色的界面不需录入会计科目数据，是自动计算的；淡黄色的界面需双击录入相应辅助核算会计科目的明细余额。在没有完成明细科目及辅助账设置前禁止录入期初余额，修改时需先删除余额。

(4) 调整余额方向。一般情况下，系统默认资产类科目余额方向为“借”，权益类科目余额方向为“贷”，但有一部分调整科目，如“坏账准备”和“累计折旧”账户的方向通常为“贷”。在设立会计科目时，如果没有对这些科目的余额方向进行调整，则需要更正。方法是：在期初余额表上的“方向”栏内单击“方向”，再按所给提示操作。

2. 试算平衡

余额录入完成后，请试算平衡、对账。若试算不平衡，将不能记账，但可以填制凭证；若已经使用本系统记过账，则不能再录入、修改期初余额。

初始化工作完成后，平时只需要进行总账的日常操作。初始设置工作全部由账套主管完成，日常操作全部由财务主管和会计主管完成。

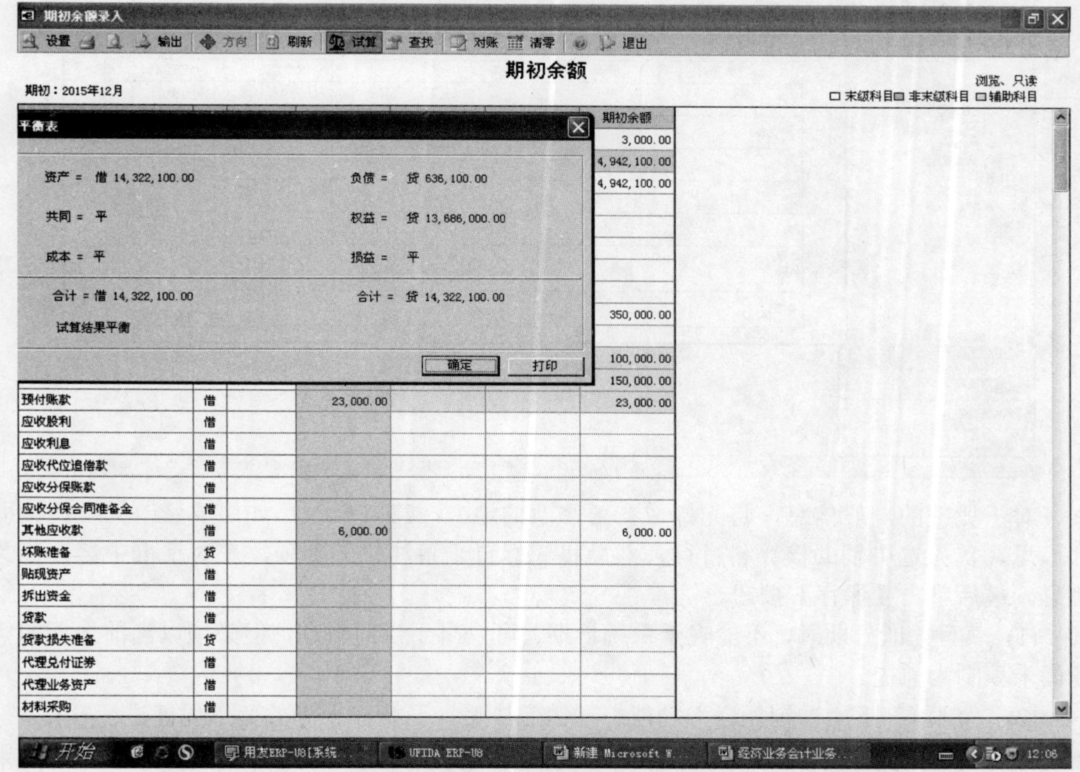

(五)日常业务处理

总账日常业务处理工作繁杂，内容较多。但基本与手工处理相似，主要包括填制凭证、出纳签字、审核凭证、记账等。

1. 填制凭证

操作提示：由制单会计李静登录“企业应用平台”→“财务会计”→“总账”→“凭证”→“填制凭证”，下面要对实验企业日常业务进行制单，操作日期2015-12-30。

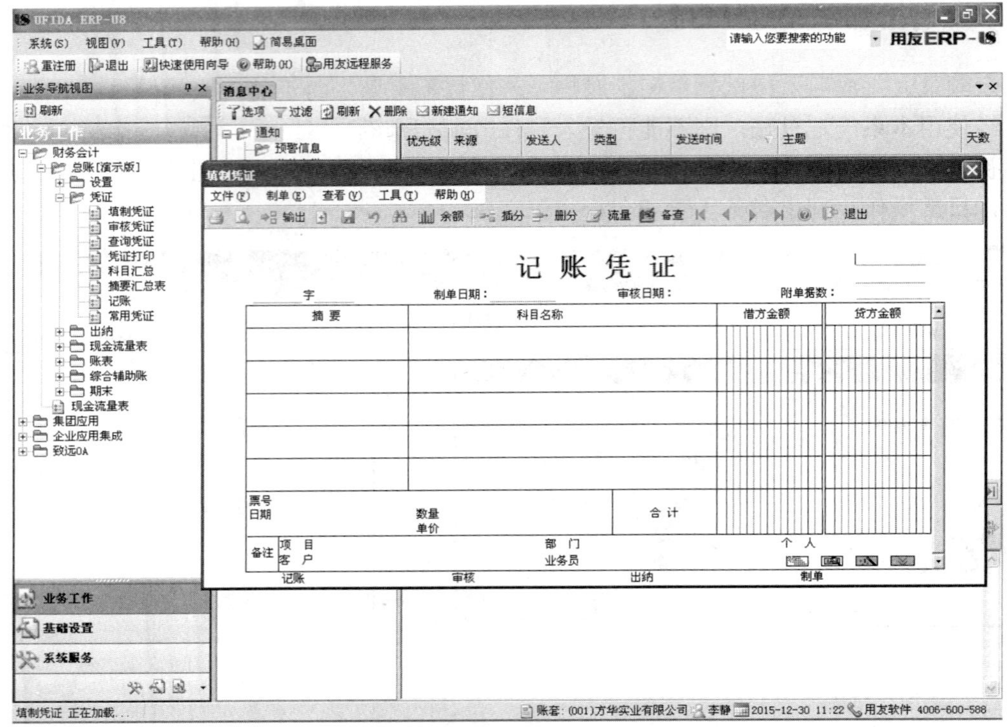

对于凭证的一般信息，将光标放在要修改的地方，直接修改；如果要修改凭证的辅助项信息，首先选中辅助核算科目行，然后将光标置于备注栏辅助项，在对话框中修改相关信息。最后单击【保存】按钮。

(1) 填写凭证日期时，不能晚于系统日期，可以早于当前日期，但必须以当前日期的凭证尚未填制为前提。

(2) “制单”下“冲销凭证”功能。冲销完毕后，要制作正确的蓝字凭证进行补充。

(3) 遇到非法的凭证需要作废时，在“填制凭证”的“作废/恢复功能”下实现。如果作废凭证不想保留，可通过“制单——凭证删除/整理”功能实现。

(4) 本实验在期末自动结转的是期间损益结转。特别注意：本类凭证为了避免工作重复，每月只生成一次。

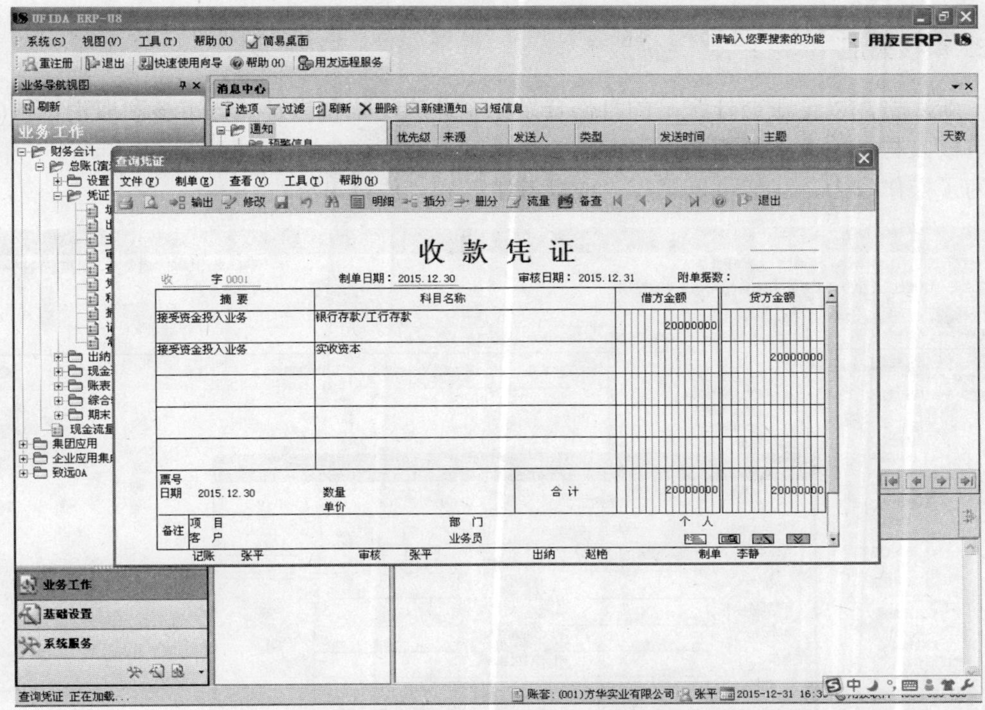

2. 出纳签字

重新注册，以出纳员赵艳的身份登录进行出纳签字。

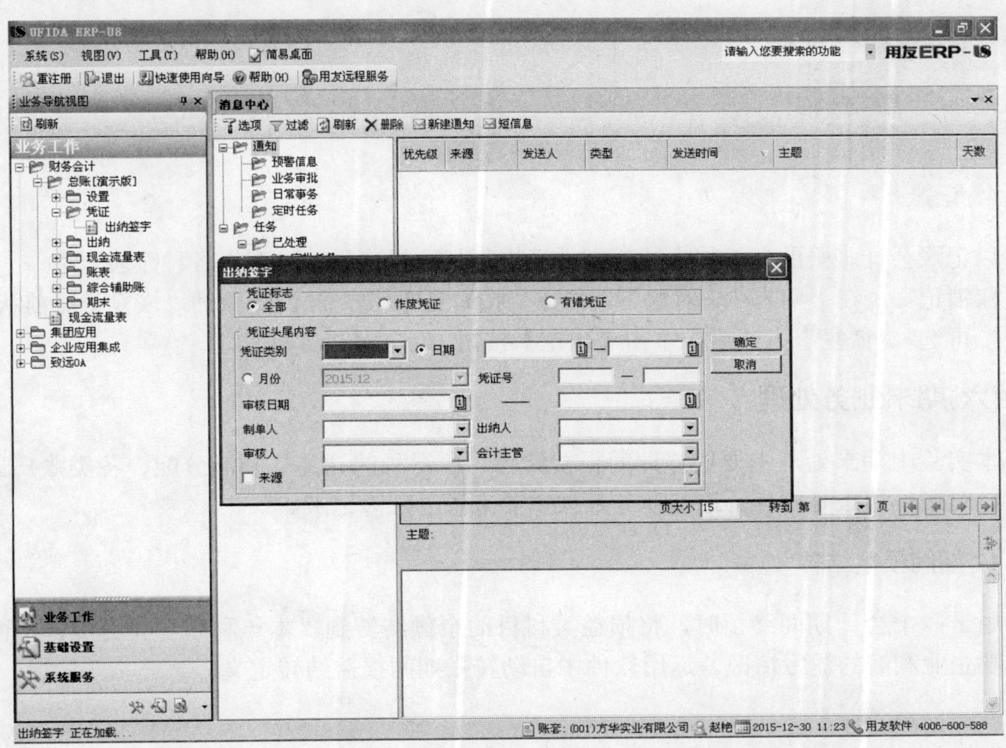

3. 审核凭证

重新注册，以记账会计张平的身份登录至企业应用平台进行凭证审核和取消审核(注：凭证审核人与制单人不能相同)。

为了操作省力，我们可以进行“成批签字”和“成批审核”。

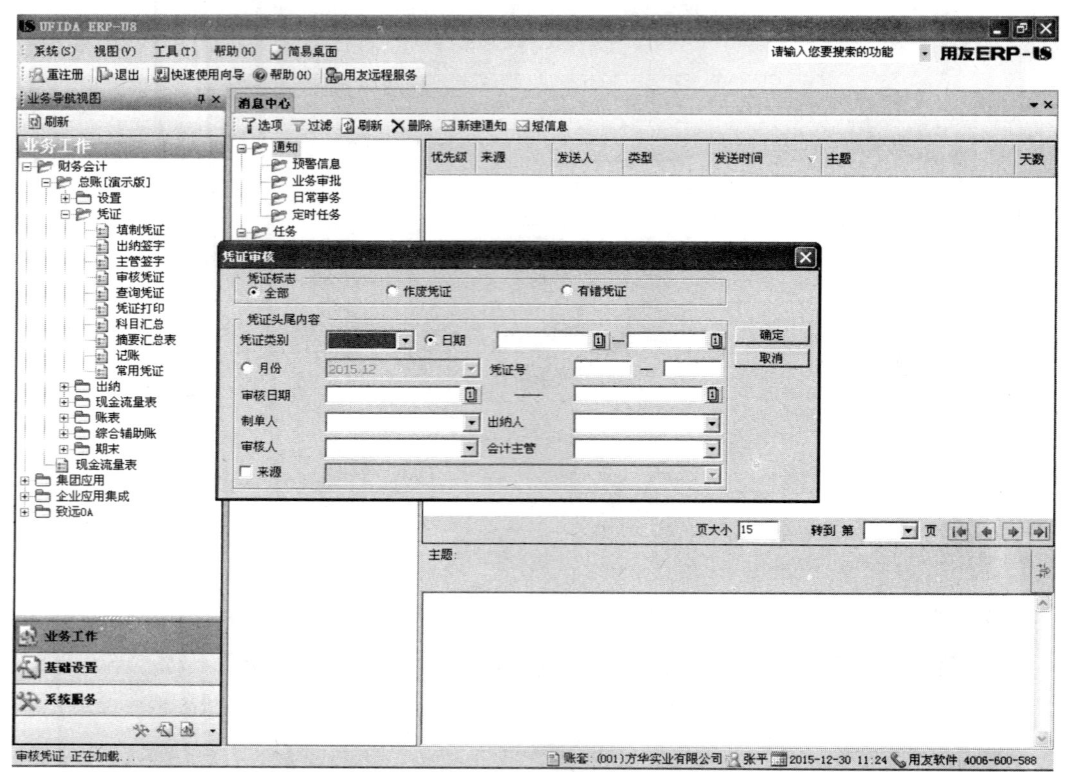

4. 记账

以记账会计张平的身份将上述所有凭证进行记账操作后，可查询各种账表。

取消记账，在“期末——对账”功能下，按 Ctrl+H 键，激活隐藏的“恢复记账前状态”功能，再选 “恢复”方式后，单击【确定】按钮。

(六)期末业务处理

本实验中期末处理主要进行期间损益结转、所得税的计算、利润分配、各类账户试算平衡、对账、结账等内容。这些业务数据主要来源于账簿记录。

1. 期间损益结转

用于一个会计期间终了时，将损益类科目的余额结转到“本年利润”科目中，从而及时反映企业利润的盈亏情况。运用软件中自动转账期间损益结转定义。

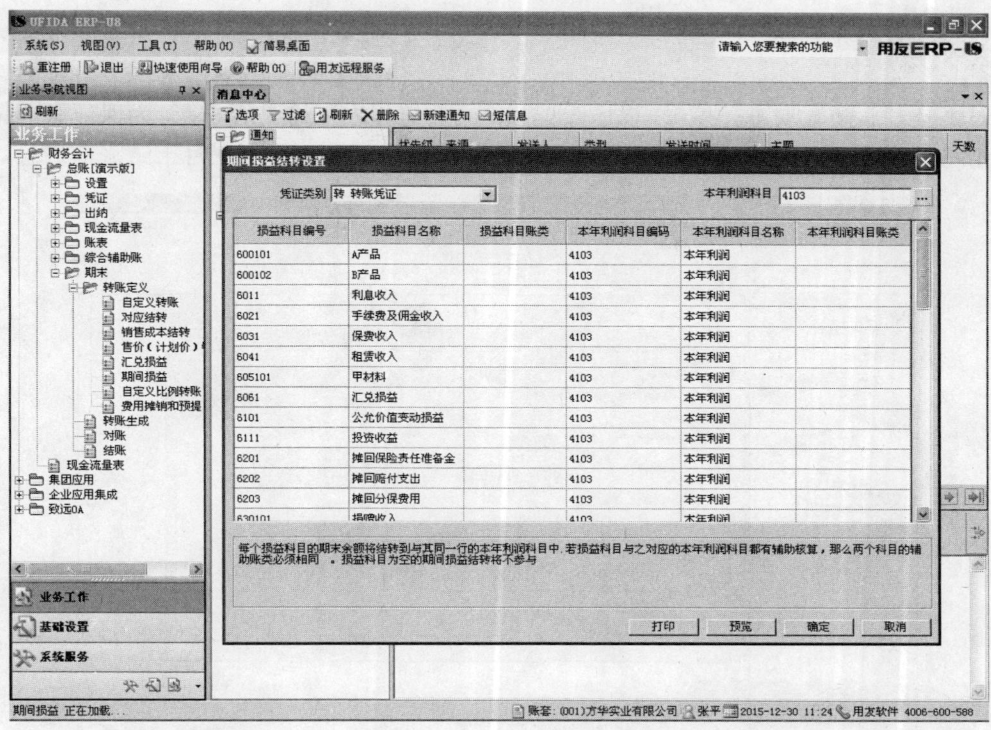

完成定义后，只需调用自定义凭证，计算机将自动快速生成转账凭证，并将当前凭证追加到未记账凭证，通过审核、记账后完成结转工作。

由于转账是按照已记账凭证的数据计算的，所以在月末转账之前，请先将所有未记账凭证记账，否则，生成的转账凭证数据可能有误。

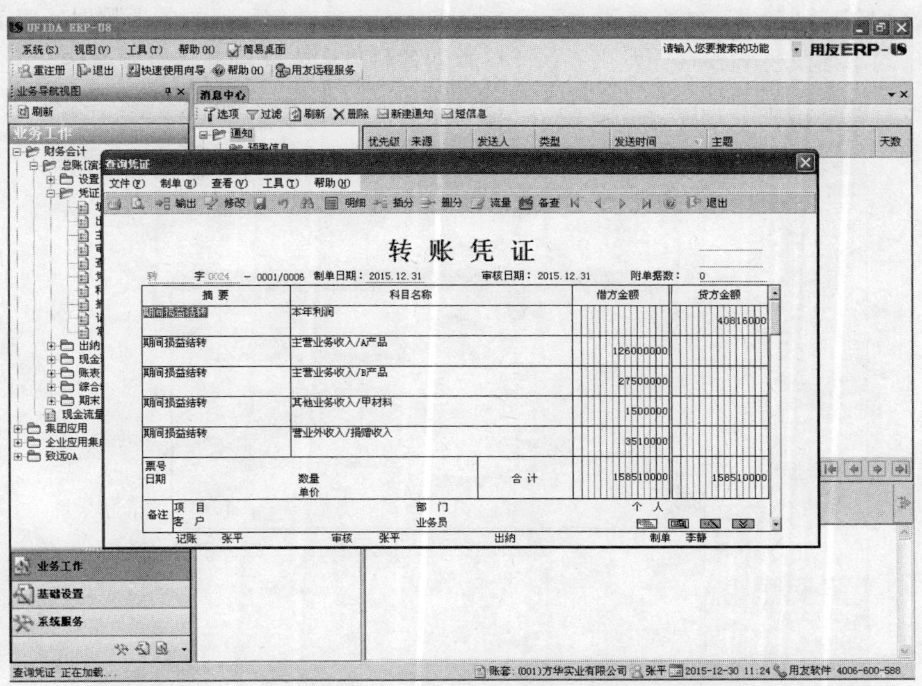

2. 对账、结账

对账是对账簿数据进行核对，以检查记账是否正确以及账簿是否平衡。为保证账证相符、账账相符，应经常使用本功能进行对账，至少一个月一次，一般可在月末结账前进行。

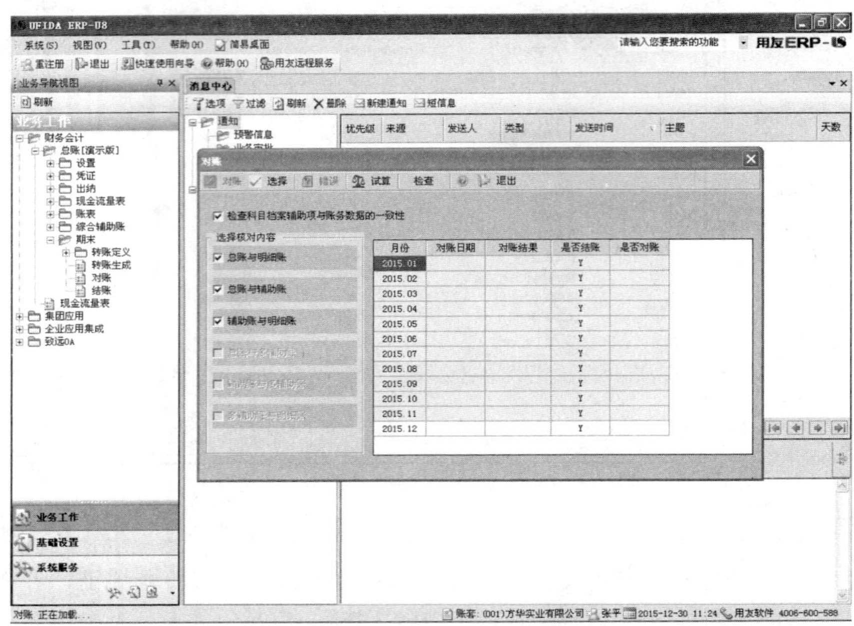

当对账出现错误或记账有误时，运用系统“恢复记账前状态”功能，进行检查、修改，直到对账正确。

计算机会计处理中，结账功能主要完成检查并停止本期各科目的各项数据处理工作；计算各科目的本期发生额和累计发生额；计算本期各科目期末余额并将余额结转至下期期初。

如果与其他子系统联合使用，其他子系统未全部结账，本系统不能结账；已结账月份不能再填制凭证。在结账过程中，可以单击【取消】按钮取消正在进行的结账操作。结账后，不能再输入这一会计期间的记账凭证或其他数据资料，也不能再记账。结账必须按月连续进行，且每月只能结账一次。

操作提示：先取消结账，再取消记账，再取消审核，将凭证改正后，再审核、记账、结账。

(七)生成报表

会计报表是企业财务报告的主要部分，是企业向外传递会计信息的主要手段。企业电算化会计中，根据总账系统及其他业务系统产生的会计数据，运用 UFO 报表系统完成会计报表的编制工作。

1. 生成资产负债表

操作提示。

① 执行“格式”|“报表模板”，打开报表模板窗口。

② 选择所在的行业“2007 新会计制度科目”，财务报表“资产负债表”。

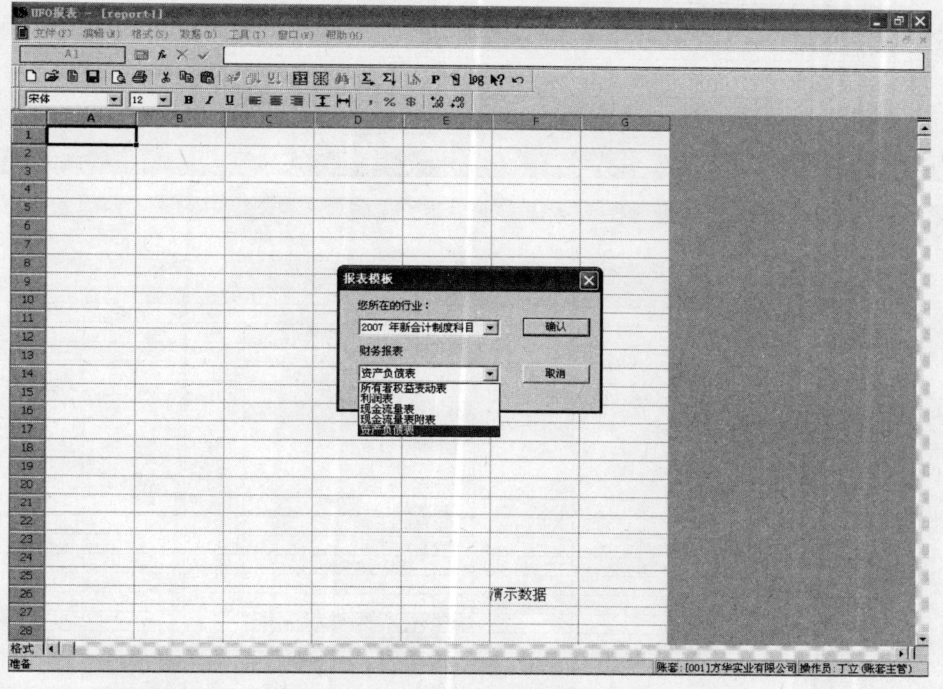

③ 打开“资产负债表”模板后，单击【数据/格式】按钮，将“资产负债表”处于格式状态，根据本单位的实际情况，调整报表格式，定义关键字、单位名称等。修改报表公式。保存调整后的报表模板。

④ 在数据状态下，执行“数据”|“关键字”|“录入”命令，打开“录入关键字”对话框。

⑤ 输入关键字：年“2015”，月“12”，日“31”。

⑥ 单击【确认】按钮，弹出“是否重算第 1 页？”提示框。

⑦ 生成资产负债表。

UFO报表 - [report1]

文件(F) 编辑(E) 格式(S) 数据(D) 工具(T) 窗口(W) 帮助(H)

D16@1

	A	B	C	D	E	F	G	H
1					资产负债表			
2			演示数据					会企01
3	编制单位：方华实业有限公司		2015 年	12 月	31 日			单位:
4	资　产	行次	年初数	期末数	负债和所有者权益（或股东权益）	行次	年初数	期末数
5								
6	流动资产:				流动负债:			
7	货币资金	1	4,945,100.00	5,913,375.00	短期借款	34	200,000.00	160,000.
8	**交易性金融资产**	2	350,000.00	350,000.00	**交易性金融负债**	35		
9	应收票据	3	100,000.00	334,000.00	应付票据	36	50,000.00	154,450.
10	应收股利	4			应付账款	37	106,100.00	106,100.
11	应收利息	5			预收账款	38	100,000.00	100,000.
12	应收账款	6	150,000.00	91,500.00	**应付职工薪酬**	39	95,000.00	106,700.
13	其它应收款	7	6,000.00	8,000.00	**应交税费**	40	45,000.00	282,035.
14	预付账款	8	23,000.00	34,000.00	应付利息	41		250.
15	存货	9	2,955,000.00	2,432,680.00	应付股利	42		784,236.
16	一年内到期的非流动资产	10			其他应付款	43	40,000.00	40,000.
17	其它流动资产	11			一年内到期的非流动负债	44		
18					其他流动负债	45		
19								
20	流动资产合计	12	8,529,100.00	9,163,555.00	流动负债合计	46	636,100.00	1,733,771.
21	非流动资产:				非流动负债:			
22	**可供出售金融资产**	13			长期借款	47		
23	**持有至到期投资**	14			应付债券	48		
24	**投资性房地产**	15			长期应付款	49		
25	长期股权投资	16			专项应付款	50		
26	**长期应收款**	17			预计负债	51		

数据 第1页

计算完毕!　　账套:[001]方华实业有限公司 操作员:丁立(账套主管)

开始　用友ERP-...　经济业务　计算器　UFIDA ERP-U8　UFO报表 -　F:\夏教授　11:50

UFO报表 - [report1]

文件(F) 编辑(E) 格式(S) 数据(D) 工具(T) 窗口(W) 帮助(H)

D16@1

	A	B	C	D	E	F	G	H
16	一年内到期的非流动资产	10			其他应付款	43	40,000.00	40,000.
17	其它流动资产	11			一年内到期的非流动负债	44		
18					其他流动负债	45		
19								
20	流动资产合计	12	8,529,100.00	9,163,555.00	流动负债合计	46	636,100.00	1,733,771.
21	非流动资产:				非流动负债:			
22	**可供出售金融资产**	13			长期借款	47		
23	**持有至到期投资**	14			应付债券	48		
24	**投资性房地产**	15			长期应付款	49		
25	长期股权投资	16			专项应付款	50		
26	**长期应收款**	17			预计负债	51		
27	固定资产	18	7,640,000.00	7,975,100.00	递延所得税负债	演示数据		
28	减：累计折旧	19	2,222,000.00	2,272,000.00	其他非流动负债	53		
29	固定资产净值	20	5,418,000.00	5,703,100.00	非流动负债合计	54		
30	减：固定资产减值准备	21			负债合计	55	636100.00	1733771.
31	固定资产净额	22	5,418,000.00	5,703,100.00				
32	**生产性生物资产**	23			所有者权益（或股东权益）:			
33	工程物资	24			实收资本（或股本）	56	9,000,000.00	9,300,000.
34	在建工程	25			资本公积	57	2,000,000.00	2,000,000.
35	固定资产清理	26			减：库存股	58		
36	无形资产	27	375,000.00	375,000.00	盈余公积	59	164,000.00	425,412.
37	**商誉**	28			未分配利润	60	2,522,000.00	1,782,472.
38	长期待摊费用	29			所有者权益（或股东权益)合计	61	13,686,000.00	13,507,884.
39	**递延所得税资产**	30						
40	**其他非流动资产**	31						
41	非流动资产合计	32	5793000.00	6078100.00				
42	资产总计	33	14322100.00	15241655.00	负债和所有者权益(或股东权益)总计	62	14,322,100.00	15,241,655.

数据 第1页

计算完毕!　　账套:[001]方华实业有限公司 操作员:丁立(账套主管)

开始　用友ERP-U8[系统　经济业务会计业务...　UFIDA ERP-U8　UFO报表 - [report1]　11:52

2. 生成利润表

UFO报表 - [report1]

文件(F)　编辑(E)　格式(S)　数据(D)　工具(T)　窗口(W)　帮助(H)

D21@1　=?C21+select(?D21,年@=年 and 月@=月+1)+2308000

利润表

会企02表

编制单位:　2015 年　12 月　单位:元

项　　目	行数	本月数	本年累计数
一、营业收入	1	1,550,000.00	18200000.00
减：营业成本	2	990,000.00	11360000.00
营业税金及附加	3	16,595.00	111595.00
销售费用	4	30,460.00	1580460.00
管理费用	5	49,135.00	1779135.00
财务费用（收益以"－"号填列）	6	2,750.00	152750.00
资产减值损失	7		
加：公允价值变动净收益（净损失以"－"号填列	8		
投资收益（净损失以"－"号填列）	演示数据		795000.00
其中对联营企业与合营企业的投资收益	10		
二、营业利润（亏损以"－"号填列）	11	461060.00	4011060.00
营业外收入	12	35,100.00	45100.00
减：营业外支出	13	88,000.00	208150.00
其中：非流动资产处置净损失（净收益以"－"号填列）	14		
三、利润总额（亏损总额以"－"号填列）	15	408160.00	3848010.00
减：所得税	16	102,040.00	1233890.00
四、净利润（净亏损以"－"号填列）	17	306120.00	2614120.00
五、每股收益：			
基本每股收益			

数据　第1页

准备　账套:[001]方华实业有限公司　操作员:丁立(账套主管)

开始　用友ERP-…　F:\　经济业务　UFIDA ERP-U8　计算器　UFO报表 -…　11:02

五、实验操作注意事项

(一)初始化

在会计电算化系统中，初始化工作包括设置系统参数、设置科目、定义各种辅助核算、录入各种余额数据或者发生额数据等。初始化工作只能进行一次，并在很大程度上影响其后的核算工作。在初始化的工作中，将本单位要采用的核算程序、方法、规则、基础数据录入计算机，使会计软件适应本单位的核算、管理需要。

1. 建账启用期间的选择

企业建立账套，所采用的账套启用期间有两种方式：以历年制为例，一种是在 1 月份启用；一种是在非 1 月份启用。两种方式相比，后者需要准备账户的余额和累计发生额，前者只需准备年初数据。建议账套的启用期间以年初为好。

2. 操作员及权限的设置

操作员的设置最关键的是要根据企业业务流程和人员职责进行权限设置。在电算化系统中，一般此项工作由系统管理员进行。另外，授权还要考虑整个工作的流程。

企业审核与过账为同一人，操作时不加审核标记，此时在授权时可省略审核权限。通过操作员权限的设置，还应该起到不同财务岗位互相牵制的作用，形成良好的内控系统。系统管理员如果出于懒惰或者其他目的，给一些财务人员设置所有权限，这是不可取的，会对账务的安全造成隐患。

注意是增加用户而不是增加角色，用户和角色两个概念要很好地理解。若角色已经在用户设置中被选择，系统则会将这些用户名称自动显示在角色设置中的所属用户名称的列表中。

3. 账套核算参数的设置

账套核算参数的设置是企业制定和设立的工作制度和流程的直接体现，并且直接影响电算化工作的日常操作，并可能影响会计数据。如参数设置了凭证必须审核，则未审核的凭证将不能过账；成本结转选择按总仓和分仓结转所得出的数据肯定会有差别。所以核算参数的设置一定要在充分了解软件功能的基础上认真进行。

4. 会计科目设置

会计科目设置即将本企业会计核算中所使用的会计科目(包括总分类科目和明细分类科目)按软件的要求重新整理，并确立会计科目的编码方案。会计科目设置具体包括：会计科目编码、科目名称、科目类型、账户类型、辅助核算要求等。

5. 科目余额录入

会计核算中，不同会计期间的衔接是通过科目余额实现的，由手工处理方式向电算化处理方式的转换也是通过各种科目余额衔接的。这里的科目余额，是指各个科目在开始使用账务处理软件时的本年年初余额，若开始使用软件时间不是年初，还需准备从本年年初至开始使用前各月各科目的借贷方发生额。

总之，在会计年度中间实施会计电算化，数据的初始所涉及的问题较多，应尽量在会计年度的开始或者结尾来更换财务软件。

注意：期初数据录入完成后，利用“工具栏”上的“对账”“试算”功能，在对账正确并试算平衡后才可做下一步工作。

6. 结算方式

为了便于管理、提高工作效率，本实验中的详细设置请遵照实验资料中的结算方式。

7. 其他设置

部门档案、客户档案、供应商档案等均按照实验资料数据设置。

(二)日常业务处理

1. 填制凭证

(1) 根据业务类型选择凭证类别。

(2) 填写凭证日期时，不能晚于系统日期(当前日期)，也不能早于系统启用日期。

(3) 摘要录入内容要求简明扼要，同时，系统还设计了摘要库，在录入凭证过程中，当光标定位于摘要栏时，按 F7 键或单击【获取】按钮，即可调出凭证摘要库。

(4) 许多会计软件的科目代码表都能模糊快速定位，会计人员记不准确的科目多为明细科目，其所属总账科目或上级科目一般较明确，输入此类科目时，只输入到其上级科目的代码，由于系统只能接受最明细的科目，此时打开科目代码表，并指向刚输入的上级科目，所要查找的明细科目应就在附近，省去多余的翻页查找操作。

(5) 在输入完多贷或多借的分录后，输入一贷或一借分录的金额时可参照合计栏中的金额输入，省去人工计算合计的麻烦，像用友软件还提供了自动获取金额的功能键。

(6) 发生错账，如果是当月的未登记账凭证，可直接修改，如果是已登账甚至以前月份的记账凭证，可冲销错误凭证，然后重新填制正确的记账凭证。会计核算软件还提供反记账、反结账的功能，反结账功能可将会计期间推前，然后将未结账的记账凭证用反记账功能返回到未记账状态，再加以修改。

2. 出纳签字

以出纳员的身份登录至企业应用平台。如果出纳无法签字，则需要检查前面的设置是否正确，如是否赋予相关权限，或是否进行科目的指定。

3. 审核凭证

以记账会计的身份登录至企业应用平台，为了提高操作效率，可以采用“成批审核”，以上也可以是“成批出纳签字”。但凭证审核与凭证制单人不能为同一人。

若总账系统已结账，则首先取消结账再取消记账最后取消审核，至此才可以进行凭证的修改、删除等操作。

4．记账

以下情况不能成功记账：期初余额试算不平衡，不能记账；上月未结账，本月不能记账；未审核凭证不能记账；在记账窗口中直接单击【下一步】按钮，系统则将所有符合记账条件的凭证作记账范围，作废凭证不需审核可直接记账。

(三)期末业务处理

(1) 要注意充分利用自动转账凭证功能，自动转账凭证设置虽不是一个必选项，但利用自动转账功能无疑能提供极大的便利。在单位的会计业务中，常有固定对应关系的记账凭证，且其数据来源于已输入系统的记账凭证。

(2) 结账前应检查该月的所有凭证是否均已记账、结账日期是否正确、其他相关模块的数据是否传递完毕，以及其他结账条件是否完备。若结账条件不能满足，则应退出结账模块，检查当月输入的会计凭证是否全部登记入账。只有在本期输入的会计凭证全部登记入账后才允许结账。

(3) 结账必须逐月进行，上月未结账不允许结本月的账。若结账成功，则应做月结标志，之后不能再输入该月的凭证和记该月的账；若结账不成功，则恢复到结账前的状态，同时给出提示信息，要求用户做相应的调整。

(四)生成报表

(1) 设置报表时应注意根据用户手册中公式的格式正确设置取数公式。比如，因实验的期初余额来源于 11 月份，本企业“本年利润”科目有期末余额。在报表模板中的处理方法为：在会计科目“利润分配”的单元公式上加上“本年利润”。

(2) 生成的报表可以通过“****表.rep”保存到以学员名字命名的文件夹中。

附录 原始凭证

附表 3-1

出资证明

方华实业有限公司因经营需要追加资本 20 万元，哈市工商行政管理局已于 2014 年 11 月 20 日核准（工商字第 180 号）。

根据日升会计师事务所孙天明 2015 年 1 月 1 日签署的【日会所】字第 1 号 2015 年 12 月 2 日验证报告，南方公司按合同缴付注册资本人民币贰拾万元整，截至 2015 年 12 月 2 日已全部缴足，出资为货币资金。

特此证明

此致

投资方（盖章）

2015 年 12 月 2 日

受资方（盖章）

2015 年 12 月 2 日

附表 3-2

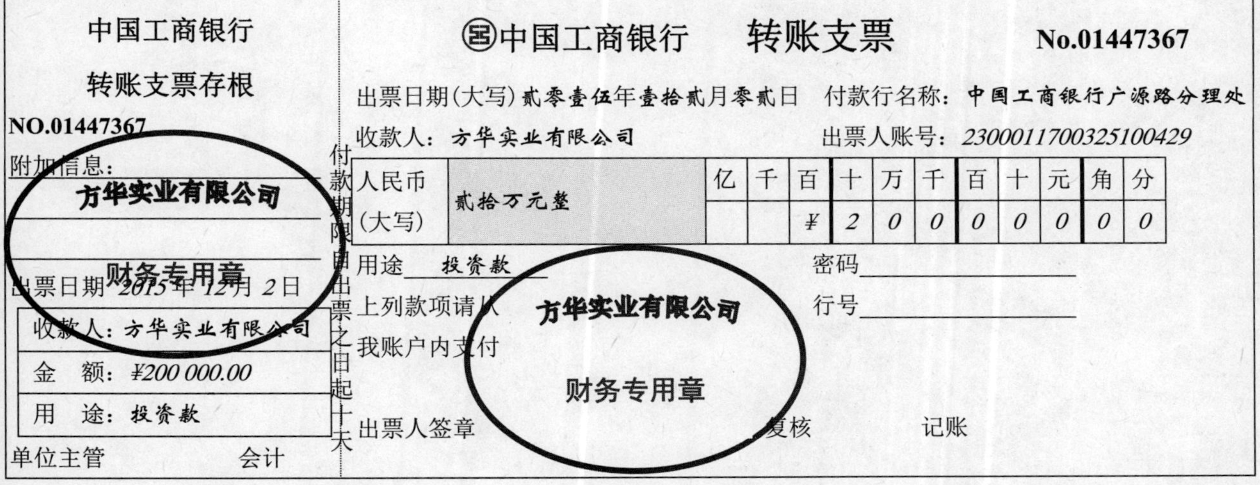

中国工商银行

转账支票存根

NO.01447367

附加信息：

方华实业有限公司 财务专用章

出票日期 2015 年 12 月 2 日

收款人：方华实业有限公司

金 额：¥200 000.00

用 途：投资款

单位主管　　会计

付款期限自出票之日起十天

中国工商银行　转账支票　No.01447367

出票日期(大写) 贰零壹伍年壹拾贰月零贰日　付款行名称：中国工商银行广源路分理处

收款人：方华实业有限公司　出票人账号：2300011700325100429

人民币(大写)	亿	千	百	十	万	千	百	十	元	角	分
贰拾万元整			¥	2	0	0	0	0	0	0	0

用途 投资款　密码

上列款项请从　行号

我账户内支付

方华实业有限公司 财务专用章

出票人签章　复核　记账

附表 3-3

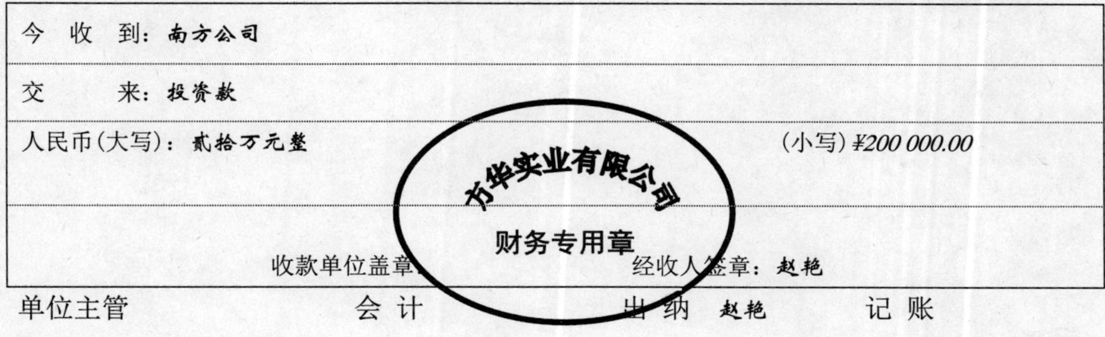

收　　据

2015 年 12 月 2 日　　　　No.0004282

今 收 到：南方公司	
交　　来：投资款	
人民币(大写)：贰拾万元整	(小写)¥200 000.00
收款单位盖章：方华实业有限公司 财务专用章	经收人签章：赵艳

单位主管　　　　会 计　　　　出 纳 赵艳　　　　记 账

附表 3-4

中国工商银行　进账单(收账通知)

2015 年 12 月 2 日

<table>
<tr><td rowspan="3">出票人</td><td>全　称</td><td>南方公司</td><td rowspan="3">收款人</td><td>全　称</td><td colspan="10">方华实业有限公司</td></tr>
<tr><td>账　号</td><td>2300011700325100429</td><td>账　号</td><td colspan="10">2100022609003635658</td></tr>
<tr><td>开户银行</td><td>哈市中行道里支行</td><td>开户银行</td><td colspan="10">中国工商银行</td></tr>
<tr><td rowspan="2">金额</td><td colspan="4" rowspan="2">人民币
(大写) 贰拾万元整</td><td>千</td><td>百</td><td>十</td><td>万</td><td>千</td><td>百</td><td>十</td><td>元</td><td>角</td><td>分</td></tr>
<tr><td></td><td>¥</td><td>2</td><td>0</td><td>0</td><td>0</td><td>0</td><td>0</td><td>0</td><td>0</td></tr>
<tr><td colspan="2">票据种类</td><td>转账支票</td><td>票据张数</td><td>1</td><td colspan="10" rowspan="3">中国工商银行广源分行
2015. 12. 2
转讫

开户行签章</td></tr>
<tr><td colspan="2">票据号码</td><td colspan="3"></td></tr>
<tr><td colspan="5">备注

复核　　　　记账</td></tr>
</table>

此联是收款人开户行交给收款人的收账通知

附表 3-5

中国工商银行（短期借款）借款凭证（回单）

银行编号：2350134

2015年 12月 2日

<table>
<tr><td>名　称</td><td colspan="4">方华实业有限公司</td><td rowspan="3">借款单位</td><td>名　称</td><td colspan="9">方华实业有限公司</td></tr>
<tr><td>往来账户</td><td colspan="4">050101100228078</td><td>放款账户</td><td colspan="9">050101100132034</td></tr>
<tr><td>开户银行</td><td colspan="4">中国工商银行</td><td>开户银行</td><td colspan="9">中国工商银行</td></tr>
<tr><td>还款期限</td><td colspan="4">3个月</td><td>利率</td><td>5%</td><td colspan="3">起息日期</td><td colspan="6">2015.12.2</td></tr>
<tr><td>申请金额</td><td colspan="4">人民币（大写）陆万元整</td><td>亿</td><td>千</td><td>百</td><td>十</td><td>万</td><td>千</td><td>百</td><td>十</td><td>元</td><td>角</td><td>分</td></tr>
<tr><td>借款原因
用　途</td><td colspan="2">周转贷款</td><td colspan="2">银行核定金额</td><td></td><td></td><td></td><td>¥</td><td>6</td><td>0</td><td>0</td><td>0</td><td>0</td><td>0</td><td>0</td></tr>
<tr><td colspan="3" rowspan="4">备注：</td><td>期限</td><td colspan="5">计划还款</td><td colspan="8">计划还款金额</td></tr>
<tr><td></td><td colspan="5"></td><td colspan="8"></td></tr>
<tr><td></td><td colspan="5"></td><td colspan="8"></td></tr>
<tr><td colspan="14">上述借款业已同意贷给并转入你单位往来账户，借款到期时应按期归还。此致
借款单位
（银行盖章）　　2015年 12月 2日</td></tr>
</table>

中国工商银行广源分行
2015.12.2
转讫

附表 3-6

出资证明

方华实业有限公司因经营需要追加机器设备 10 万元，哈市工商行政管理局已于 2014 年 11 月 22 日核准（工商字第 181 号）。

根据日升会计师事务所孙天明 2015 年 1 月 4 日签署的【日会所】字第 3 号 2015 年 12 月 15 日验证报告，红桥工厂按合同缴付机器设备壹拾万元整，截至 2015 年 12 月 15 日已全部缴足，出资为固定资产。

特此证明

此致

投资方（盖章）　　　　受资方（盖章）

2015 年 12 月 15 日　　　　2015 年 12 月 15 日

附表 3-7　**固定资产验收交接单**　No.0001235

2015年 12月 5日　金额：元

资产名称	规格	计量单位	数量	单价或工程造价	安装费用	其他费用	合计	已提折旧
机床	B-6	台	1				100 000.00	
资产来源	投资	制造厂名	五阳机电	使用年限	10年	估计残值	6 000.00	
合计人民币（大写）壹拾万元整					（小写）¥100 000.00			

验收人：杨光　接管人：夏天　主管：　会计：

附表 3-8

No.00180234

开票日期：2015年 12月 2日

购买方	名　称：方华实业有限公司 纳税人识别号：515280104013127 地 址、电 话：建设路 21 号 0991-2866126 开户行及账号：工行 2100022609003635658			密码区	4<0/0*31*6<2+7703+6 01/1-1-09881019>990/0+8 6845/3<0211+-+0191312 4<0676->>2-23/186>>-1		加密版本号： 440004314 00180234
货物或应税劳务、服务名称	规格型号	单位	数量	单价	金额	税率	税额
甲材料	PU	千克	1 000	20.00	20 000.00	17%	3 400.00
乙材料	FJ	千克	2 000	60.00	120 000.00	17%	20 400.00
合计					¥140 000.00		¥23 800.00
价税合计（大写）	⊗壹拾陆万叁仟捌佰元整				（小写）¥163 800.00		
销售方	名　称：飞宇工厂 纳税人识别号：2587489584112 地 址、电 话：球路 30 号 0451-86756699 开户行及账号：建设银行 3900251675509712078			备注	飞宇工厂 发票专用章 税号 258741104015006		

收款人：　复核：　开票人：李　燕　销售方：（章）

第三联　发票联　购买方记账凭证

附表 3-9

收　料　单

2015年12月2日　　　　　　No.045301

供货单位：飞宇工厂						实际成本											
编号	材料名称	规格	送验数量	实收数量	单位	单价	运杂费	金额									
								百	十	万	千	百	十	元	角	分	
003	甲材料	PU	1 000	1 000	千克												
004	乙材料	FJ	2 000	2 000	千克												
合　计																	
备　注：								附单据2张									

第二联　财务联

主管：丁　立　　会计：张　平　　保管：关　磊　　复核　　验　收：张志强

附表 3-10

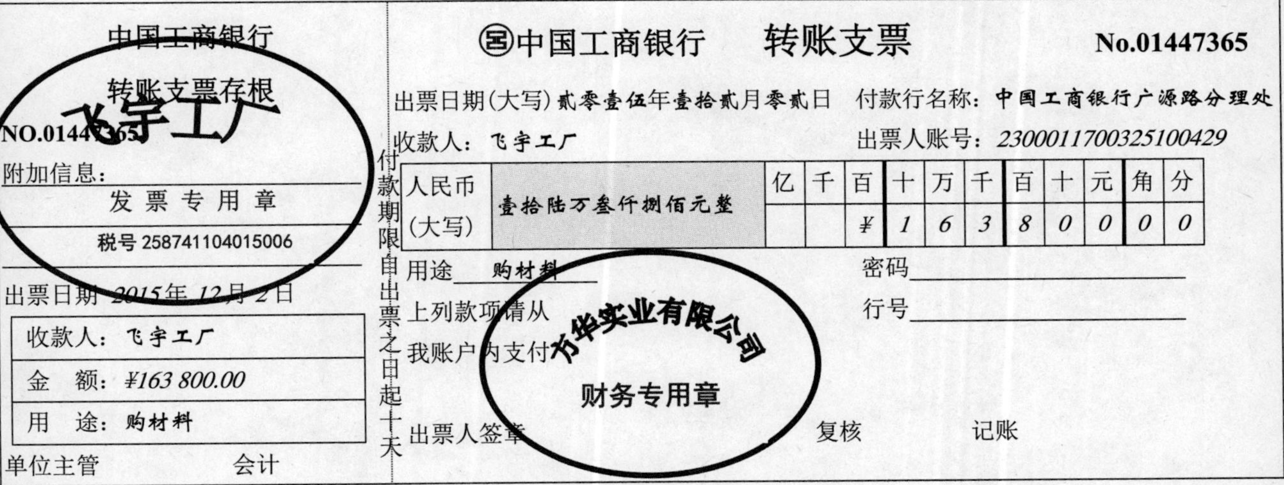

中国工商银行
转账支票存根
NO.01447365
附加信息：
出票日期　2015年12月2日
收款人：飞宇工厂
金　额：¥163 800.00
用　途：购材料
单位主管　　　　会计

中国工商银行　转账支票　No.01447365

出票日期(大写)贰零壹伍年壹拾贰月零贰日　付款行名称：中国工商银行广源路分理处

收款人：飞宇工厂　出票人账号：230001170032510042 9

付款期限自出票之日起十天

人民币(大写)	亿	千	百	十	万	千	百	十	元	角	分
壹拾陆万叁仟捌佰元整			¥	1	6	3	8	0	0	0	0

用途　购材料　　密码

上列款项请从　　行号

我账户内支付

出票人签章　　复核　　记账

附表 3-11

黑龙江增值税专用发票

发票联

No.00187966

开票日期：2015年 12月 3日

购买方	名　　称：方华实业有限公司 纳税人识别号：515280104013127 地 址、电 话：建设路 21号 0991-2866126 开户行及账号：工行广支 2100022609003635658	密码区	73-+54477865*+-/98 01//-275+6*94>4+6310052 4//563<0217+-+019>302 3<0602->>2/4>>4/>>>0	加密版本号： 400004100 00187966

货物或应税劳务、服务名称	规格型号	单位	数量	单价	金额	税率	税额
丙材料	HE	千克	500	50.00	25 000.00	17%	4250.00
合计					¥25 000.00		¥4250.00
价税合计（大写）	⊗贰万玖仟贰佰伍拾元整				（小写）¥29 250.00		

销售方	名　　称：齐市文海工厂 纳税人识别号：465280104023489 地 址、电 话：建国路 06号 0993-4569328 开户行及账号：农行建支 0656022001325	备注	文海工厂 发票专用章 税号 874141251015089

收款人：　　复核：　　开票人：　　销售方：（章）

第二联　发票联　购货方记账凭证

附表 3-12

公路、内河货物运输业统一发票（代开）

发票联

No.34501002956

开票日期：2015年 12月 3日

机打代码 机打代码 机器编号	00295632 20062579	税控码	
收货人及纳税人识别号	方华实业有限公司 515280104013127	承运人及纳税人识别号	哈市顺风汽车运输队 465280104065267
运输项目及金额	公路货物运输 500.00	其他及金额	备注（手写无效）代开单位盖章 哈市地方税务局代开发票专用章 345010900
运费小计	¥500.00	其他费用小计	¥0.00
合计（大写）	伍佰元整	（小写）¥500.00	
代开单位及代号	哈市地方税务局 345010900	扣缴税额、税率 完税凭证号码	35.00(税率)7% 20150980391

（注：暂不考虑运费的增值税进项税抵扣）　　开票人：

第二联　发票联　付款方记账凭证

附表 3-13

黑龙江增值税专用发票

全国统一发票监制章 发票联 黑龙江 国家税务总局监制

No.00187992

开票日期：2015年12月6日

购买方	名　　称：方华实业有限公司 纳税人识别号：515280104013127 地址、电话：建设路21号 0991-2866126 开户行及账号：工行广支 2100022609003635658	密码区	*31*6<<2+/−+7703*6 012/1-3-02548003>950/2+3 6012/3<<201+−+01>>302 2<1023−>>1−23//86>>0	加密版本号： 440004202 00187992

货物或应税劳务、服务名称	规格型号	单位	数量	单价	金额	税率	税额
甲材料	PU	千克	2 000	20.00	40 000.00	17%	6 800.00
丁材料	UK	千克	3 000	15.00	45 000.00	17%	7 650.00
合计					¥85 000.00		¥14 450.00
价税合计(大写)	⊗玖万玖仟肆佰伍拾元整			(小写)¥99 450.00			

销售方	名　　称：飞宇工厂 纳税人识别号：2587489584112 地址、电话：球路30号 0451-86756699 开户行及账号：建行 3900251675509712078	备注	飞宇工厂 发票专用章 税号 258741104015006

收款人：　　复核：　　开票人：　　销售方：(章)

第二联 发票联 购买方记账凭证

附表 3-14

公路、内河货物运输业统一发票(代开)

全国统一发票监制章 黑龙江 发票联 地方税务局监制

No.00256010768

开票日期：2015年12月6日

机打代码 机器编号	00125326 20061009	税控码			
收货人及 纳税人识别号	方华实业有限公司 515280104013127	承运人及纳 税人识别号	神龙汽车运输队 359291040065796		
运输项目 及金额	公路货物运输 5 000.00	其他及 金额		(手写无效) 代开单位盖章	
运费小计	¥5 000.00	其他费用小计	¥0.00		
合计(大写)	伍仟元整	(小写)¥5 000.00			
代开单位及 代号	哈市地方税务局 354020876	扣缴税额、税率完 税凭证号码	350.00(税率)7% 20061007402		

(注：暂不考虑运费的增值税进项税抵扣)　　开票人：

第二联 发票联 付款方记账凭证

附表 3-15

运费分配表

No.045302

2015年 12月 6日

材料名称	购进重量(千克)	发生运费	分配率	分配金额(元)
甲材料	2 000			
丁材料	3 000			
合计	5 000	5 000.00		5 000.00

会计：　　　　制单：　　　　复核

附表 3-16

收　料　单

2015年 12月 6日　　　　No.045302

供货单位：飞宇工厂						实际成本										
编号	材料名称	规格	送验数量	实收数量	单位	单价	运杂费	金额								
								百	十	万	千	百	十	元	角	分
003	甲材料	PU	2 000	2 000	千克											
006	丁材料	UK	3 000	3 000	千克											
合　计																
备　注：								附单据 2张								

第二联　财务联

主管：丁　立　　会计：张　平　　保管：关　磊　　复核　　验　收：张志强

附表 3-17

商业承兑汇票

签发日期　2015年 12月 6日　　第 11 号

付款人	全　称	方华实业有限公司		收款人	全　称	飞宇工厂	
	账　号	210002260900363565 8			账　号	3900251675509712078	
	开户银行	工行广支	行号		开户银行	工行汉支	行号

汇票金额	人民币(大写)壹拾万肆仟肆佰伍拾元整	千	百	十	万	千	百	十	元	角	分
			¥	1	0	4	4	5	0	0	0

汇票到期日	2015年 3月 5日	交易合同号码	

汇票已经本单位承兑，到期日无条件支付票款。

此致

收款人

方华实业有限公司　发票专用章

付款人盖章

负责：杜荣华　经办：李强　2015年 12月 6日

方华实业有限公司　发票专用章

汇票签发人盖章

负责：杜荣华　经办：李强

附表 3-18　　**收 料 单**

2015年 12月 6日　　No.045303

供货单位：齐市文海工厂						实际成本											
编号	材料名称	规格	送验数量	实收数量	单位	单价	运杂费	金额									
								百	十	万	千	百	十	元	角	分	
005	丙材料	HE	500	500	千克												
合计																	
备注：								附单据 1 张									

第二联　财务联

主管：丁 立　　会计：张 平　　保管：关 磊　　复核　　验收：张志强

附表 3-19　　完成下列空白支票的填写，然后编制记账凭证。

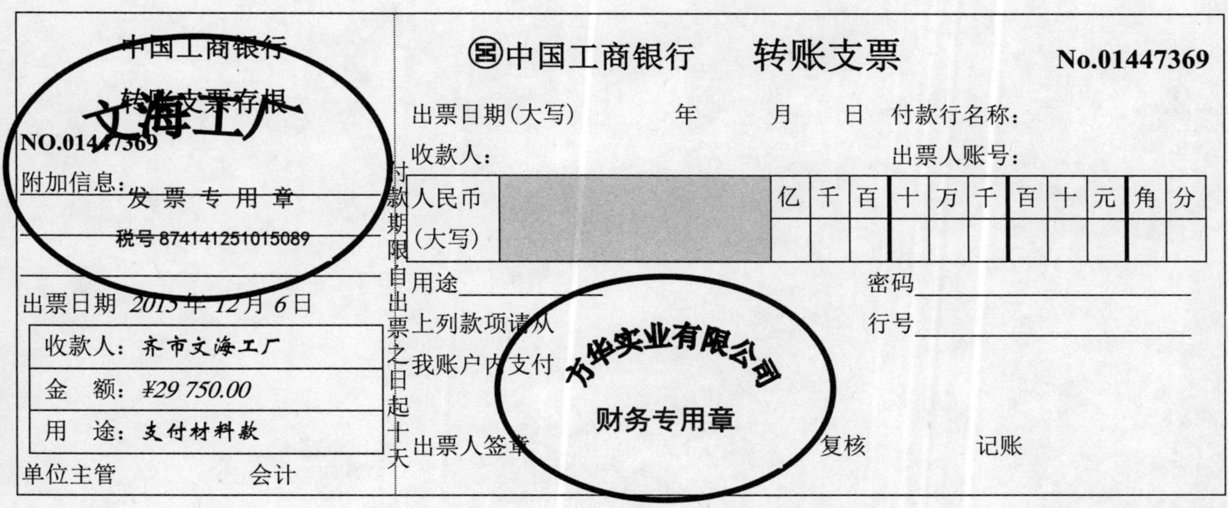

中国工商银行
转账支票存根
NO.01447369
附加信息：
（印章：文海工厂 发票专用章 税号 874141251015089）
出票日期 2015年12月6日
收款人：齐市文海工厂
金　额：¥29 750.00
用　途：支付材料款
单位主管　　会计

付款期限自出票之日起十天

中国工商银行　转账支票　No.01447369
出票日期（大写）　　年　　月　　日　付款行名称：
收款人：　　出票人账号：

人民币（大写）	亿	千	百	十	万	千	百	十	元	角	分

用途　　密码
上列款项请从　　行号
我账户内支付
（印章：方华实业有限公司 财务专用章）
出票人签章　　复核　　记账

附表 3-20　完成下列空白支票的填写，然后编制记账凭证。

中国工商银行 转账支票存根

NO.01447370

附加信息

出票日期 2015年 12月 7日

收款人：	红日工厂
金　额：	¥100 000.00
用　途：	预付货款

单位主管　　会计

（印章：红日工厂 财务专用章）

付款期限自出票之日起十天

中国工商银行　转账支票　　**No.01447370**

出票日期(大写)　　年　　月　　日　付款行名称：

收款人：　　出票人账号：

人民币(大写)		亿	千	百	十	万	千	百	十	元	角	分

用途________　　密码________

上列款项请从　　行号________

我账户内支付

出票人签章　　复核　　记账

（印章：方华实业有限公司 财务专用章）

附表 3-21

收　　据

No.0015013

2015年 12月 7日

今　收　到：方华实业有限公司
交　　　来：预付货款
人民币(大写)：壹拾万元整　　　(小写) ¥100 000.00
收款单位盖章：　　　　经收人签章：王万州

（印章：红日工厂 财务专用章）

单位主管　　会 计　　出 纳 海江红　　记 账

附表 3-22

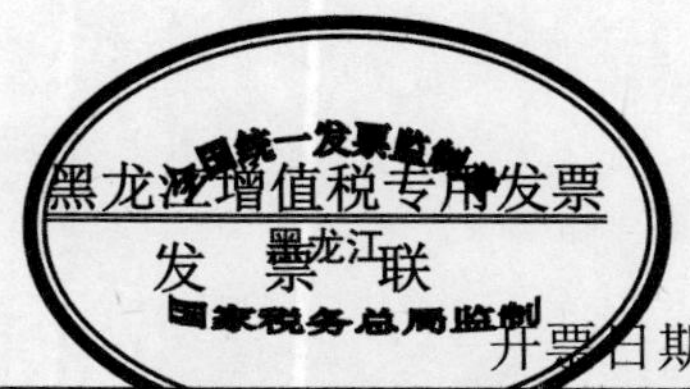

黑龙江增值税专用发票

发　票　联

No.02548215

开票日期：2015年 12月 13日

购买方	名　　称：方华实业有限公司 纳税人识别号：515280104013127 地 址、电 话：建设路 21 号 0991-2866126 开户行及账号：工行广支 2100022609003635658	密码区	7/1>>64>21<9>2->*8 013/8>3328125>302257556 96//>>5-+5124<2>-07/3 *//89>>2-+312/45>>-3	加密版本号： 440004021 02548215

货物或应税劳务、服务名称	规格型号	单位	数量	单价	金额	税率	税额
乙材料	FJ	千克	2000	60.00	120 000.00	17%	20 400.00
合计					¥120 000.00		¥20 400.00
价税合计（大写）	⊗壹拾肆万零肆佰元整			（小写）¥140 400.00			

销售方	名　　称：黑龙江省红日工厂 纳税人识别号：452000410032594 地 址、电 话：长安路 7号　65872432 开户行及账号：市中行　2456726742658	备注	红日工厂 财务专用章

收款人：　　复核：　　开票人：　　销售方：（章）

第二联　发票联　购买方记账凭证

附表 3-23

收　料　单

No.045303

2015年 12月 13日

供货单位：红日工厂								实际成本									
编号	材料名称	规格	送验数量	实收数量	单位	单价	运杂费	金额									
								百	十	万	千	百	十	元	角	分	
004	乙材料	FJ	2 000	2 000	千克												
合　　计																	
备　注：								附单据 1 张									

主管：丁　立　　会计：张　平　　保管：关　磊　　复核　　验　收：张志强

第二联　财务联

附表 3-24 完成下列空白支票的填写，然后编制记账凭证。

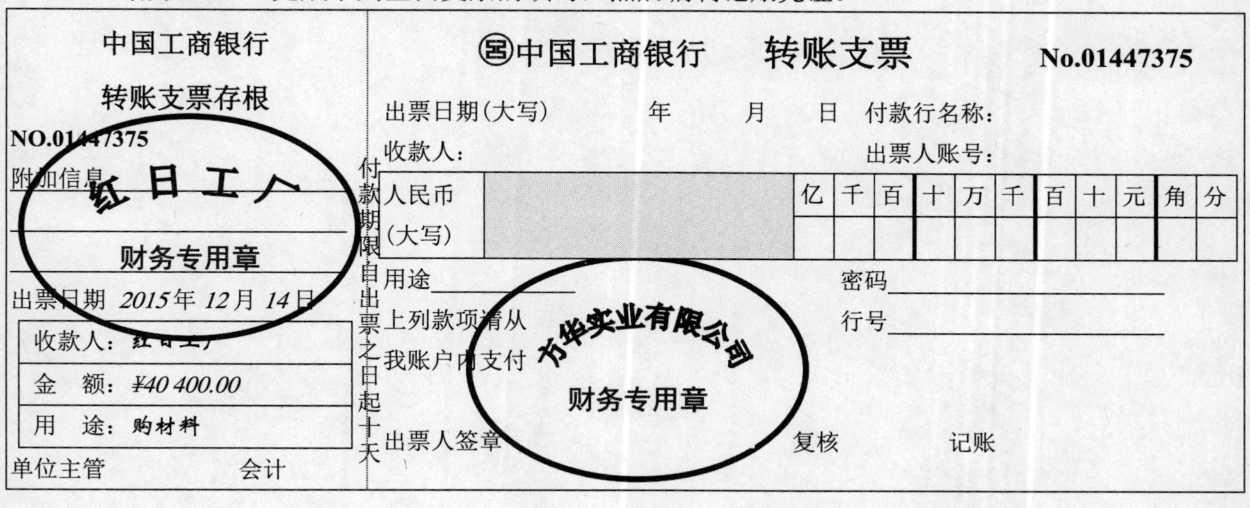

中国工商银行
转账支票存根
NO.01447375
附加信息
（印章：红日工厂 财务专用章）
出票日期 2015年12月14日
收款人：红日工厂
金 额：¥40 400.00
用 途：购材料
单位主管 会计

付款期限自出票之日起十天

中国工商银行 转账支票 No.01447375
出票日期(大写) 年 月 日 付款行名称：
收款人： 出票人账号：

人民币（大写）		亿	千	百	十	万	千	百	十	元	角	分

用途＿＿＿＿＿ 密码＿＿＿＿＿
上列款项请从 行号＿＿＿＿＿
我账户内支付
（印章：万华实业有限公司 财务专用章）
出票人签章 复核 记账

附表 3-25 固定资产验收交接单 No.0001234

2015年12月5日 金额：元

资产名称	规格	计量单位	数量	单价或工程造价	安装费用	其他费用	合计	已提折旧
机床	W6	台	1	234 000.00			234 000.00	
资产来源	购入	制造厂名	平山机电	使用年限	10年	估计残值	8 000.00	
合计人民币(大写) 贰拾叁万肆仟元整				(小写) ¥234 000.00				

验收人：刘 静 接管人：赵红斌 主管： 会计：

附表 3-26

山东省增值税专用发票

发　票　联

No.03187986

开票日期：2015年12月5日

购买方	名　　称：方华实业有限公司 纳税人识别号：515280104013127 地 址、电 话：建设路21号 0991-2866126 开户行及账号：工行广支 2100022609003635658			密码区	456>>9/46*-+　加密版本号：01 75-+12/95835107+34+ //-276+6*94>4+6410053　440003126 *4259>->>2/4>>4/>>>0　03187986		
货物或应税劳务、服务名称	规格型号	单位	数量	单价	金额	税率	税额
机床	W6	台	1	200 000.00	200 000.00	17%	34 000.00
合计					¥200 000.00		¥34 000.00
价税合计（大写）	⊗贰拾叁万肆仟元整			（小写）¥234 000.00			
销售方	名　　称：山东省平山机电工厂 纳税人识别号：527811002035846 地 址、电 话：红星16号 66786704 开户行及账号：工行红星支 08800544002578			备注	平山机电工厂 发票专用章 税号268280198015124		

收款人：　　　复核：　　　开票人：　　　销售方：（章）

第二联　发票联　购买方记账凭证

附表 3-27　完成下列空白支票的填写，然后编制记账凭证。

中国工商银行 转账支票存根 NO.01447367 附加信息 出票日期 2015年12月5日 收款人：平山机电工厂 金　额：¥234 000.00 用　途：购机床 单位主管　　会计	付款期限自出票之日起十天	中国工商银行　转账支票　No.01447367 出票日期（大写）　　年　　月　　日　付款行名称： 收款人：　　　　出票人账号： 人民币（大写）　　亿 千 百 十 万 千 百 十 元 角 分 用途＿＿＿＿　密码＿＿＿＿ 上列款项请从　行号＿＿＿＿ 我账户内支付 出票人签章　　复核　　记账

（印章：平山机电工厂 发票专用章 税号268280198015124；方华实业有限公司 财务专用章）

附表 3-28　　领 料 单

领用单位：生产车间　　2015年 12月 14日　　凭证编号：086

用　　途：生产 A 产品　　发料仓库：2号

材料编号	材料名称	规格	计量单位	数量		单价	金额
				请领	实发		
003	甲材料	PU	千克	7 000	7 000	20.00	140 000.00
004	乙材料	FJ	千克	3 000	3 000	60.00	180 000.00
005	丙材料	HE	千克	800	800	50.00	40 000.00
合计		叁拾陆万元整					360 000.00
备注						附单据 2张	

领料人：张　兵　　发料人：关　磊　　领料部门负责人：赵小刚

第二联　财务联

附表 3-29　　领 料 单

领用单位：生产车间　　2015年 12月 14日　　凭证编号：087

用　　途：生产 B 产品　　发料仓库：2号

材料编号	材料名称	规格	计量单位	数量		单价	金额
				请领	实发		
004	乙材料	FJ	千克	5 000	5 000	60.00	300 000.00
005	丙材料	HE	千克	3 600	3 600	50.00	180 000.00
006	丁材料	UK	千克	10 000	10 000	15.00	150 000.00
合计		陆拾叁万元整					630 000.00
备注						附单据 2张	

领料人：张　兵　　发料人：关　磊　　领料部门负责人：赵小刚

第二联　财务联

附表 3-30　　领 料 单

领用单位：生产车间　　2015年 12月 20日　　凭证编号：088

用　　途：车间耗用　　发料仓库：2号

材料编号	材料名称	规格	计量单位	数量		单价	金额
				请领	实发		
005	丙材料	HE	千克	200	200	50.00	10 000.00
006	丁材料	UK	千克	588	588	15.00	8 820.00
合计		壹万捌仟捌佰贰拾元整					18 820.00
备注						附单据 2张	

领料人：张　兵　　发料人：关　磊　　领料部门负责人：赵小刚

第二联　财务联

附表 3-31　　领料单

领用单位：公司管理部门　　2015年12月20日　　凭证编号：089

用　　途：管理用　　发料仓库：2号

材料编号	材料名称	规　格	计量单位	数　量		单　价	金　额
				请领	实发		
005	丙材料	HE	千克	100	100	50.00	5 000.00
006	丁材料	UK	千克	60	60	15.00	900.00
合　计		伍仟玖佰元整					5 900.00
备注						附单据 2张	

第二联　财务联

领料人：张　兵　　发料人：关　磊　　领料部门负责人：赵小刚

附表 3-32　　领料单

领用单位：公司销售部门　　2015年12月20日　　凭证编号：090

用　　途：办公用　　发料仓库：2号

材料编号	材料名称	规　格	计量单位	数　量		单　价	金　额
				请领	实发		
005	丙材料	HE	千克	100	100	50.00	5 000.00
合　计		伍仟元整					5 000.00
备注						附单据 2张	

第二联　财务联

领料人：张　兵　　发料人：关　磊　　领料部门负责人：赵小刚

附表 3-33

固定资产折旧计算表

2015年12月31日　　单位：元

车间、部门	生产用固定资产			非生产用固定资产			合计	
	原值	折旧率	折旧额	原值	折旧率	折旧额	原值	折旧额
生产车间	5 000 000	0.6%	30 000.00				5 000 000	30 000.00
销售部门				958 000	0.522%	5 000.00	958 000	5 000.00
行政管理部门				1 916 000	0.522%	15 000.00	1 916 000	15 000.00
合计	5 000 000	0.6%	30 000.00	2 874 000	0.522%	20 000.00	7 874 000	50 000.00

审　核：丁立　　会　计：　　制　单：赵梅

附表 3-34

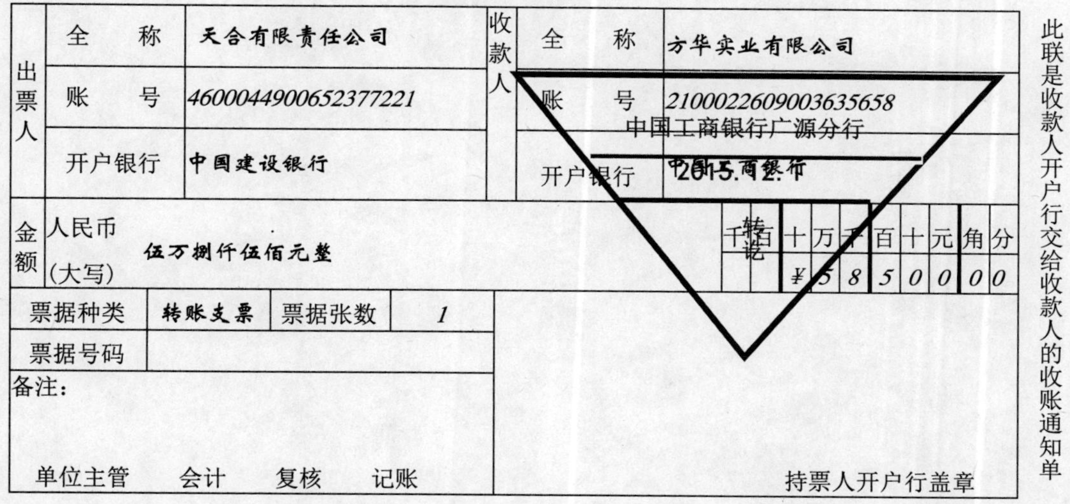

中国工商银行 进账单(收账通知)

2015 年 12 月 1 日

出票人	全 称	天合有限责任公司	收款人	全 称	方华实业有限公司
	账 号	4600044900652377221		账 号	2100022609003635658
	开户银行	中国建设银行		开户银行	中国工商银行
金额	人民币(大写)	伍万捌仟伍佰元整		千百十万千百十元角分	¥5 8 5 0 0 0 0
票据种类	转账支票	票据张数	1		
票据号码					
备注:					
单位主管 会计 复核 记账				持票人开户行盖章	

中国工商银行广源分行 2015.12.1 转讫

此联是收款人开户行交给收款人的收账通知单

附表 3-35

黑龙江增值税专用发票

记 账 联

黑龙江 国家税务总局监制

No.00187967

开票日期: 2015年 12月 4日

购买方	名 称: 光明工厂 纳税人识别号: 515280104013127 地 址、电 话: 文化路 6 号 0991-2354760 开户行及账号: 商行广支 4700031509002525553			密码区	7/1>>61<98>8->*5 3/9>3327867>383527567 97/>5-710079>-08/1312 *38426>>2-23/186>>49		加密版本号: 01 440004314 00187967
货物或应税劳务、服务名称	规格型号	单位	数量	单价	金额	税率	税额
A 产品		件	1 000	200.00	200 000.00	17%	34 000.00
合计					¥200 000.00		¥3 4000.00
价税合计(大写)	⊗贰拾叁万肆仟元整			(小写)¥234 000.00			
销售方	名 称: 方华实业有限公司 纳税人识别号: 515280104013127 地 址、电 话: 建设路 21 号 0991-2866126 开户行及账号: 工行广支 2100022609003635658			备注	方华实业有限公司 发票专用章 税号 465280104015184		

收款人: 复核: 开票人: 销售方: (章)

第四联 记账联 销货方记账凭证

附表 3-36

商业承兑汇票

签发日期:　　2012年 12月 4日　　第 21 号

付款人				收款人			
付款人	全　称	友谊工厂		收款人	全　称	方华实业有限公司	
付款人	账　号	4700031509002525553		收款人	账　号	2100022609003635658	
付款人	开户银行	商行乌支	行号	收款人	开户银行	工行广支	行号

汇票金额	人民币(大写)贰拾叁万肆仟元整	千	百	十	万	千	百	十	元	角	分
			¥	2	3	4	0	0	0	0	0

汇票到期日	2015年 2月 3日	交易合同号码	
本汇票已经本单位承兑，到期日无条件支付票款。此致 收款人 付款人盖章 负责：杜荣华　经办：李强　2015年 12月 4日		汇票签发人盖章 负责：杜荣华　经办：李强	

光明工厂 财务专用章

光明工厂 财务专用章

附表 3-37

付款报告书

部门：销售部门　　2015年 12月 9日　　编号：012

开支内容	金额	结算方式
支付广告费	4 500.00	转账支票
合计：人民币(大写)肆仟伍佰元整		

会计主管:　　单位负责人:　　出纳:　　经办人

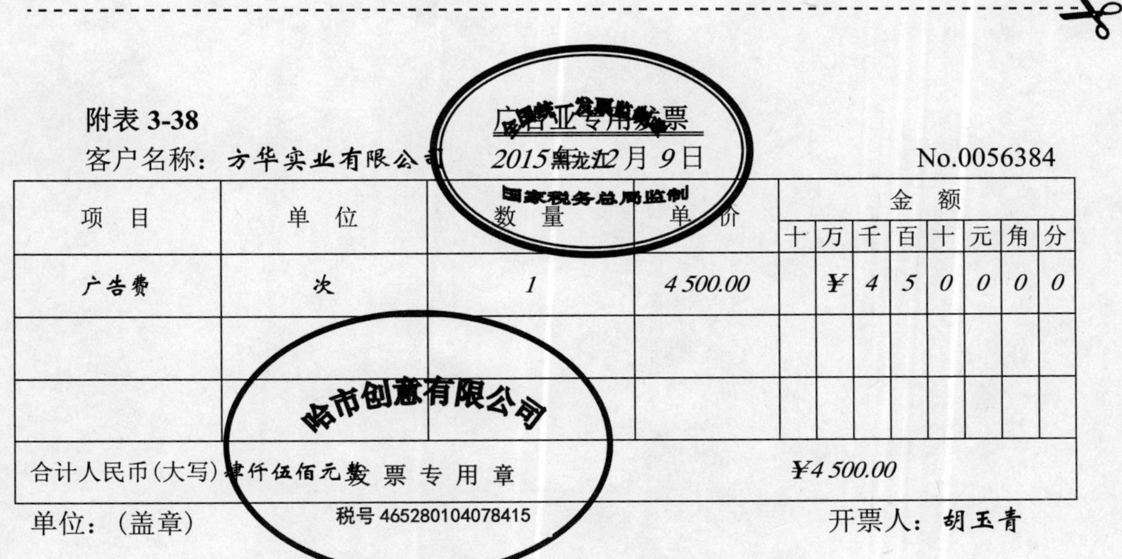

附表 3-38

广告业专用发票

客户名称：方华实业有限公司　　2015年 12月 9日　　No.0056384

项　目	单　位	数　量	单　价	金额 十	万	千	百	十	元	角	分
广告费	次	1	4 500.00		¥	4	5	0	0	0	0
合计人民币(大写)肆仟伍佰元整			¥4 500.00								

单位：(盖章)　　开票人：胡玉青

黑龙江 国家税务总局监制

哈市创意有限公司 发票专用章 税号 465280104078415

附表 3-39　完成下列空白支票的填写，然后编制记账凭证。

中国工商银行
转账支票存根
NO.01447371
附加信息

出票日期 2015年12月9日

收款人：哈市创意广告公司
金　额：¥4 500.00
用　途：支付广告费用

单位主管　　会计

付款期限自出票之日起十天

中国工商银行　转账支票　No.01447371

出票日期(大写)　年　月　日　付款行名称：
收款人：　出票人账号：

人民币（大写）		亿	千	百	十	万	千	百	十	元	角	分

用途　　密码
上列款项请从　　行号
我账户内支付
出票人签章　　复核　　记账

（印章：哈市创意有限公司 发票专用章 税号465280104078415；方华实业有限公司 财务专用章）

附表 3-40

中华人民共和国
地税收缴款书

隶属关系：市　　哈地缴电 20050254362 号

注册类型：其他有限责任公司　填发日期：2015年12月10日　征收机关：哈市地税局

缴款单位	代　码	265230101090615	预算科目	编码	7003 教育费附加
	全　称	方华实业有限公司		款项	教育费附加
	开户银行	工行广支		级次	县(市)级
	账　号	2100022609003635658	收缴国库		哈市支库

税款所属时期 2015年11月　日			税款限缴日期 2015年12月10日		
品目名称	课税数量	计税金额或销售收入	税率或单位税额	已缴或扣除额	实缴金额
教育费附加		70 000.00	3%		2 100.00
金额合计(大写)贰仟壹佰元整			(小写)¥2 100.00		
经办人：张文明	填票人：刘玉萍	上列款项已核收记入收款单位账户 国库(银行)盖章		转讫	备注

第一联收据国库收款盖章后退缴

（印章：国家税务总局 票证监制章；方华实业有限公司 财务专用章；哈市地方税务局 征税专用章；中国工商银行广源分行 2015.12.10 转讫）

附表 3-41

中华人民共和国
地税收缴款书

隶属关系：市　　　　哈地缴电 20050254363 号

注册类型：其他有限责任公司　填发日期：2015 年 12 月 10 日　征收机关：哈市地税局

缴款单位	代　码	265230101090615	预算科目	编　码	1003 城市建设维护税
	全　称	方华实业有限公司		款　项	城市建设维护税
	开户银行	工行广支		级　次	县(市)级
	账　号	2100022609003635658	收缴国库		哈市支库

税款所属时期 2015 年 11 月　日			税款限缴日期 2015 年 12 月 10 日		
品目名称	课税数量	计税金额或销售收入	税率或单位税额	已缴或扣除额	实缴金额
城市建设维护税		70 000.00	7%		4 900.00
金额合计(大写) 肆仟玖佰元整			(小写) ¥4 900.00		
经办人：张文明	填票人：刘玉萍	上列款项已核收记入收款单位账户 国库(银行)盖章			备注

第一联收据国库收款盖章后退缴

国家税务总局 税收票证监制章

哈市地方税务局 征税专用章

中国工商银行广源分行 2015.12.10 转讫

附表 3-42

中华人民共和国
国税收缴款书

隶属关系：市　　　　哈地缴电 20050254364 号

注册类型：其他有限责任公司　填发日期：2015 年 12 月 10 日　征收机关：哈市国税局

缴款单位	代　码	265230101090615	预算科目	编　码	0101 国内增值税
	全　称	方华实业有限公司		款　项	增值税
	开户银行	工行广支		级　次	县(市)级
	账　号	2100022609003635658	收缴国库		哈市支库

税款所属时期 2015 年 11 月　日			税款限缴日期 2015 年 12 月 10 日		
品目名称	课税数量	计税金额或销售收入	税率或单位税额	已缴或扣除额	实缴金额
增值税		276[illegible]	17%	17 000	30 000.00
金额合计(大写) 叁万元整			(小写) ¥30 000.00		
经办人：张文明	填票人：刘玉萍	上列款项已核收记入收款单位账户 国库(银行)盖章			备注

第一联收据国库收款盖章后退缴

国家税务总局 税收票证监制章

方华实业有限公司 财务专用章

哈市地方税务局 征税专用章

中国工商银行广源分行 2015.12.10 转讫

附表 3-43　　　　中 华 人 民 共 和 国

国税收缴款书

隶属关系：市　　　　　　　　　　　　哈地缴电 20050254367 号

注册类型：其他有限责任公司　填发日期：2015年12月10日　征收机关：哈市国税局

缴款单位	代　码	265230101090615	预算科目	编　码	0483 企业所得税
	全　称	方华实业有限公司		款　项	企业所得税
	开户银行	工行广支		级　次	县(市)级
	账　号	2100022609003635658	收缴国库		哈市支库

税款所属时期　2015 年 11 月　日			税款限缴日期　2015年 12月 10日		
品目名称	课税数量	计税金额或销售收入	税率或单位税额	已缴或扣除额	实缴金额
所得税		[illegible]242.42	[illegible]%		8 000.00
金额合计(大写) 捌仟元整			(小写) ¥8 000.00		
经办人：张文明	填票人：刘玉萍		中国工商银行广源分行 2015.12.10 转讫 上列款项已核收记入收款单位账户 国库(银行)盖章		备注

第一联收据国库收款盖章后退缴

附表 3-44

黑龙江增值税专用发票

记　账　联

No.00187968

开票日期：2015年 12月 11日

购买方	名　　称：黄河公司 纳税人识别号：465280104034568 地 址、电 话：天泄路 16号　0991-2358542 开户行及账号：工行广支 4700031509003254896				密码区	02**>>78<98>8->*5　　加密版本号：01 2/4>33>>721>383520147 65/>5-711200>-18/0012　　440004320 *38//126>>2-203//86>>>0　　00187968		
货物或应税劳务、服务名称		规格型号	单位	数量	单价	金额	税率	税额
甲材料		PU	千克	750	20.00	15 000.00	17%	2 550.00
合计						¥15 000.00		¥2 550.00
价税合计(大写)		⊗壹万柒仟伍佰伍拾元整			(小写) ¥17 550.00			
销售方	名　　称：方华实业有限公司 纳税人识别号：515280104013127 地 址、电 话：建设路 21号 0991-2866126 开户行及账号：工行广支 2100022609003635658				备注	方华实业有限公司 发票专用章 税号 465280104015184		

收款人：　　　　复核：　　　　开票人：　　　　　　销售方：(章)

第四联　记账联　销货方记账凭证

附表 3-45　　中国工商银行　进账单（收账通知）1

2015 年 12 月 11 日

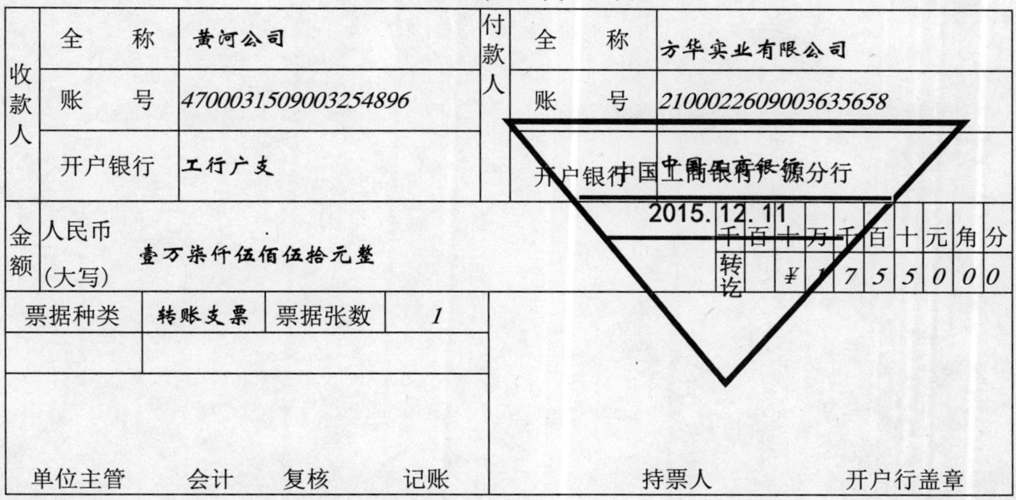

收款人			付款人		
收款人	全　称	黄河公司	付款人	全　称	方华实业有限公司
收款人	账　号	4700031509003254896	付款人	账　号	2100022609003635658
收款人	开户银行	工行广支	付款人	开户银行	中国工商银行广源分行

金额	人民币（大写）	壹万柒仟伍佰伍拾元整	千	百	十	万	千	百	十	元	角	分
					¥	1	7	5	5	0	0	0

票据种类	转账支票	票据张数	1

单位主管　　会计　　复核　　记账　　　　持票人　　开户行盖章

中国工商银行 2015.12.11 转讫

此联是付款人开户银行交给持票人的收账通知

附表 3-46

黑龙江增值税专用发票

记　账　联

全国统一发票监制章 黑龙江 国家税务总局监制

No.00187969

开票日期：2015 年 12 月 11 日

购买方	名　　称：五环工厂 纳税人识别号：465280104034568 地 址、电 话：宁边路 116 号　0991-2353451 开户行及账号：建行广支 4700031509006582934	密码区	4/0>>65<97>8-+*7　加密版本号：01 //1>3320100>383//1023 *7//>5-70012>-07//1303　440004308 *38//6>>2-25//80>>>9　00187969

货物或应税劳务、服务名称	规格型号	单位	数量	单价	金额	税率	税额
A 产品		件	2 500	200.00	500 000.00	17%	85 000.00
B 产品		件	500	150.00	75 000.00	17%	12 750.00
合计					¥575 000.00		¥97 750.00
价税合计（大写）	⊗陆拾柒万贰仟柒佰伍拾元整			（小写）¥672 750.00			

销售方	名　　称：方华实业有限公司 纳税人识别号：515280104013127 地 址、电 话：建设路 21 号 0991-2866126 开户行及账号：工行广支 2100022609003635658	备注	方华实业有限公司 发票专用章 税号 465280104015184

收款人：　　　　复核：　　　　开票人：　　　　　　销售方：（章）

第四联 记账联 销货方记账凭证

附表 3-47

中国工商银行 进账单（收账通知） 1

2015 年 12 月 11 日　　第 36 号

收款人	全称	五环工厂	付款人	全称	方华实业有限公司
	账号	4700031509006582934		账号	2100022609003635658
	开户银行	建行广支		开户银行	中国工商银行广源分行
金额	人民币（大写）	陆拾柒万贰仟柒佰伍拾元整		千百十万千百十元角分	¥ 6 7 2 7 5 0 0 0
票据种类	转账支票	票据张数	1		
单位主管 会计 复核 记账			持票人 开户行盖章		

（印章：中国工商银行 2015.12.11 转讫）

此联是付款人开户银行交给持票人的收账通知

附表 3-48

黑龙江增值税专用发票
记 账 联

No.00187970

开票日期：2015年 12月 18日

购买方	名称：华南工厂 纳税人识别号：465280104078254 地址、电话：虹桥路6号 47251260 开户行及账号：商行虹支 4700021508002547361	密码区	*%6546//1208>>-02 加密版本号：01 73-+11/95855427+34*+ //-275+6*95>>4+6312001 400002145 *4250>>-+>>2/4>4//>>>-1 00187970			
货物或应税劳务、服务名称	规格型号	单位	数量	单价	金额	税率	税额
A产品		件	3 500	160.00	560 000.00	17%	95 200.00
B产品		件	1 000	200.00	200 000.00	17%	34 000.00
合计					¥760 000.00		¥129 200.00
价税合计（大写）	⊗捌拾捌万玖仟贰佰元整		（小写）¥889 200.00				
销售方	名称：方华实业有限公司 纳税人识别号：515280104013127 地址、电话：建设路21号 0991-2866126 开户行及账号：工行广支 2100022609003635658	备注	（印章：方华实业有限公司 发票专用章 税号465280104015184）				

收款人：　复核：　开票人：　销售方：（章）

第四联 记账联 销货方记账凭证

附表 3-49　　　　**中国工商银行　进账单**(收账通知)

2015 年 12 月 22 日　　　　第 23 号

收款人	全　称	华南工厂	付款人	全　称	方华实业有限公司
	账　号	4700021508002547361		账　号	2100022609003635658
	开户银行	商行虹支		开户银行	中国工商银行
金额	人民币(大写)	捌拾捌万玖仟贰佰元整		千百十万千百十元角分	¥ 8 8 9 2 0 0 0 0
票据种类	转账支票	票据张数	1		
单位主管　会计　复核　记账				持票人　开户行盖章	

中国工商银行广源分行
2015.12.11
转讫

此联是持票人开户银行交给持票人的收账通知

附表 3-50　　　　**产成品出库单**　　　　No.00162

2015年 12月 4日　　　　单位：元

产品名称	单位	数量	单位成本	金额	用途或原因
A 产品	件	1 000	110.00	110 000.00	销售
合　计		1 000	110.00	110 000.00	

部门主管：张红艳　　　　保管：关磊　　　　经手人：庞慧民

附表 3-51　　　　**产成品出库单**　　　　No.00163

2015年 12月 11日　　　　单位：元

产品名称	单位	数量	单位成本	金额	用途或原因
A 产品	件	2 500	110.00	275 000.00	销售
B 产品	件	500	140.00	70 000.00	销售
合　计				345 000.00	

部门主管：张红艳　　　　保管：关磊　　　　经手人：庞慧民

附表 3-52

产成品出库单

No.00164

2015年 12月 18日　　单位：元

产品名称	单位	数量	单位成本	金额	用途或原因
A产品	件	3 500	110.00	385 000.00	销售
B产品	件	1 000	140.00	140 000.00	销售
合　计				525 000.00	

部门主管：张红艳　　保管：关磊　　经手人：庞慧民

附表 3-53

产品销售成本汇总计算表

2015年 12月 31日　　单位：元

产品名称	单位	销售数量	单位成本	总销售成本	备注
A产品	件		110.00		
B产品	件		140.00		
合　计					

附件3张

审　核：丁立　　会　计：　　制　单：

附表 3-54

领 料 单

领用单位：销售部　　2015年 12月 11日　　凭证编号：090

用　　途：销售　　发料仓库：2号

材料编号	材料名称	规　格	计量单位	数量 请领	数量 实发	单　价	金　额
003	甲材料	PU	千克	500	500	20.00	10 000.00
合　计		壹万元整					10 000.00
备注		剩余材料用于对外销售				附单据 1张	

第二联　送会计部门

领料人：李建新　　发料人：关磊　　销售部门负责人：唐国强

附表 3-55　　**材料销售成本计算表**

2015年 12月 31日　　单位：元

材料名称	单位	销售数量	单位成本	总销售成本	备注
甲材料	千克	500	20.00	10 000.00	销售
合　计				10 000.00	

审　核：丁立　　会　计：　　制　单：

附表 3-56　　**12 月份损益类账户资料表**

2015年 12月 31日　　单位：元

收入类账户	发生额	支出类账户	发生额
主营业务收入		主营业务成本	
投资收益		营业税金及附加	
其他业务收入		管理费用	
营业外收入		销售费用	
		财务费用	
		其他业务成本	
		营业外支出	
合　计		合　计	
12 月份利润总额			

审　核：丁　强　　会　计：　　制　单：

附表 3-57　　**12 月份所得税计算表**

2015年 12月 31日　　单位：元

项　目	计算依据	税　率	税　额	备注
应交所得税		25%		假设不考虑纳税调整事项
合计				

审　核：丁立　　会　计：　　制　单：

附表 3-58

本年利润结转资料表

2015年 12月 31日　　　　单位：元

项目	金额	应借科目	应贷科目	金额
期初本年利润				
加：12 月份净利润				
全年净利润				

审　核：丁立　　　　会　计：　　　　制　单：

附表 3-59

盈余公积计算表

2015年 12月 31日　　　　单位：元

项目	计提比例	金　额	应借科目	应贷科目
全年净利润总额	—			
法定盈余公积	10%			

审　核：丁立　　　　会　计：　　　　制　单

附表 3-60

应付投资者利润计算表

2015年 12月 31日　　　　单位：元

项目	计提比例	金　额	应借科目	应贷科目
全年净利润总额	—			
应付投资者利润	30%			
备注	实际工作中，应付利润应按各投资者设明细，本题中暂不考虑明细			

审　核：丁立　　　　会　计：　　　　制　单：

附表 3-61

利润分配各明细账户结转单

2015年 12月 31日　　单位：元

项目	科　目	金　额
应借科目		
应贷科目		

审　核：丁立　　会　计：　　制　单：

附表 3-62

借　款　单

2015年 12月 2日

借款部门或姓名：张小红					
借款事由：出差					
共需天数：一个月					
借款金额：人民币(大写)叁仟元整　　(小写)￥3 000.00					
领导批示	同意 王红军	财务负责人	同意 丁立	借款人签章	张小红

附表 3-63

收　　据

2015年 12月 13日　　No.0004283

今　收　到：张小红
交　　来：预借差旅费(现金)
人民币(大写)：　现金付讫　　(小写)
方华实业有限公司 财务专用章 收款单位盖章　　经收人签章：赵艳

单位主管　　会 计　　出 纳　　记 账

附表 3-64　　　　　　　　原始票据

审核原始凭证，并将其粘贴在票据粘贴单上。

票据粘贴处	票据粘贴单 年　月　日
	本张金额：　　　元
	附　　件：　　　张
	报销部门：
	报　销　人：
	报销单位 负　责　人：
	会计审查：
	项　　目：
	人民币（大写）

10Z054945　　　　哈站 售
哈尔滨→北京西　　T70 次
2015年12月2日　14：19开　06车21号下铺
全　价 652.00 元　　新空调硬座特快卧
限乘当日当次车
在 6 日内到有效

H033755　　　　京 B 售
北京西→哈尔滨　　T69 次
2015年12月8日　19：24开　11车10号下铺
全　价 652.00 元　　新空调硬座特快卧
限乘当日当次车
在 3 日内到有效

北京巴士股份有限公司（一）专线票
票价：**2** 元　　095030
报销凭证

北京巴士股份有限公司（一）专线票
票价：**2** 元　　0950789
报销凭证

北京巴士股份有限公司（一）专线票
票价：**2** 元　　0340658
报销凭证

北京巴士股份有限公司（一）专线票
票价：**2** 元　　0340259
报销凭证

北京巴士股份有限公司（二）专线票
票价：**4** 元　　0340698
报销凭证

北京巴士股份有限公司（二）专线票
票价：**4** 元　　0340563
报销凭证

附表 3-65

北京市服务业专用发票

发　票　联

单位(姓名)：方华实业有限公司　　开票时间：2015年 12月 8日

服务项目	单　位	数　量	单　价	金额								
				百	十	万	千	百	十	元	角	分
住宿费	天	4	65.00					2	6	0	0	0
小写合计							¥	2	6	0	0	0
人民币(大写)	佰⊗拾⊗万⊗仟贰佰陆拾零元零角零分											

收款单位(印章)　　开票人：孙小兵

附表 3-66

北京市行政事业性收费专用票据

2015年 12月 5日

交款单位或个人	方华实业有限公司	收费许可证号								200501208
收费项目名称	收费标准	金额								备注
		百	十	万	千	百	十	元	角	分
培训费	350.00					3	5	0	0	0
金额(　)大写(　)	叁佰伍拾元整				¥	3	5	0	0	0

收款单位(印章)　　开票人：张军强

附表 3-67

差旅费报销单

报销部门：办公室　　　2015年 12月 13日

姓名		张小红	职务		办公室主任	出差事由		业务培训		
出差起止日期自 2015年 12月 2日起至 2015年 12月 10日共 9天							附单据 10张			
日期		起讫地点	差旅补助			交通费	住宿费	会务费	其他	小计
月	日		天数	标准	金额					
12	2	哈市—北京	6	30						
12	8	北京—哈市	3	30						
		合　计								
合计人民币(大写)贰仟贰佰元整										
预领金额：3 000.00 元				交(退)回金额：　　元			应补付金额：　　元			

单位负责人：王红军　　会计主管：丁立　　部门主管：赵江　　报销人：王小丽

附表 3-68　完成下列空白的收据的填写。

收　　据

2015年 12月 13日　　　　No.0004283

今　收　到：张小红
交　　来：剩余差旅费(现金)
人民币(大写)：　现金付讫　　（小写）
收款单位盖章：方华实业有限公司 财务专用章　　经收人签章：赵艳

单位主管　　会计　　出纳　赵艳　　记账

附表 3-69　　中国工商银行现金存款凭条(柜面交款专用)

2015 年 *12* 月 *13* 日

存款人	全称	方华实业有限公司		
	账号	*2100022609003635658*	款项来源	预借差费剩余款
	开户行	工行广支	交款人	方华实业有限公司

人民币(大写) 捌佰元整

百	十	万	千	百	十	元	角	分
			¥	*8*	*0*	*0*	*0*	*0*

票面	张数	金额	票面	张数	金额
100 元	*3*	*300.00*	*5* 角		
50 元	*7*	*350.00*	*2* 角		
20 元	*5*	*100.00*	*1* 角		
10 元	*5*	*50.00*	*5* 分		
5 元			*2* 分		
2 元			*1* 分		
1 元					

中国工商银行广源分行
2015. 12. 13
现　金
收　讫

复核：　收款员：赵红霞

此联由银行盖章后退回单位

会计：　　　　复核：　　　　记账：

附表 3-70　　完成下列空白支票的填写，然后编制记账凭证。

中国工商银行
转账支票存根
NO.01447368

附加信息：

中国财险哈市分公司
财务专用章

出票日期 *2015* 年 *12* 月 *5* 日

收款人：中国财险哈市分公司
金　额：¥ *12 000.00*
用　途：预付下年度保险费

单位主管　　　　会计

付款期限自出票之日起十天

中国工商银行　　转账支票　　**No.01447368**

出票日期(大写)　　年　　月　　日　付款行名称：

收款人：　　　　出票人账号：

人民币(大写)		亿	千	百	十	万	千	百	十	元	角	分

用途＿＿＿＿＿＿　　密码＿＿＿＿＿＿

上列款项请从　　行号＿＿＿＿＿＿

我账户内支付

方华实业有限公司
财务专用章

出票人签章　　　　复核　　　　记账

附表 3-71　　中国财产保险股份有限公司哈分公司保险费专用发票

2015年 12月 5日　　No.0001310

投保人	险种	保险金额	保险费率	保险费	备注
丰源公司	财产险	12 000 000	1‰	12 000.00	预付下年度保险费
合计人民币(大写)壹万贰仟元整				¥12 000.00	

复核：黄同　　经办：金明学　　业务员：陈兵　　单位：(盖章)

（印章：中国财险哈市分公司 收费专用章）

表 3-72　　完成下列空白支票的填写，然后编制记账凭证。

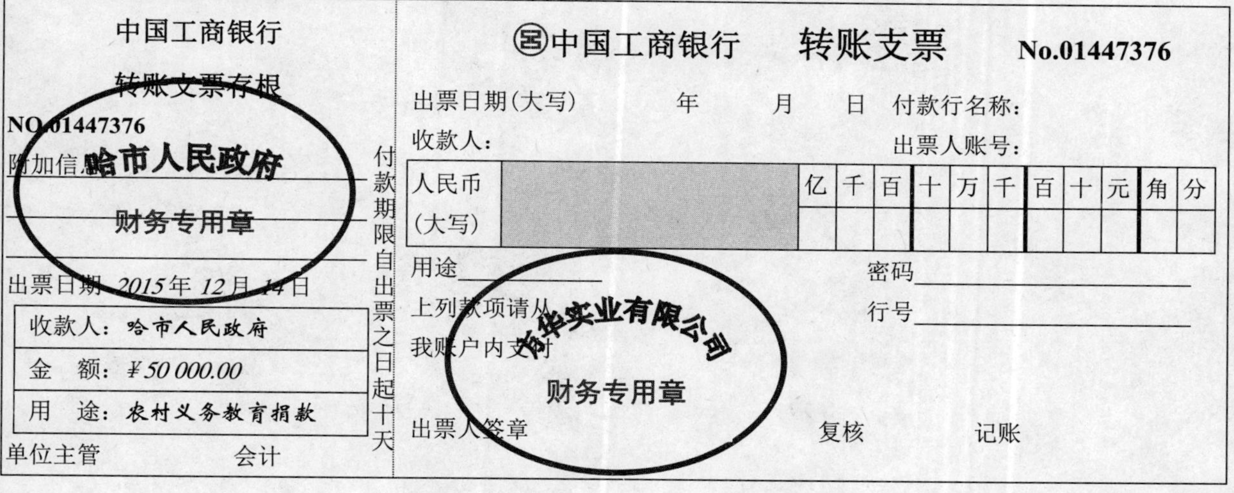

中国工商银行
转账支票存根
NO.01447376
附加信息
出票日期 2015年 12月 14日
收款人：哈市人民政府
金　额：¥50 000.00
用　途：农村义务教育捐款
单位主管　　会计

（印章：哈市人民政府 财务专用章）

付款期限自出票之日起十天

中国工商银行　转账支票　No.01447376
出票日期(大写)　　年　　月　　日　付款行名称：
收款人：　　出票人账号：

人民币(大写)		亿	千	百	十	万	千	百	十	元	角	分

用途　　密码
上列款项请从　　行号
我账户内支付
出票人签章　　复核　　记账

（印章：方华实业有限公司 财务专用章）

附表 3-73　　行政事业单位收款收据

2015年 12月 14日　　No.0843456

今　收　到：方华实业有限公司　　系付农村义务教育捐款

人民币(大写)伍万元整　　¥50 000.00

收款单位公章　　会　计：　　经收人：王万州

第二联　收据

（印章：哈市人民政府 收费专用章；票据监制章）

附表 3-74 完成下列空白支票的填写，然后编制记账凭证。

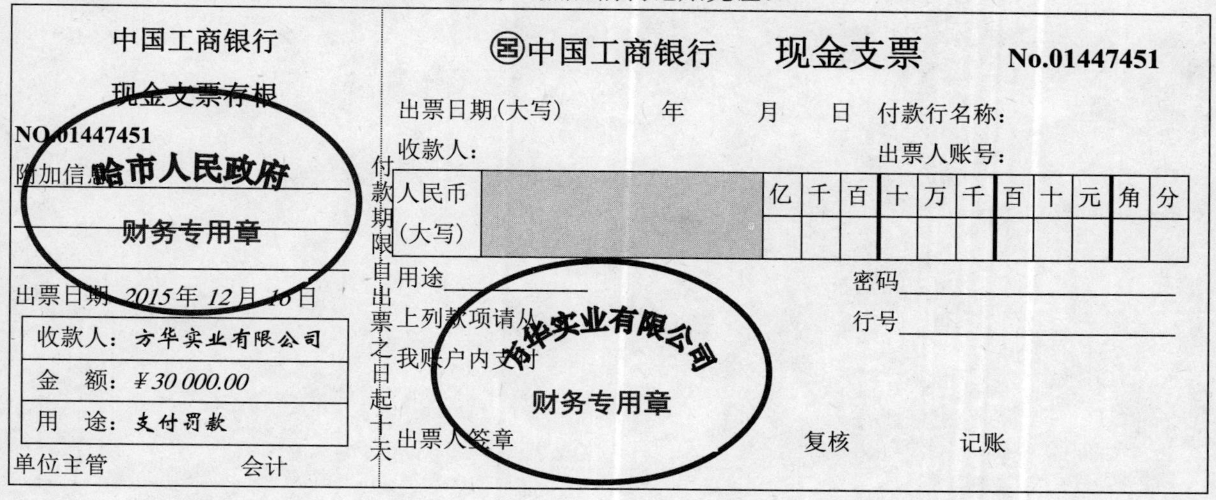

中国工商银行

现金支票存根

NO.01447451

附加信息

（印章：哈市人民政府 财务专用章）

出票日期 2015年 12月 16日

收款人：方华实业有限公司
金 额：¥30 000.00
用 途：支付罚款

单位主管 会计

中国工商银行 现金支票 No.01447451

出票日期(大写) 年 月 日 付款行名称：

收款人： 出票人账号：

人民币（大写）		亿	千	百	十	万	千	百	十	元	角	分

付款期限自出票之日起十天

用途＿＿＿＿＿ 密码＿＿＿＿＿

上列款项请从 行号＿＿＿＿＿

我账户内支付

（印章：方华实业有限公司 财务专用章）

出票人签章 复核 记账

附表 3-75 非税收入一般缴款书(收 据)4 No.920191541X

填制日期：2015年 12月 15日 执收单位名称：哈市工商行政管理局

付款人	全 称	方华实业有限公司		收款人	全 称	哈市财政局	
	账 号	21000226090036356 58			账 号	市中行哈市中路分理处	
	开户银行	工行广支			开户银行	368536740248091001	
人民币(大写)叁万元整						(小写)¥30 000.00	
项目编码	项 目 名 称		单 位	数 量	标 准		金 额
520345	商标侵权		元	1	1万至10万		30 000.00
执收单位(盖章) （印章：哈市行政工商管理局 非税收入专用章） 经办人(签章)蒋秀红				备注：			

附表 3-76 完成下列空白支票的填写，然后编制记账凭证。

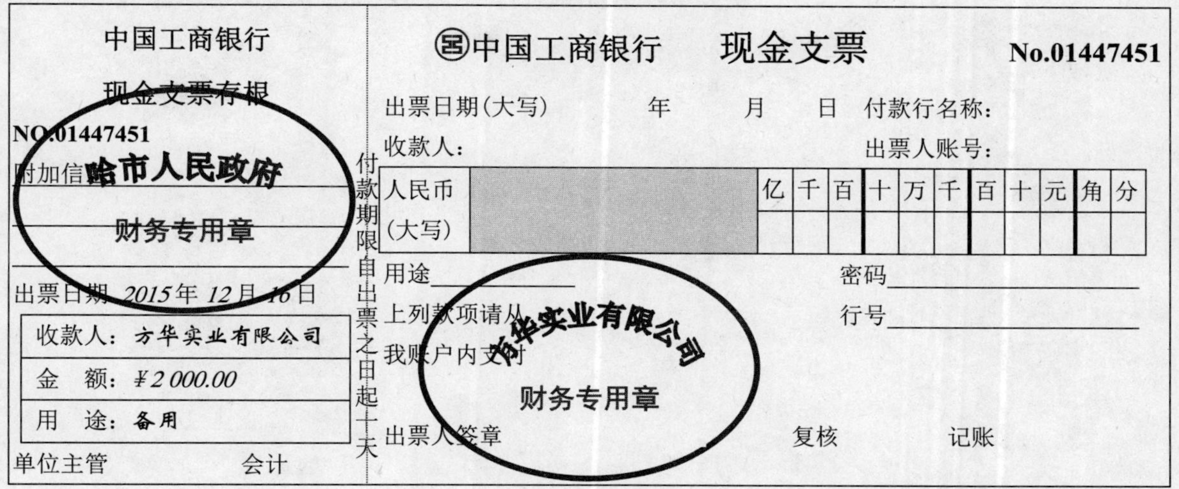

中国工商银行

现金支票存根

NO.01447451

附加信息

哈市人民政府

财务专用章

出票日期 2015年 12月 16日

收款人：方华实业有限公司
金 额：¥2 000.00
用 途：备用

单位主管 会计

付款期限自出票之日起十天

中国工商银行 现金支票 No.01447451

出票日期(大写) 年 月 日 付款行名称：

收款人： 出票人账号：

人民币（大写）		亿	千	百	十	万	千	百	十	元	角	分

用途________ 密码________

上列款项请从 行号________

我账户内支付

方华实业有限公司

财务专用章

出票人签章 复核 记账

附表 3-77 商业企业统一发票

客户名称：方华实业有限公司 2015年 12月 17日

品名规格	单位	数量	单价	金额							
				十	万	千	百	十	元	角	分
钢笔	支	20	18．00			¥	3	6	0	0	0
稿纸	本	200	1.00			¥	2	0	0	0	0
笔记本	本	80	3.00			¥	2	4	0	0	0
合计(大写)捌佰元整						¥	8	0	0	0	0

第二联 发票联

现金收讫

惠民商场 发票专用章

销售方(盖章) 开票人：李丽娟 收款人：王梅

附表 3-78　　中国工商银行特种转账贷方凭证

2015年 12月 21日

<table>
<tr><td>银行打印</td><td colspan="8">交易序号：41 交易代码：02234 工作日期：2015-12-20 工作时间：11:18:21 币种：人民币
借方账号 9558803004100553402 户名 方华实业有限公司
贷方账号 2100022609003635658 户名 方华实业有限公司
金额 100 000.00
转账归还到期贷款　借款合同号 00448</td></tr>
<tr><td colspan="2">业务类型</td><td colspan="7">转账</td></tr>
<tr><td rowspan="3">借方</td><td>户　名</td><td colspan="2">方华实业有限公司</td><td rowspan="3">贷方</td><td>户　名</td><td colspan="3">方华实业有限公司</td></tr>
<tr><td>账　号</td><td colspan="2">9558803004100553402</td><td>账　号</td><td colspan="3">2100022609003635658</td></tr>
<tr><td>开户银行</td><td>工商银行</td><td>行号</td><td>开户银行</td><td>工商银行</td><td>行号</td><td></td></tr>
<tr><td>金额</td><td colspan="6">币　种(大写)人民币壹拾万元整</td><td colspan="2">亿 千 佰 十 万 千 百 十 元 角 分
¥ 1 0 0 0 0 0 0 0</td></tr>
<tr><td colspan="9">转账原因：
归还贷款(借款合同 00448 号)</td></tr>
</table>

审　核：　　　　复　核：　　　　制　证：

（印章：中国工商银行广源分行 2015.12.21 转讫）

附表 3-79　　中国工商银行利息转账专用传票

科目：　　　　2015年 12月 21日　　　　No.0047386

<table>
<tr><td rowspan="2">收入利息单位</td><td>单位名称</td><td>工行哈市建设支行</td><td rowspan="2">支付利息单位</td><td>单位名称</td><td colspan="2">方华实业有限公司</td></tr>
<tr><td>账　号</td><td>4700321462447284321</td><td>账　号</td><td colspan="2">2100022609003635658</td></tr>
<tr><td>利息金额</td><td colspan="4">人民币
(大写)贰仟伍佰元整</td><td colspan="2">千 百 十 万 千 百 十 元 角 元
¥ 2 5 0 0 0 0</td></tr>
<tr><td colspan="2">计息存、贷款户　账　号</td><td colspan="2">4700321432436581364</td><td colspan="3" rowspan="4">上列利息金额已从贵单位结算账付划转。
（印章：中国工商银行广源分行 2015.12.21 转讫）
开户银行盖章</td></tr>
<tr><td colspan="2">计算利息起讫时间</td><td colspan="2">2015年 6月 22日起
2015年 12月 21日止</td></tr>
<tr><td colspan="2">计息积数</td><td colspan="2">¥100 000.00　年利率 5%</td></tr>
<tr><td colspan="4">备注：短期借款利息</td></tr>
</table>

第一联　放款息代支款通知

单位主管：　　　　会　计：　　　　记　账：

附表 3-80　　　　　　**银行借款利息计提表**

2015年 12月 21日　　　　　　单位：元

贷款银行	借款种类	计息基数	利率	本月应计利息	备注
工行建支	短期借款	100 000	5%	416．70	前期已预提短期借款利息2 083.30元
合计				416.70	

审　核：　　　　　　会　计：　　　　　　制　单：

附表 3-81　完成下列空白支票的填写，然后编制记账凭证。

中国工商银行
转账支票存根
NO.01447377
附加信息：

（印章：中国工商银行 财务专用章）

出票日期 2015年 12月 21日

收款人：	中国工商银行
金　额：	¥100 000.00
用　途：	归还短期借款

单位主管　　　会计

付款期限自出票之日起十天

中国工商银行　转账支票　No.01447377

出票日期(大写)　　年　　月　　日　付款行名称：
收款人：　　　　　　出票人账号：

人民币(大写)		亿	千	百	十	万	千	百	十	元	角	分

用途＿＿＿＿　　　密码＿＿＿＿
上列款项请从　　　行号＿＿＿＿
我账户内支付

（印章：吉华实业有限公司 财务专用章）

出票人签章　　　复核　　　记账

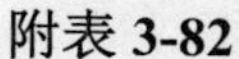
附表 3-82

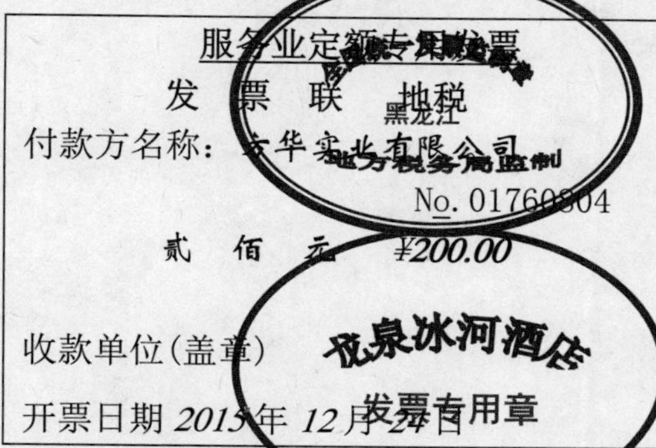
服务业定额专用发票
发　票　联　地税
付款方名称：方华实业有限公司
No. 01760804
贰　佰　元　¥200.00
收款单位(盖章)　龙泉冰河酒店 发票专用章
开票日期 2015年 12月 24日

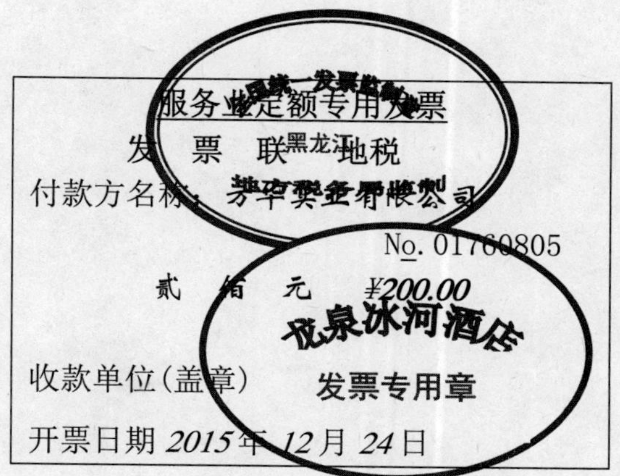
服务业定额专用发票
发　票　联　地税
付款方名称：方华实业有限公司
No. 01760805
贰　佰　元　¥200.00
收款单位(盖章)　龙泉冰河酒店 发票专用章
开票日期 2015年 12月 24日

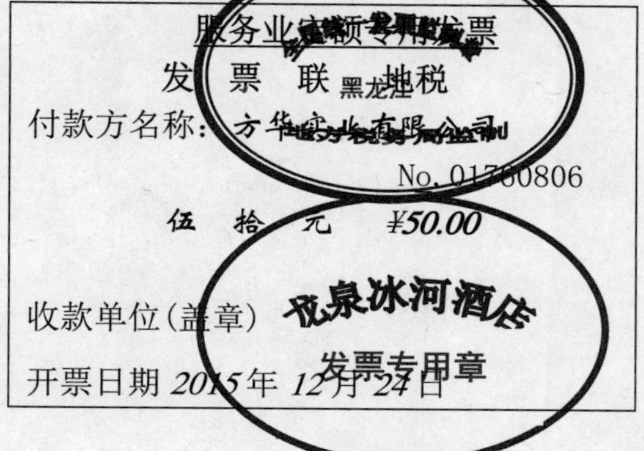
服务业定额专用发票
发　票　联　地税
付款方名称：方华实业有限公司
No. 01760806
伍　拾　元　¥50.00
收款单位(盖章)　龙泉冰河酒店 发票专用章
开票日期 2015年 12月 24日

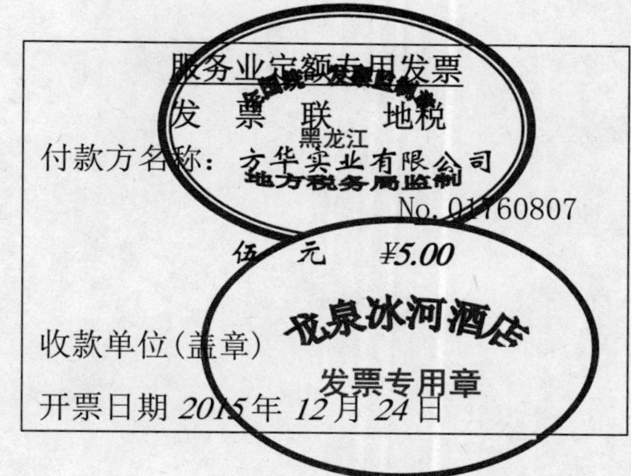
服务业定额专用发票
发　票　联　地税
付款方名称：方华实业有限公司
No. 01760807
伍　元　¥5.00
收款单位(盖章)　龙泉冰河酒店 发票专用章
开票日期 2015年 12月 24日

附表 3-83

费用报销单

部门：办公室　　2015年 12月 24日　　单位：元

开支内容	金额	结算方式
业务招待费	455.00	1.转账 2.现金付讫¥455.00
合计：(大写)人民币肆佰伍拾伍元整		

会计主管：　　单位负责人：　　出纳：　　经办人：

附表 3-84

黑龙江增值税专用发票

发　票　联

黑龙江

国家税务总局监制

No.00182583

开票日期：2015年12月18日

购买方	名　　称：方华实业有限公司 纳税人识别号：515280104013127 地 址、电 话：建设路21号 0991-2866126 开户行及账号：工行 2100022609003635658	密码区	*65/4>>6//208>>-03　加密版本号：01 7/3-13//585>>27+34*+-2 //-205+6//5>>4+63/20>1　400010258 *4//2>>-+>>2/4>4//>>>0　00182583

货物或应税劳务、服务名称	规格型号	单位	数量	单价	金额	税率	税额
设备		台	1	30 000.00	30 000.00	17%	5 100.00
合计					¥30 000.00		¥5 100.00
价税合计（大写）	⊗叁万伍仟壹佰元整			（小写）¥35 100.00			

销售方	名　　称：东海有限责任公司 纳税人识别号：465280104000456 地 址、电 话：文化路1号　2655026 开户行及账号：商行文支 4700022609003635476	备注	东海有限责任公司 发票专用章 税号 26728010407841

收款人：　　复核：　　开票人：　　销售方：（章）

第二联　发票联　购货方记账凭证

附表 3-85

固定资产验收交接单

No.0001236

2015年12月25日　　金额：元

资产名称	规格	计量单位	数量	单价或工程造价	安装费用	其他费用	合计	已提折旧
设备	F-4	台	1				35 100.00	
资产来源	受赠	制造厂名	昌华机电	使用年限	10年	估计残值	35 100.00	
合计人民币(大写) 叁万伍仟壹佰元整				（小写）¥35 100.00				

验收人：刘静　　接管人：赵红斌　　主管：　　会计：

附表 3-86

财产盘点报告单

单位名称：2号仓库　　　　2015年12月30日　　　　单位：元

财产名称	计量单位	实存	账存	单价	盘盈		盘亏		原因
					数量	金额	数量	金额	
甲材料	千克	750.00	1 500.00	20.00			750	15 000.00	待查
乙材料	千克	520.00	500.00	60.00	20	1 200.00			待查
合计						1 200.00		15 000.00	

仓库保管员：关磊　　　　　　　　盘点人：杨旭东

附表 3-87

关于财产盘盈盘亏的处理意见

我公司月末盘点发现盘盈乙材料 20 千克，计 1 200.00 元，经查属于自然升值，由本企业转销；甲材料盘亏 750 千克，计 1 500.00 元，经查因自然损耗 500.00 元，非正常损失 800.00 元，因保管人员过失造成的损失 200.00 元，原因已查明，请财务部门按会计制度进行处理。

方华实业有限公司

2015年12月31日

方华实业有限公司
财务专用章

附表 4-1　　2015 年 12 月工资发放表　　单位：元

序号	姓名	岗位工资	奖金	应发工资	扣款	实发
1	王红军	3 000.00	2 000.00	5 000.00	略	5 000.00
2	王磊	800.00	400.00	840.00		840.00
3	张燕	1 200.00	500.00	1 700.00		1 700.00
4	刘强	1 500.00	800.00	2 300.00		2 300.00
……	……	……	……	……	……	……
102	赵小兵	750.00	300.00	1 050.00		1 050.00
合计		51 000.00	34 000.00	85 000.00		85 000.00

附表 4-2　完成空白支票的填写，然后编制记账凭证。

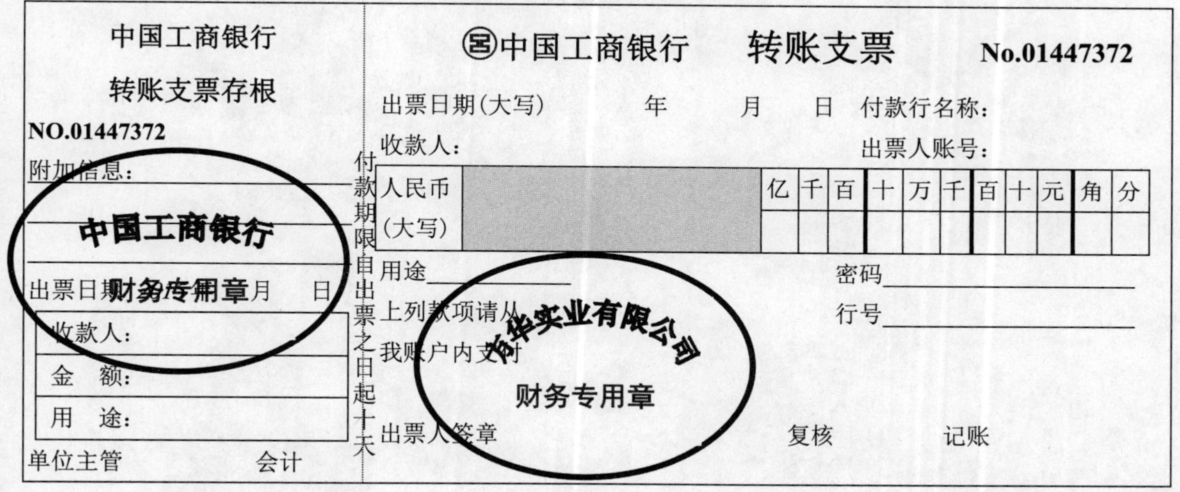
中国工商银行
转账支票存根
NO.01447372
附加信息：
出票日期　年　月　日
收款人：
金　额：
用　途：
单位主管　　会计

付款期限自出票之日起十天

中国工商银行　转账支票　No.01447372
出票日期(大写)　年　月　日　付款行名称：
收款人：　出票人账号：
人民币(大写)　亿 千 百 十 万 千 百 十 元 角 分
用途
上列款项请从
我账户内支付
出票人签章
密码
行号
复核　记账

附表 4-3　　企业人员工资代发凭证

单位代码：SB010502049　　单位名称：万华实业有限公司
打印日期：2015. 12. 10　　单位：元

工资款项	职工人数	岗位工资	奖金	应发工资	扣款	实发
合计	102	51 000.00	34 000.00	85 000.00		85 000.00

中国工商银行
哈市建设支行
业务清讫

附表 4-4　　职工困难补助申请表(代现金收据)

2015年 12月 25日

<table>
<tr><td>申请人姓名</td><td colspan="3">王　辉</td><td colspan="2">所在部门</td><td colspan="2">生产车间</td></tr>
<tr><td>家庭人口</td><td colspan="3">5口，1人工作</td><td colspan="2">家庭人均月生活费</td><td colspan="2">不足100元</td></tr>
<tr><td>申请困难补助理由</td><td colspan="7">妻子下岗，父母多病无收入来源，女儿上学，日常生活难以维系</td></tr>
<tr><td>申请金额</td><td colspan="7">200元</td></tr>
<tr><td>所在部门意见</td><td>属实
李文斌</td><td>工会意见</td><td>同意
张爱国</td><td>单位负责人</td><td>同意
王红军</td><td>会计主管</td><td>丁立</td></tr>
<tr><td colspan="5">人民币(大写)贰佰元整</td><td>收款人签名</td><td colspan="2">王　辉</td></tr>
</table>

附表 4-5　　工资费用分配表

2015年 12月 31日　　单位：元

车间、部门		应分配金额	备注
生产车间工人工资	A产品负担	30 000.00	
	B产品负担	20 000.00	
车间管理人员工资		5 000.00	
行政管理人员工资		16 000.00	
销售部门人员工资		14 000.00	
合计		85 000.00	

审　核：丁立　　会　计：　　制　单：赵梅

附表 4-6　计算并填写。　　福利费分配表

2015年 12月 31日　　单位：元

车间、部门		计提基数	金额
生产车间工人工资	A产品负担	30 000.00	4200.00
	B产品负担	20 000.00	2800.00
车间管理人员工资		5 000.00	700.00
行政管理人员工资		16 000.00	2240.00
销售部门人员工资		14 000.00	1960.00
合计		85 000.00	11900.00

审　核：丁立　　会　计：　　制　单：赵梅

附表 4-7

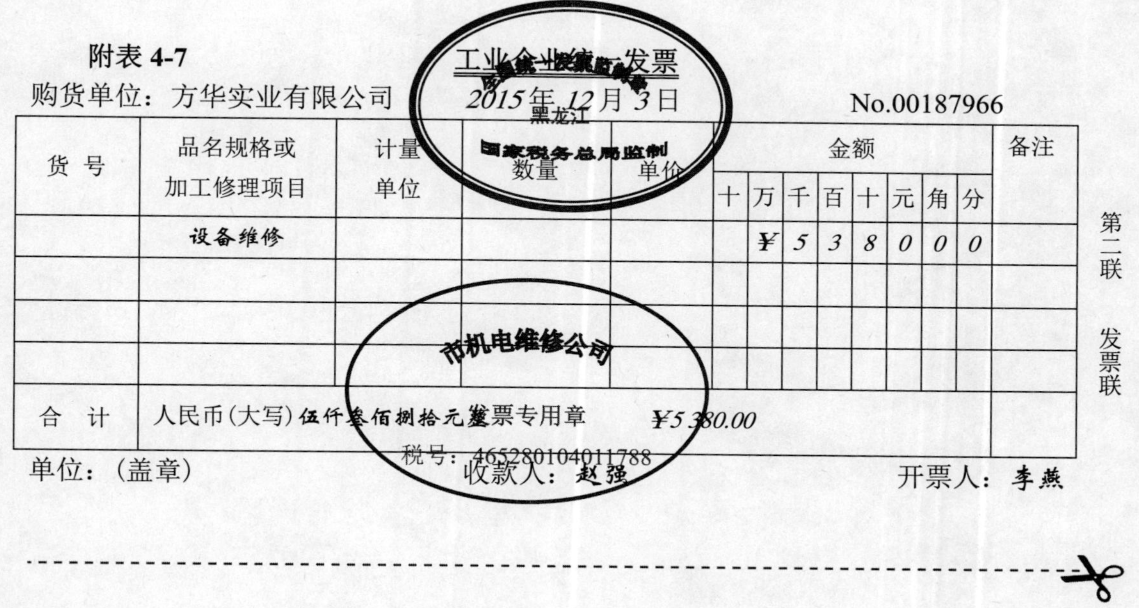

工业企业修理发票

购货单位：方华实业有限公司　　2015年12月3日　　No.00187966

货号	品名规格或加工修理项目	计量单位	数量	单价	十	万	千	百	十	元	角	分	备注
	设备维修					¥	5	3	8	0	0	0	
合计	人民币(大写)伍仟叁佰捌拾元整			¥5 380.00									

单位：(盖章)　　收款人：赵强　　开票人：李燕

第二联　发票联

附表 4-8　完成下列空白支票的填写，然后编制记账凭证。

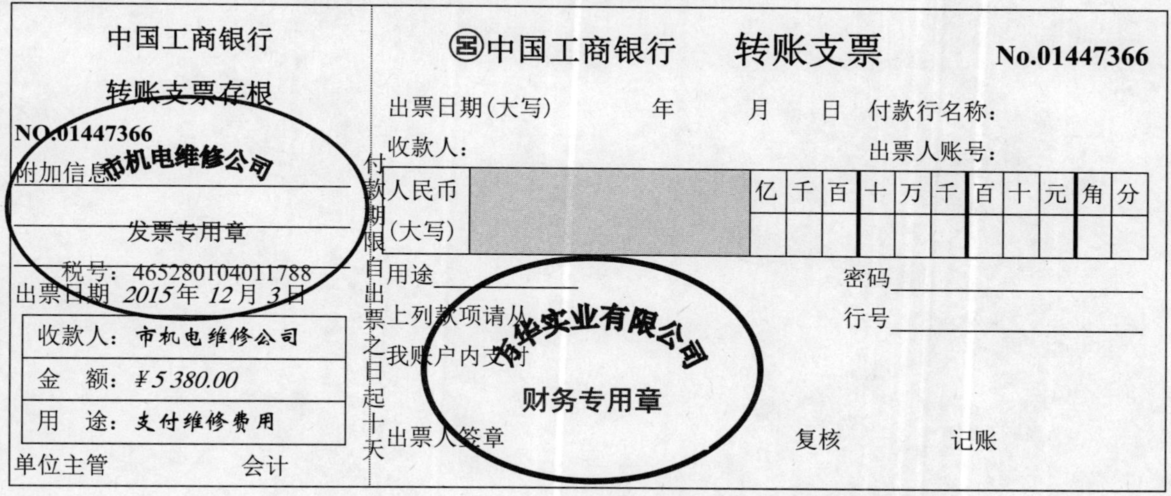

中国工商银行
转账支票存根
NO.01447366
附加信息
出票日期 2015年12月3日
收款人：市机电维修公司
金　额：¥5 380.00
用　途：支付维修费用
单位主管　　会计

中国工商银行　转账支票　No.01447366
出票日期(大写)　年　月　日　付款行名称：
收款人：　出票人账号：

人民币(大写)		亿	千	百	十	万	千	百	十	元	角	分

付款期限自出票之日起十天
用途＿＿＿＿　密码＿＿＿＿
上列款项请从我账户内支付　行号＿＿＿＿
出票人签章　复核　记账

附表 4-9

黑龙江增值税专用发票
发　票　联

No.00188543

开票日期：2015年 12月 12日

购买方	名称：方华实业有限公司 纳税人识别号：515280104013127 地址、电话：建设路 21 号 0991-2866126 开户行及账号：工行广支 2100022609003635658				密码区	*48>>78<90>>0+*7　加密版本号：01 4/1>3320159>302//2014 98//>4-+10>>>-02//2389　440004189 *38//6>>2-25//80>>>-2　00188543	
货物或应税劳务、服务名称	规格型号	单位	数量	单价	金额	税率	税额
电		千瓦时	30 000	0.50	15 000.00	17%	2 550.00
合计					¥15 000.00		¥2 550.00
价税合计（大写）	⊗壹万柒仟伍佰伍拾元整				（小写）¥17 550.00		
销售方	名称：哈尔滨电力公司 纳税人识别号：465280104056286 地址、电话：健康路 12 号 0991-2865023 开户行及账号：农行 3500012509001512224				备注		

收款人：　　　　复核：　　　　开票人：毛建华　　　　销售方：（章）

第二联　发票联　购货方记账凭证

附表 4-10　完成下列空白支票的填写，然后编制记账凭证。

中国工商银行
转账支票存根
NO.01447373
附加信息
出票日期 2015 年 12 月 12 日

收款人：	哈尔滨电力公司
金　额：	¥17 550.00
用　途：	支付电费

单位主管　　　　会计

中国工商银行　转账支票　No.01447373

出票日期（大写）　　年　　月　　日　付款行名称：
收款人：　　　　出票人账号：

付款期限自出票之日起十天

人民币（大写）	亿	千	百	十	万	千	百	十	元	角	分

用途＿＿＿＿＿＿　　密码＿＿＿＿＿＿
上列款项请从　　行号＿＿＿＿＿＿
我账户内支付
出票人签章　　　　复核　　　　记账

附表 4-11

电费分配表

2015年 12月 31日　　　　单位：元

车间、部门		应分配金额	备注
生产车间用电	A产品负担	5 000.00	
	B产品负担	6 000.00	
车间照明用电		2 500.00	
行政管理部门用电		1 500.00	
合计		15 000.00	

审　核：丁立　　　　会　计：　　　　制　单：赵梅

附表 4-12

黑龙江增值税专用发票

发　票　联

No.00186573

开票日期：2015年 12月 13日

购买方	名　称：方华实业有限公司 纳税人识别号：515280104013127 地址、电话：建设路 21号 0991-2866126 开户行及账号：工行 2100022609003635658	密码区	21//8>>08<9>>0+*7　加密版本号：01 5/1>3321278>32//2078 *9//>3-+12>>>-08//0015　440004320 12///-6>>2-25//18>>-1　00186573

货物或应税劳务、服务名称	规格型号	单位	数量	单价	金额	税率	税额
水		m^3	3 125	1.60	5 000.00	13%	650.00
合计					¥5 000.00		¥650.00
价税合计（大写）	伍仟陆佰伍拾元整		（小写）¥5 650.00				

销售方	名　称：哈尔滨自来水公司 纳税人识别号：465280105201268 地址、电话：宁边路 15号 0991-2875461 开户行及账号：农行 2500033800012425563	备注	哈尔滨自来水公司 发票专用章 税号 689427895668

收款人：　　复核：　　开票人：　　销售方：（章）

第二联　发票联　购货方记账凭证

附表 4-13 完成下列空白支票的填写，然后编制记账凭证。

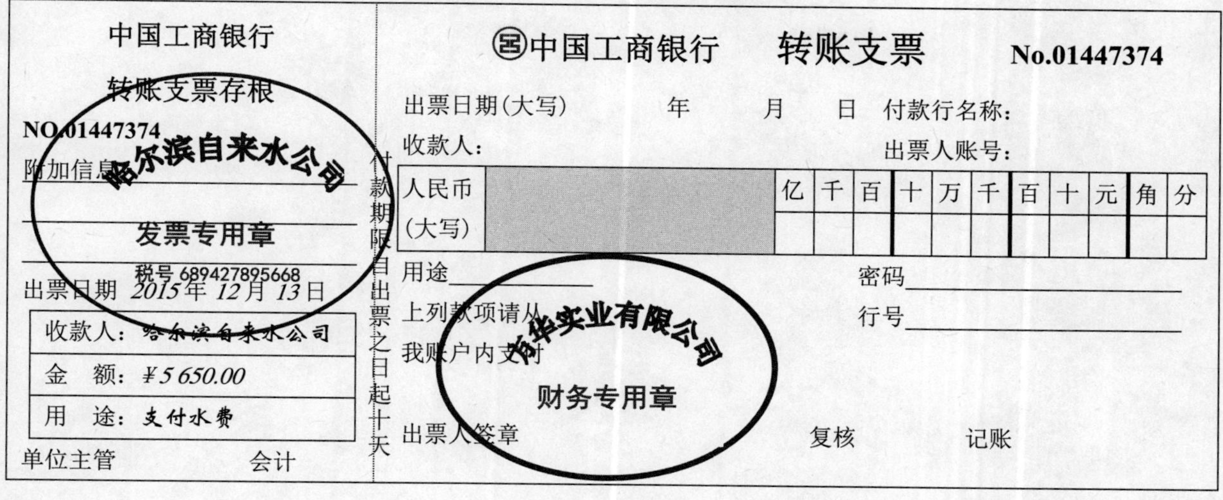

中国工商银行
转账支票存根
NO.01447374
附加信息

出票日期 2015年 12月 13日

收款人：哈尔滨自来水公司
金 额：¥5 650.00
用 途：支付水费

单位主管 会计

哈尔滨自来水公司
发票专用章
税号 689427895668

中国工商银行 转账支票 No.01447374

出票日期（大写） 年 月 日 付款行名称：
收款人： 出票人账号：

人民币（大写）		亿	千	百	十	万	千	百	十	元	角	分

付款期限自出票之日起十天

用途 密码
上列款项请从 行号
我账户内支付

出票人签章 复核 记账

华实业有限公司
财务专用章

附表 4-14

水费分配表

2015年 12月 31日 单位：元

车间、部门		应分配金额	备注
生产车间用水	A产品负担	2 000.00	
	B产品负担	1 500.00	
车间公共用水		1 000.00	
行政管理部门用水		500.00	
合计		5 000.00	

审 核：丁立 会 计： 制 单：赵梅

附表 4-15

电信有限公司专用收据

收款日期：2015年 12月 25日 No.B09296019

客户名称	方华实业有限公司			预 存 款	
合同号	6000000239431	业务号码	0991-2866126	上次结存	0.00
缴款内容	2015/11/01—2015/11/30			本次结余	0.00
上次余零	0.00	本次应付	¥540.00	本次余零	0.00
收款项目	月租 25.00 市话区内费 205.00 国内长途 260.00 互联网 50.00				
实收金额	(大写)伍佰肆拾元整			¥540.00	

中国电信哈市 发票专用章 税号 689424689768

收款员：张小倩 收款日期：2015/12/25

附表 4-16 完成下列空白支票的填写，然后编制记账凭证。

中国工商银行 转账支票存根

NO.01447378

附加信息：

中国电信哈市 发票专用章 税号 689424689768

出票日期 2015年 12月 25日

收款人：	中国电信哈市
金 额：	¥540.00
用 途：	支付电话费

单位主管 会计

中国工商银行 转账支票 No.01447378

出票日期(大写) 年 月 日 付款行名称：

收款人： 出票人账号：

人民币(大写)	亿	千	百	十	万	千	百	十	元	角	分

付款期限自出票之日起十天

用途________ 密码________

上列款项请从我账户内支付 行号________

方华实业有限公司 财务专用章

出票人签章 复核 记账

附表 4-17

制造费用汇总表

单位：元

2010 年 月	日	凭证编号	摘　要	工资	折旧费	修理费	机物料	水电费	办公费	其他	合计
12	6	6	支付生产车间设备维修费			5 380.00					
12	12	19	支付本月电费					2 500.00			
12	13	20	支付本月水费					1000			
12	20	31	领用材料				18 820.00				
12	31	39	车间设备租赁费							800.00	
12	31	40	工资	5 000.00							
12	31	41		700.00							
12	31	42			30 000.00						
12			本月合计	5 700.00	30 000.00	5 380.00	18 820.00	3500		800.00	64 200.00

附表 4-18

制造费用分配表

2015年 12月 31日　　单位：元

产品名称	分配标准（生产工人工资）	分配率	分配金额
A 产品	30 000	0.6	38 520
B 产品	20 000	0.4	25 680
合　计	50 000		64 200

审　核：丁立　　会　计：　　制　单：

附表 4-19

产成品入库单

交库单位：生产车间　　2015年12月31日　　单位：元

产品名称	规格与型号	单位	交付数量	检验结果		实收数量	单位成本	金额	备注
				合格	不合格				
A产品	F-5	件	4 000	合格		4 000	110 018.89		
B产品	U-3	件	5 000	合格		5 000	137 284.89		
合　计									

送验人员：　　检验人员：王旭东　　仓库经收人：关磊

附表 4-20

产品成本计算表

2015年12月31日　　单位：元

成本项目	A产品（4 000件）		B产品（5 000件）	
	总成本	单位成本	总成本	单位成本
直接材料	367 000.00	91.75	637 500.00	127.50
直接人工	34 200.00	8.55	22 800.00	4.56
制造费用	38 520.00	9.63	25 680.00	5.136
其他	355.56	0.088 89	444.44	0.088 888
合　计	440 075.56	110.018 89	686 424.44	137.284888

审　核：丁立　　会　计：　　制　单：

附表 5-1

城市维护建设税及教育费附加计算表

2015年12月31日　　单位：元

计税依据	城市维护建设税		教育费附加	
	税率	金额	税率	金额
	7%		3%	
合　计				

审　核：丁立　　会　计：　　制　单：

附表 5-2

银行借款利息计提表

2015年 12月 31日　　　　单位：元

贷款银行	借款种类	计息基数	利率	本月应计利息	备注
哈市工行	短期借款	160 000	5%	666.70	
合计				666.70	

审　核：丁立　　　　会　计：　　　　制　单：赵梅

附表 5-3

待摊费用摊销表

2015年 12月 25日　　　　单位：元

待摊费用项目	待摊费用金额	分摊比例	本月应摊金额	备注
财产保险费	12 000.00	1/12	1 000.00	生产车间 800元 管理部门 200元

审　核：丁立　　　　会　计：　　　　制　单：赵梅

附表 6-1

资产负债表

会企 01 表

单位名称：方华实业有限公司　　　　2015年 12月 31日　　　　单位：元

资　产	年初余额	期末余额	负债和所有者权益（或股东权益）	年初余额	期末余额
流动资产：			流动负债：		
货币资金			短期借款		
交易性金融资产			交易性金融负债		
应收票据			应付票据		
应收账款			应付账款		
预付款项			预收款项		
应收利息			应付职工薪酬		
应收股利			应交税费		
其他应收款			应付利息		
存货			应付股利		

续表

资　产	年初余额	期末余额	负债和所有者权益（或股东权益）	年初余额	期末余额
一年内到期的非流动资产			其他应付款		
其他流动资产			一年内到期的非流动负债		
流动资产合计			其他流动负债		
非流动资产：			流动负债合计		
可供出售金融资产			非流动负债：		
持有至到期投资			长期借款		
长期应收款			应付债券		
长期股权投资			长期应付款		
投资性房地产			专项应付款		
固定资产			预计负债		
在建工程			递延所得税负债		
工程物资			其他非流动负债		
固定资产清理			非流动负债合计		
生产性生物资产			负债合计		
油气资产			所有者权益（或股东权益）：		
无形资产			实收资本（或股本）		
开发支出			资本公积		
商誉			减：库存股		
长期待摊费用			盈余公积		
递延所得税资产			未分配利润		
其他非流动资产			所有者权益（或股东权益）合计		
非流动资产合计					
资产总计			负债和所有者权益（或股东权益）总计		

附表 6-2

利　润　表

2015 年度

会企 02 表

编制单位：方华实业有限公司

单位：元

项　目	本期金额	上期金额	本年累计数
一、营业收入			
减：营业成本			
营业税金及附加			
减：销售费用			
管理费用			
财务费用			
资产减值损失			
加：公允价值变动收益(损失以“-”号填列)			
投资收益(损失以“-”号填列)			
其中：对联营企业和合营企业的投资收益			
二、营业利润(亏损以“-”号填列)			
加：营业外收入			
减：营业外支出			
其中：非流动资产处置损失			
三、利润总额(亏损总额以“-”号填列)			
减：所得税费用			
四、净利润(净亏损以“-”号填列)			

参 考 文 献

1. 孙万军. 会计综合实训[M]. 2 版. 北京：高等教育出版社，2014.

2. 金颖颖，刘奕. VBSE 财务综合分岗位实训教程——财务会计岗位[M]. 北京：高等教育出版社，2016.

3. 李占国. 基础会计综合模拟实训[M]. 北京：高等教育出版社，2013.

4. 杨月梅. 会计综合实训[M]. 北京：中国财政经济出版社，2015.

5. 王秀兰，吴旭辉. 会计综合实训[M]. 上海：立信会计出版社，2014.

6. 徐利飞，于莉，高鹏飞. 创业者沙盘实训教程：财务管理综合实验用书[M]. 大连：东北财经大学出版社，2015.

质检5